빨강 수집가의 시간

수필과비평사

어둠이 내리기 전에
네 몫의 햇빛을 뜯도록 하라
carpe diem

— 호라티우스

모든 꽃들은 열매가 되려하고
모든 아침은 저녁이 되려한다.
영원한 것은 지상에 없다.
변화와 도주 밖에는.

                     - 헤르만 헤세 〈시든 잎〉 부분

작가의 말

> 나는 빨강이어서 행복하다. 나는 뜨겁고 강하다. 나를 보
> 라. 산다는 것은 얼마나 아름다운가! 나를 보라. 본다는 것
> 은 또 얼마나 아름다운가! 나는 사방에 있다.
> ― 오르한 파무크 『내 이름은 빨강』

인류 역사는 색의 역사라고 할 수 있습니다. 색은 생존 수단이기도 했고 미학의 기원이기도 했습니다. 태고의 사람들이 자신의 몸에 색을 칠한다는 것은 장식과 보호, 위장 혹은 권위의 표현이었을 것입니다. 선사시대 예술과 장식에서 빨강이 차지하는 비중은 상당히 큰데 '아담(A-dam)'의 히브리어 기원은 '빨강'이란 뜻이며 '피(blood)'라는 의미를 품고 있습니다. 역사적으로 빨강은 신의 절대적 권능과 신성, 악마적 광기, 관능, 유혹, 금기, 혁명의 상징, 자본주의 사회에서 소비의 기호이기도 하였습니다.

저마다의 인생에는 그 시기에 맞는 색들이 존재합니다. 어떤 시기에는 여러 가지 색이 혼재하기도 하였습니다. 새하얀 배내옷을 입은 아기였던 우리는 빨강, 연두, 노랑, 주황, 파랑 등의

시간을 거쳐 회색과 검정 혹은 다시 하얀 시간으로 되돌아갑니다. 당신의 색은 어떤 색인가요?

　엘리자베스 퀴블러 로스는 『인생 수업』에서 '가장 큰 상실은 우리가 살아있는 동안 우리 안에서 어떤 것이 죽어버리는 것이다.'라고 이야기했습니다. 내 안에서 죽어버린 빨강, 제대로 태워보지 못한 빨강, 흔적으로만 남은 빨강, 끝내 꺼내보지도 못한 빨강을 생각합니다.

　어떤 시간은 빨강으로 타오르던 시간이었고 또 어떤 시간은 빨강을 잃어버린 시간이었습니다. 어떤 시간은 집요한 빨강을 피해 달아나던 시간이었고 또 어떤 시간은 빨강을 쫓아 달리던 시간이었습니다. 돌아보면 설렘, 두근거림, 열정, 사랑, 뜨거움은 모두 빨강이 만들어낸 것들입니다. 발화하지 못한 빨강들은 모두 심장에 둥지를 틀었습니다. 심장 CT를 찍던 날, 모니터에 비친 꿈틀거리는 빨강을 경이로운 시선으로 바라보았습니다. 묵묵히 제 할 일을 하는 빨강에 기대어 살아왔고, 살고 있음을 알았고, 빨강에 책임을 다해야 한다고 생각했습니다.

　어떤 형태로든 아쉬움이 남기 마련인 인생에서 지치지 않는 빨강처럼 모든 것을 다시 시작하고 싶습니다. 걷고 달리고 웅크리고 쉬고 쓰러지기도 하는 삶이지만 세상을 향한 희망과 기대, 더 붙어 살아가는 이들에 대한 온기를 잃지 않았으면 좋겠습니다.

『빨강 수집가의 시간』은 빨강의 목소리에 귀 기울이고 빨강이 전하는 말을 부지런히 받아 적은 흔적입니다. 물질문명의 시대에 결핍과 허기를 느끼며 살아가는 현대인들이 동굴 벽에 붉은 들소를 그렸던 구석기인의 마음으로 돌아가 마음 안에 잠복된 '빨강다움'을 깨우고 열정과 희망으로 삶을 마주하기를 그리하여 빨강이 삶의 불씨가 될 수 있기를 희망합니다.

미술사적 혹은 색채학적 전문 지식을 전달하려는 책이 아니라 빨강을 통한 위로, 성장과 치유, 인문학적 성찰에 바탕을 두고 자기 안의 빨강다움을 회복하는 데 목적을 두고 있습니다. 빨강의 고백록이자 명상록인『빨강 수집가의 시간』은 세부적으로 빨강의 기억, 빨강의 몸짓, 빨강의 흔적, 당신을 빨강하다, 빨강의 목소리, 빨강의 눈빛으로 구성되어 있습니다.

> 쓴다는 것은 기원에 대한 정열을 갖는 일이다.
> 글쓰기는 바닥에 도달하고자 하는 시도이다.
> 바닥은 언제나 또 다른 시작이다.
> 따라서 쓴다는 목적지에 가서 멈추는 것이 아니라
> 끊임없이 목적지를 넘어서는 것을 의미한다.
> ― 에드몽 자베스『질문의 책』

에드몽 자베스는 『질문의 책』에서 '쓴다는 것은 기원에 대한 정열을 갖는 일이며 글쓰기는 바닥에 도달하고자 하는 시도'라고 하였습니다. 쓰는 일은 끊임없이 무언가를 그리고 자신을 넘어서는 일입니다. 넘어서기 위해서는 먼저 일어나야 하고 일어나기 위해서는 먼저 바닥을 알아야 합니다. 바닥은 언제나 또 다른 시작이기 때문입니다.

내 안에 유폐된 나를 끌어내기 위하여, 오늘의 나를 넘어서기 위하여, 힘센 기억을 붙잡기 위하여, 뜨거운 심장의 언어를 받아 적기 위하여 깜박이는 커서를 좇아갑니다. 커서 끝에서 붉은 들소들이 뛰놀기 시작합니다. 타눔의 배를 타고, 태양신 라의 뒤를 쫓으며 뱅크시의 풍선을 따라 달립니다. 마티스의 붉은 방에서 세잔의 사과를 먹고, 붉은 노을 위로 종이비행기를 날리며 꽃무릇의 붉은 울음소리에 귀 기울이고 늦은 저녁 몬드리안의 붉은 나무 아래에 서 봅니다. 황홀한 규칙을 어긴 꽃은 하나도 없다는 사실을 동백의 추락에서 양귀비의 몸짓에서 확인합니다. 우리가 길이라고 부르는 망설임 앞에 수시로 머뭇거리고, 스스로 악기가 되어보고 빨간 옷을 입고 인생의 춤을 춥니다. 모든 것의 본질에 다다르기 위하여 여기는 아닌 지금은 아닌 곳에서 침묵의 체에 세상의 소리를 걸러보고 빨갛고 낡은 의자에 앉아 다카의 작은 어른들의 행복을 기원합니다. 당신 안의 성냥들에게 안부를 묻고 우체국에 가면 잃어버린 사랑을 찾을 수 있을지를 생각합니다. 바람이 불어오는 방향을 바라봅니다. 크루마우 지방의 빨래들이 바람에 흔들립니다.

어쩌면 아름다운 날들입니다. 사람들 속에 이글거리는 빨강을 봅니다. 당신과 나 그리고 우리, 익명의 빨강이 모여 온 세상을 빨갛게 달궈왔음을, 세상의 심장이 되어왔음을 깨닫습니다. 빨강이 내 안에서 깨어납니다. 빨강의 박동이 느껴집니다.

이제 당신을 던져야 할 때입니다. 당신의 바깥으로, 당신의 빨강 안으로.

이천이십사번째 겨울
당신의 려원

차례

공간의 껍질 벗기기, 채우기 그리고 기억하기 _ 18

우리 안의 슈필라움, 붉은 방 _ 26

과거로부터 온 편지 _ 38

우리는 어디서 왔고 우리는 무엇이며 우리는 어디로 가는가 _ 52

환희이자 상실이며 일탈이고 완전한 결핍인 빨간 풍선 _ 58

비어있어 유지되는 빈집 _ 67

우리가 길이라고 부르는 망설임 _ 77

무제한적 환대 앞에 여기있음을 확인하는 일 _ 82

능과 감나무, 감의 기억을 먹다 _ 89

다시 심장으로 돌아가는 일 _ 95

박제된 붉은 석류 한 알 _ 100

당신을 던져라. 당신 바깥으로 _ 108
누가 빨강, 노랑, 파랑을 두려워하는가 _ 114
아무 데도 가지 않을 것만 같은 그러나 이미 어디론가 _ 119
자기 안의 야성을 입기 _ 124
인생의 춤을 추는 시간 _ 131
빛과 어둠, 수동과 능동, 태워지는 것과 태우는 것 _ 138
스스로 악기가 되는 몸짓 _ 143
우리 안에 있는 것들 가운데
아주 작은 부분만 경험한다면 _ 147
성 제롬은 지금 무엇을 쓰고 있을까 _ 157
신분의 색이 사라지다 _ 161
깊은 밤, 숫자 5를 보았다 _ 165
세잔의 사과 _ 170

제2부

빨강의 몸짓

제3부
빨강의 흔적

어쩌면 아름다운 날들 _ 178
커피가 위장에 들어가면 기억은
힘차게 뛰어오르고 글자들은 춤을 춘다 _ 182
바람은 그대 쪽으로 불어온다 _ 194
인생의 오르막길에서 빨간 양산 하나 _ 199
뒷간으로 가는 길, 찬란하다 _ 204
삶은 잉걸불처럼 타오르고 _ 208
종이비행기가 붉은 노을이 지던 하늘로 날아갔다 _ 212
크루마우 지방의 빨래꽃 _ 217
우리였던 그림자 _ 221
하얀 눈에 붉은 튤립을 묻다 _ 225
어둠이 내리기 전에 네 몫의 햇빛을 뜨도록 하라 _ 230

붉은 가슴과 찬란한 초록 깃을 지닌 여자가
　　　　　탱고를 추는 바다 _ 238
꽃이 없어서 이것으로 대신합니다 _ 247
센강은 흘러가는데 빨강 자물쇠에 갇힌 사랑 _ 259
화살나무들은 지난밤 홍등을 켰다 _ 263
당신 안의 성냥들에게 안부를 묻다 _ 267
우체국에 가면 잃어버린 사랑을 찾을 수 있을까 _ 273
세상의 어떤 사랑도 사랑을 대신할 수 없다 _ 279
　　　　브람스를 좋아하나요… _ 285
　　　나와 함께 내 얼굴로 들어와요 _ 289

제4부
당신을
빨강하다

제5부 빨강의 목소리

빨강이 거침없이 지던 날, 툭! _294
이 황홀한 규칙을 어긴 꽃은 아직 한 송이도 없다 _303
인생이여 영원하라 _306
붉은 장미를 끝없이 피워내는 밤 _314
모든 것의 본질에 다다르고 싶다 _321
침묵의 체에서 걸러진 꽃들 _327
몬드리안의 저녁, 붉은 나무 아래에서 _332
꽃무릇, 붉은 울음 소리 듣다 _336
검붉은 수수들이 쏴악쏴악 소리를 내고 있었다 _342
나무에 불 밝힌 꽃송이들은 새로 거듭난 것이다 _349

꽈리가 있는 자화상 _ 356
빨간 눈동자의 세네치오 _ 362
세 여인의 눈빛이 말하다 _ 368
내가 원하는 대로가 아닌 내가 할 수 있는 대로 _ 375
빨간 립스틱을 바르는 여자 _ 379
지속되는 광란의 축제에 동참하기 _ 384
저마다 다른 풍경을 바라보다 _ 391
작은 어른들의 나라 _ 397
빨간 머리를 빗다 _ 401
트램 위의 정물이 된 여자 _ 406
삶을 불태우고 싶다면 먼저 자신을 불태우라 _ 410

제6부
빨강의 눈빛

에필로그 _ 416

제 1 부

빨강의
기억

공간의 껍질 벗기기, 채우기 그리고 기억하기

수많은 삶을 걸어왔다
그중 어떤 것은 나 자신의 삶
몇 가지 원칙을 지키며
그것에서 벗어나지 않기 위해 노력했지만
지금의 나는 과거의 나가 아니다
…
어떻게 하면 심장이
상실의 축제와 화해할 수 있을까

— 스탠리 쿠니츠 〈층들〉 부분

공간의 껍질 벗기기

여자는 두 팔로 안간힘을 쓰며 공간의 껍질을 벗겨낸다. 벽 전체에 부레풀을 섞은 거즈 천을 덮고 액상 라텍스를 바른 후 건조되면 벗겨내는 작업이다. 껍질을 움켜쥔 두 손만으로는 공간의 저항을 극복할 수 없기에 바닥에 드러누워 온몸으로 맞선다. 모태에서 떨어지지 않으려는 최후의 울음 같은 기묘한 마찰음이 터져 나오는 순간 여자는 비로소 부활하듯 일어선다.

벽의 살갗을 벗겨낼 때, 박제된 공간의 기억들이 껍질에 묻어나온다. 아버지의 서재, 조상 대대로 내려온 낡은 집, 요양병원 등 탈바꿈이 필요한 공간의 살갗을 벗겨내는 일은 곤충의 탈피 같은 것이라고 여자는 확신한다. 스스로 벗어던지지 못하는 껍질을 대신 벗겨내어 공간의 기억을 생성시키는 것이 여자의 일이다. 여자의 이름은 하이디 부허다.

공간의 형태와 질감을 고스란히 재연하고 있는 박피들을 통해 여자가 세상에 던지는 외침은 무엇일까? 피부는 한 사람의 기쁨과 고통, 행복과 불편함을 담고 있는 기억의 감각적 창고이기에 피부를 생성하고 떼어내는 행위는 공간에 내재한 딱딱하고 억압적인 것들을 부드러운 것, 유동적인 것으로 변신시키려는 의도를 품고 있다.

온 힘을 다해 벗겨내려는 공간의 껍질 속엔 여자의 기억이, 공간을 거쳐 간 이들의 기억이 공존한다. 어쩌면 자신을 점유하고 있는 공간의 기억에서 벗어나고 싶은 것인지도 모른다. 그러하기에 자기 안에 존재하는 기억의 살갗 또한 벗기는 중이다.

여자의 작업은 견고한 관습과 강요, 차별의 역사를 벗겨내는 일이면서 공간의 기억을 분리된 껍질에 오롯이 보존하려는 숭고한 작업이다. 공간도 여자도 끝없이 탈피 중이다.

　내게도 스키닝이 필요하다고, 여전히 나를 붙들고 있는 것들로부터 자유로워져야 한다고 중얼거리면서 공간에 남아있을지 모를 빛바랜 기억을 벗겨오기 위해 하이디 부허처럼 길을 나선다. 기억을 붙잡고 있는 공간, 유년의 집 어딘가에는 아버지의 타자 소리, 연분홍 장미 넝쿨 흐드러진 담벼락에 산산이 부서지던 햇빛, 앰뷸런스 소리와 함께 돌아오신 아버지의 마지막 밤, 통째로 떨어지던 새빨간 동백의 거룩한 춤, 평상에 내려앉은 지루한 수런거림, 문풍지를 뒤흔들며 '운명' 교향곡을 연주하던 겨울바람, 레몬 빛 가로등 아래 뒤돌아서던 누군가의 고독한 등, 짙은 어둠, 소리의 희미한 몸짓이 남아있을 것이다.

　시간만 흘러가는 것이 아니라 공간도 흘러간다는 것을 퇴락한 유년의 집 앞에 서서 생각한다. 연분홍 장미 넝쿨도, 골목을 비추던 레몬 빛 가로등도, 햇살이 거침없이 달려와 부딪던 붉은 벽돌담도 사라지고 없었다. 어린 날의 나도, 내 기억도 남아있지 않았다. 빛바랜 푸른 대문 안에서 낯선 이의 메마른 기침 소리만이 들려왔다. 이제 기억 속 어느 공간의 살갗을 벗겨내야 할까?

　거대한 날개옷을 입고, 팔짱을 낀 채 정면을 응시하고 있는 부허의 표정은 진지하다. '잠자리의 욕망(혹은 환희)'이라는 작품 속 부허는 장자의 〈호접몽〉에서 나비가 된 장자처럼 본래 잠자리였던 꿈을 꾸고 있는 것일까? 잠시 인간이 된 꿈을 꾸고 있는 것일까? 날개를 얻기 위해 보통 10~15번 정도 허물을 벗는 잠자리가 껍질에 갇혀있는 시간은 비상의 순간, 짜릿한 해방감으로 보상받을 것이다. 세상의 모든 생명은 어느 순간 껍질을 벗어던져야 한다. 익숙한 몸을 버리는 일, 자신을 둘러싸고 있는 껍질을 벗어버리는 일은 날마다 새로 태어나는 일이며, 다시 일어서는 방법일 것이다.

 실수에 대한 두려움 때문인지 낯선 것을 쉽게 받아들이지 못하는 나는 경계와 보호, 차단의 역할을 하는 낡고 익숙한 껍질 속에 여전히 웅크리고 있다. '나'로부터 '나'를 벗겨내야만 진정한 자유를 누릴 수 있다고, 저항하는 기억들에 맞서 온몸으로 껍질을 벗겨야 한다고 잠자리가 된 부허가 눈빛으로 말한다. 공간의 껍질을 벗기는 일이 공간에 해방을 의미하듯 기억 속 낡고 오래된 껍질을 벗어버리는 일이 자신에게도 해방을 가져다주리라는 것을 안다. 언젠가는 껍질을 훌훌 벗어던진 기억의 속살이 햇살 아래 뽀송하게 드러날 것이다. 세상의 모든 껍질이 바람을 탄다.

채우기

 인생을 채우는 방법은 저마다 다르다. 어떤 이는 사람으로, 어떤 이는 책으로, 글로, 향기로, 그림으로, 음악으로, 운동으로 제각각 건너온 시간과 공간이 채움의 질감과 결을 만든다. 찬란하고 아름다운 것으로 인생을 채우길 바라지만 생은 때로 그리고 자주 우리의 의도를 빗나가곤 한다. 돌아보면 채우지 못한 허기와 때로는 채우고 싶지 않은 것들의 채움 속에 길을 잃은 시간이다.

기억은 특별한 감각으로 채워져 있다. 생각해 보면 수많은 감각 중 그 시기를 관통하던 특별한 감각이 있었다. 어떤 감각은 끊임없이 다른 것들로 대체되는가 하면 어떤 감각들은 오래도록 기억 한구석에 웅크리고 있다가 어느 순간 의식의 수면 위로 떠오른다. 나를 채우던 감각들은 때론 슬펐고, 때론 찬란했다. 비 오는 날 서재에서 풍기던 습기 품은 책 냄새와 이른 새벽을 열던 타자 소리를 기억한다. 책꽂이에서 걸리버 여행기를 꺼내 읽던 시절, 지구상 어딘가에 있을지도 모를 소인국을 상상하곤 했다. 홈통을 타고 들려오던 한 여름의 빗소리는 삶의 운율이 되어주었고, 비가 다녀간 담장에선 짙은 흙내가 풍겼다.

바람이 거세게 분다. 커다란 창이 있는 방, 유리 하나를 사이에 두고 덩굴장미들이 바람에 목이 꺾일 듯 위태로운 군무를 추고 있다. 바람에 맞서는 세상 모든 연약한 존재들의 안위를 생각한다. 넓은 창문으로 깊은 밤의 고요와 달빛이 채워지기도 하고, 바람소리, 새소리, 산 그림자, 수국의 향기, 때론 까치 발걸음 소리, 눈 쌓이는 소리로 채워지기도 한다. 자판을 두드리는 소리와 종이 위를 달리는 터키블루 빛 만년필촉의 사각거리는 소리로 가득 찬 방, 이제 나는 또 무엇으로 가슴을 채울까 생각한다.

'자주 절망하고 가끔 희망하라'는 쇼펜하우어의 말은 자주 희망하고 가끔 절망하고 싶은 사람들에게는 모순처럼 들린다. 희망이란 이름으로 끝없이 무언가를 채워왔지만 '더'를 원하는 삶은 끝이 없었다. 인간은 결국 자신이 원하는 것으로 채우지 못해 끝없이 절망할 수밖에 없는 존재다. 그래도 가끔은 희망을 품어야 한다고 다짐한다. 깊고 깊은 절망의 틈새에서 가늘고 여린 희망의 싹이 겨우 고개를 내밀지라도.

기억하기

나는 기억한다. 지배적이고 당혹스러워서 도리어 아름다운 빨강의 흔적을… 너무나 열정적이어서 공격적인, 너무나 에로틱해서 치명적인, 너무나 거룩해서 부끄러운, 너무나 뜨거워서 차가운, 너무나 매력적이어서 비참한 빨강들이 만들어놓은 수많은 생의 풍경들을 기억한다.

인생은 빨강으로 가득 찬 골목길이다. 골목길의 끝에서 무엇을 마주할지 모르는… 어느 구비에선 빨강의 덫에 갇혀버렸고 또 어느 구비에선 빨강을 피해 필사적으로 달아났다. 또 어느 구비에서 빨강은 나를 외면했고 어느 구비에서 나는 빨강을 방관했다. 빨강 때문에 슬펐고, 빨강 때문에 기뻤고, 빨강 때문에 불안했고, 빨강 때문에 확신에 차 있었다.

어느 날 문득 빨강이 내게서 사라졌다. 허기와 결핍이 내 모든 것을 잠식해올 때 빨강을 잃어버렸음을, 빨강을 놓아버렸음을, 아니 빨강이 달아나 버린 것을 알았다. 얼어붙은 가슴을 녹이며 이제껏 버텨온 것이 내 안의 빨강 때문이었음을, 두려움, 절망, 좌절, 그 모든 열등감 앞에서 그나마 당당할 수 있었던 것은 쉼 없이 나를 달궈주던 빨강 때문이었음을 뒤늦게 알아차린다. 끝없이 타오르던 빨강의 시간을 그리워한다. 타오르고 타올라 끝내 재가 되어 버린 빨강의 흔적을 기억한다.

　이생에서의 마지막 옷을 입고 하늘을 향해 누워있는 누군가의 몸, 섬뜩한 차가움 속에 빨강의 부재를 읽었다. 지상에서 이름을 잃어버린 누군가를 떠나보낼 때, 나는 빨강이 사라져버린 것을, 빨강이 머물 수 없는 몸이 되어버렸다는 것을 알았다. 게시판 숫자에 빨간 불이 들어오던 시간, 뜨겁게 달궈진 빨간 방에서 오열과 한숨이 터져 나오는 사이 그녀의 몸은 그렇게 빨강으로 타올랐으리라. 빨강을 위한 마지막 의식이었을까? 빨강과 이별하기 위해서는 저마다 그만큼의 눈물을 쏟아내야 한다. 내 안의 설렘, 두근거림, 열정, 사랑, 뜨거움은 모두 빨강이 만들어낸 작품이다. 타올라야 한다고, 살아있는 한 빨강을 의심하지 말아야 한다고 중얼거린다.

　손에 쥔 빨간 풍선을 놓쳐버리고 막연히 바라본 하늘, 그 파란 바탕에 찍힌 빨간 점 하나, 마당에 피어있던 빨간 제라늄, 봉숭아, 분꽃 사이로 붕붕거리던 벌들의 빨간 움직임들, 빨간 동백의 추락이 가슴에 멍으로 다가오던 새벽과 부엌에서 끓어오르던 빨간 찌개와 전 위에 솔솔 뿌리던 실고추와 어머니의 새벽을 가르던 칼질 소리, 박제가 된 빨간 장미들이 거꾸로 매달린 창문, 어디선가 들려오던 어설픈 피아노 연습곡, 화장대 서랍 안에 뒹구는 쓰다 남은 빨간 매니큐어와 굳어버린 빨간 립스틱, 빨간 색연필과 빨간 동그라미들, 달릴 때마다 기묘한 소리를 내던 가방 안의 빨간 물체 주머니, 창호지 속에 갇힌 붉은 단풍잎들의 노래, 붉은 벽돌담을 기어오르던 담쟁이의 춤, 빨간 벙어리 장갑과 빨간 목도리로 등교하던 어느 겨울 눈 내리던 아침, 내 곁에 있었던 그 모든 빨강을, 빨강의 시간을, 빨강의 흔적을 기억한다.

더 이상 입지 않는 빨강과 더 이상 쓰지 않는 빨강의 무덤 위로 희뿌옇게 회색 먼지가 내려앉았다. 어쩌면 빨강의 기억들로부터 너무 멀리 와버렸는지 모른다. 빨강을 수집하기 위해 빨간 여행 가방을 들고 길을 떠난다.

빨간 신호등 앞에서 멈추고 빨간 우체통 앞에서 멈춘다. 빨간 머플러의 여인을 바라보고, 빨간 장미 넝쿨 아래에서 숨을 고른다. 사람들 속에 이글거리는 빨강을 본다. 세상의 모든 당신과 나, 우리, 익명의 빨강이 뭉쳐 온 세상을 빨갛게 달궈왔던 것임을 본다.

창가에 서서 놓쳐버린 빨강과 아직 오지 않은 빨강 사이 여전히, 내 안에 존재하는 빨강을 생각한다. 아직 온전히 물들지 않은 빨강을 기억하는 일, 결핍, 허기를 세상의 빨강으로 채우는 일, 그리하여 나를 빨강으로 타오르게 하는 일.

그러므로 그래서 아직 빨강이 아닌 내가
그러므로 그래서 온전한 빨강이 되는 일.
그러므로 그래서 이미 지나간 시간과 지금이라는 시간과 앞으로 다가올 시간을 빨강으로 채우고, 빨강으로 기억하는 일.

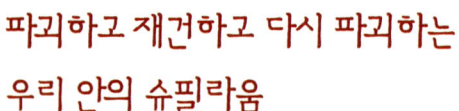

파괴하고 재건하고 다시 파괴하는
우리 안의 슈필라움

빨간색은 대지의 색이다. 깊은 공간의 색이 아니다. 명백히 피와 육체의 색. 나는 그것이 드러내는 어둠이 파란색이나 검은색의 어둠보다 깊다고 느낀다. 빨간색은 우리 몸 내부의 색이고 빨간색은 중심이다.

— 애니시 커푸어

"색은 언어보다 강력하다.
 그것은 숭고한 의사소통이다."

빨간색은 심오하고 불편한 초자연적 공간의 효과와 본능적으로 소통하면서 발견되거나 만들어진 모든 사물에 스며든다. 빨간색은 폭로된 사적 연대기라 할 수 있다.

루이즈 부르주아의 〈빨간 방〉은 유아기 트라우마를 다룬 작품으로 제일 먼저 눈에 띄는 것은 크고 작은 빨간 실패들이다. 빨간색 실꾸러미로 상징되는 바느질과 방적은 이 방 주인의 역사이자 가족의 생명을 가리키는 알레고리다. 제각각 용도에 맞게 굵기가 다른 빨간 실꾸러미가 절단된 손과 연결되어 있다. 피 묻은 손, 혹은 새빨간 고무장갑처럼 보이는 손은 고단한 노동의 상징처럼 보인다. 아기자기한 소품에서부터 섬뜩한 것까지 빨간 방 안에 존재하는 모든 것은 우리의 소박한 상상을 넘어선다.

감정적으로 강렬한 상징, 고집스런 빨강이 방안에 가득하다. 부르주아는 자신의 작업 방식을 '파괴하고 재건하고 다시 파괴하는 과정'이라 칭하였다. 우리 안의 방에서 끝없이 무언가를 파괴하고 재건하는 일, 재건된 것은 다시 파괴되고, 파괴된 것은 다시 재건된다. 어쩌면 그것은 루이즈 부르주아가 살아가는 방식인지도 모른다. 빨간 방, 빨간 실패 어딘가에는 상처 입은 유년의 루이즈 부르주아가 존재한다. 다시 파괴되지만 끝없이 재건되는 그녀가 곧 빨간 방이다.

루이즈 부르주아Louise Bourgeois, **Red Room**(child), 1994년

ⓒ The Easton Foundation / (Licensed by VAGA at ARS, New York)/(SACK, Korea)

　사람을 키운 8할은 공간에 있다. 내 유년의 방을 생각한다. 눈을 돌리면 어디에든 책이 있었다. 펼쳐주기를 갈망하는 책의 강렬한 눈빛에 빠져들어 상상의 세계로 달아나곤 했다. 손때 묻은 빨간 양장 표지의 책들, 세상에 대한 아름다움과 호기심으로 들떠있던 빨강의 시간, 다시는 돌아갈 수 없기에 더 그리운 슈필라움. 빨간 실패, 방적 도구들로 가득 찬 유년의 방에서 루이즈 부르주아가 파괴와 재건을 반복했듯 책들의 숲에서 나는 수시로 나를 파괴하고 재건했다.

마음의 거울을 붉은 것의 힘으로 몰아내는 빨간 방

붉은 방의 의자에 앉아 내 안으로 끝없이 들어오려는
내 모든 마음의 거울을 붉은 것의 힘으로 몰아내고 싶다.

〈붉은 조화〉는 마티스를 후원한 러시아의 부호 세르게이 슈추킨 소유의 저택 주방을 모티브로 그렸다고 한다. 작은 꽃이 꽂힌 화병, 비네거가 담긴 목이 긴 유리병, 입체감 없는 단조로운 정물들이 식탁 위에 놓여있다. 단정하게 올린 갈색 머리, 검은색 상의와 하얀 에이프런을 입은 여인도 정물처럼 보인다.

초록 풀과 기하학적인 나무, 멀리 보이는 분홍 벽의 집이 있는 창 밖 풍경과 붉은 방의 색채 대비가 강렬해서인지 방이 꿈틀거리는 것처럼 보인다. 짙은 푸른색 가지가 식탁에서부터 벽면으로 확장되어 화병처럼 보이는 붉은 방에서 여인은 붉은 생각을 한다. 여인의 머리를 물들인 붉은 생각들이 붉은 식탁보 위로 내려앉는다. 같은 패턴의 벽지와 테이블보. 어디까지가 벽이고 어디까지가 테이블인지 옆에 놓인 의자로 경계를 짐작한다. 멀고 가까운 것, 크고 작은 것, 강조할 것, 강조하지 않아도 되는 것의 차별이 없는 붉음이 존재한다.

붉은 방에서 붉은 생각으로 물든 여인, 절도 있고 정밀한 아름다움을 만들어내는 여인의 손길과 몰입의 표정을 바라본다. 가끔 붉은 것들의 방 측면에 놓인 의자에 앉아 정물이 되고 싶다는 생각을 한다. 붉은 방의 의자에 앉아 내 안으로 끝없이 들어오려는 모든 마음의 거울을 붉은 것의 힘으로 몰아내고 싶다.

분노, 증오, 오한, 공포, 강요된 힘겨운 노고
이 모든 겨울이 나의 존재 속으로 들어오려 한다.
그러면 내 심장은 극지의 지옥에 뜬 태양처럼
얼어붙은 붉은 덩어리일 뿐이겠지.

— 샤를 보들레르 〈가을 노래〉 부분

  생의 무게가 느껴질 때, 아무렇지 않은 사소함이 거대한 짐으로 다가올 때, 끝없이 관통해야 하는 시간이 마치 중력을 이겨내야 하는 것처럼 버거워질 때, 심장이 극지의 지옥에 뜬 태양처럼 얼어붙은 붉은 덩어리가 되게 하지 않으려면 끝없이 역동적인 붉은 기운을 불러들여야 한다. 저 붉은 방에도 어둠이 내릴 것이다.

5시 44분의 방이
5시 45분의 방에게
누워있는 나를 넘겨주는 것
슬픈 집 한 채를 들여다보듯
몸을 비추던 햇살이
불현듯 그 온기를 거두어가는 것
…
5시 45분에서 기억은 멈추어있고
어둠은 더 깊어지지 않고
아무도 쓰러진 나무를 거두어가지 않는 것

— 나희덕 〈어두워진다는 것〉 부분

앙리 마티스(Henri Matisse), **붉은 조화** (Harmony in Red), 유화, 캔버스에 유채(Oil on Canvas), 180×220㎝, 1908년

5시 44분의 방이 5시 45분의 붉은 방에게 마지막 햇살을 건네줄 때 붉은 방의 여인은 불을 밝힐까. 멀리 초록이 보이는 창을 닫고 어둠이 붉은 방을 삼키지 않도록, 이글거리는 붉은 것들로 마냥 뜨거운 시간을 가만, 가만, 가만히 쓰다듬어 줄까. 하얀 에이프런을 풀고 비로소 붉은 식탁의 주인공이 되어 턱을 괴고 앉아 붉은 것들이 만들어낸 붉은 어둠을 바라보며 금이 간 마음들을 보듬어 볼까. 붉은 방 안에서 일어나는 온전히 붉은 것들의 이야기에 귀 기울이게 될까. 이 생을 잘 견디려면 여인과 나, 붉은 방에서 끝없이 붉어져야 한다.

우리 안의 방을 무엇으로 채울까?

〈레슬러의 무덤 *The Tomb of wrestlers*〉은 데페이즈망의 절정을 보여준다. 방의 내부를 가득 채운 거대한 빨강 장미 한 송이, 커튼이 있는 창문도 장밋빛으로 물들어있다. 줄기도 잎도 뿌리도 볼 수 없고 오직 충만한 붉은 꽃, 아름다우면서도 기괴한 느낌을 주는 작품의 이름은 '장미의 무덤'도 아니고 '레슬러의 무덤'이다.

르네 마그리트(Rene Magritte), **레슬러의 무덤**(Le tombeau des lutteurs), 유화, 캔버스에 유채 (Huile sur toile), 89x116㎝, 1960년
ⓒ René Magritte / ADAGP, Paris - SACK, Seoul, 2024

* **데페이즈망**(dépaysement)은 우리 주변에 있는 대상들을 매우 사실적으로 묘사하고 그것과는 전혀 다른 요소들을 작품 안에 배치하여 일상적인 관계에 놓인 사물과는 이질적인 모습을 보이는 초현실주의 방식이다.

르네 마그리트는 '레슬러의 무덤'이란 이름을 붙임으로써 관객의 주의를 환기시킨다. 무덤이라고 부르기엔 너무 아름답고 우아하고 호기심을 자아내는 무덤이다. 장미와 근육질의 운동선수는 어울리지 않는 조합처럼 보이지만 방안을 가득 채운 빨강 장미는 근육질 꽃잎을 뽐내는 중이다. 꽃잎을 부풀리고 부풀려서 방안이 가득 차버리면 이 공간을 벗어나지 않고서는 몸집을 키울 수 없는 레슬러의 무덤이다. 장미 향기처럼 고혹적인 승자의 환희와 붉은 상처로 타오르는 패자의 고통이 무덤 안에 있다.

우리는 모두 삶의 레슬러들이다. 부풀리고 축소하고 그때그때 욕망의 사이즈를 재단한다. 결국은 방 안 가득 몸집을 부풀린 욕망만 남았다. 공간을 차지하기 위한 욕망, 돋보이고 싶은 욕망, 그러나 본질은 고독한 욕망, 결핍이 키운 욕망, 부끄러운 욕망으로 가득한 무덤이 분명하다. 한편으로는 치열한 삶을 견뎌낸 레슬러의 영광스러운 최후를 보여주는 것인지도 모른다. 삶의 고통이 푸른 멍으로 남지 않고 붉은 장미로 피어났다. 유리창을 통해 들어오는 빛에 벽도 장밋빛으로 물들었다. 레슬러의 무덤, 장미의 무덤, 욕망의 무덤, 꿈의 무덤, 고통의 무덤 그러나 아름다운 무덤.

거대한 초록 사과가 있다. 나무 바닥 위에 바르게 놓인 사과 꼭지는 하얀 천장에 맞닿아 있다. 유리창을 통해 햇빛이 들어온다. 이 작품은 〈듣는 방 *The Listening room*〉이다. 귀를 기울이는 방, 한 알의 사과가 자라는 소리를 듣는 방, 중얼거림을 듣는 방, 이

르네 마그리트(Rene Magritte), 듣는 방(The Listening room, oil, canvas), 55×45㎝, 1952년
ⓒ René Magritte / ADAGP, Paris - SACK, Seoul, 2024

네모난 방에 소리의 뼈가 존재한다면 아마도 초록색일 것이다.

    김 교수님이 새로운 학설을 발표했다
    소리에도 뼈가 있다는 것이다
    …
    한 학기 내내 그는
    모든 수업 시간마다 침묵하는
    무서운 고집을 보여주었다
    참지 못한 학생들이, 소리의 뼈란 무엇일까
    각자 일가견을 피력했다

....
그다음 학기부터 우리들의 귀는
모든 소리들을 훨씬 더 잘 듣게 되었다

― 기형도 〈소리의 뼈〉 부분

    네모난 수박을 만들기 위해서는 수박이 자랄 때 네모 틀 안에 수박을 넣어 키우는데 수박이 자라면서 용기의 벽면을 미는 힘이 엄청나다고 한다. 르네 마그리트의 작품 속 사과는 네모 틀 안에 갇혀있지만 네모난 사과는 아니다. 둥글어지기 위해서는 어디든 중심을 바로 알아야 하기에 둥글어진다는 것은 쉽지 않지만 안으로도 밖으로도 자꾸만 둥글어지려는 사과의 노력을 듣는다. 틀에 갇힌 네모로 길들여지지 않겠다는 사과의 외침과 다짐을, 사과 한 알의 내력과 기억을 듣는다.

    르네 마그리트 식으로 낯설게 보기 위하여 두 작품을 서로 바꾸어 생각해 본다. 장미가 있는 방을 '듣는 방'이라 생각하고 커다란 초록 사과가 있는 방을 '레슬러의 무덤'이라고 바꾸어 생각해도 어울린다. 방에서 무엇을 듣고, 방 안에 무엇을 묻을 것인가. 커다란 네모 안에 무엇을 집어넣든 우리는 '듣는 방'으로 생각할 수도 있고 '무덤'으로 추모할 수 있다.

    해가 비치는 옥탑방에서 나는 르네 마그리트의 빨간 장미처럼 불타고, 연초록 거대한 사과처럼 꿈의 소리로 부풀고 있다. 그러나 이곳은 아직 쓰는 이의 무덤은 아니다. 움츠려진 마음을 레슬러처럼 부풀리는 방이고, 내면의 목소리를 듣는 방이다. 이 네모난 방 어딘가에 분명히 있을 '소리의 뼈'를 찾아야 한다.

무서운 고집으로 오랫동안 침묵하고 마침내 그 소리들의 뼈를 붙잡아 활자화시키는 일, 소리들의 뼈에 옷을 입히고 색을 입히는 일, 소리들의 뼈가 종이 위에서 춤을 추게 하는 일, 그 모든 것에 귀 기울이는 일.

과거로부터 온 편지

우린 이제 아름다운 사냥감을 돌에 새기지 않는다
…
부족의 창에 걸려든 작은 짐승
마지막 숨이 고요한 지층을 흔들 때
꽃잎 같은 긴 임종을 불 속으로 내던졌다
…
동굴처럼 깊은 눈을 끔뻑이면
원시의 시간을 벗겨 낸 뺨과 입술
고독한 팔다리를 가진 족속에 대한 그리움으로

— 유미애 〈사냥, 그리고 육식의 슬픔〉 부분

들소를 그리는 이의 붉은 마음

선사시대 유적지인 알타미라는 스페인 북부 칸타브리아 지방에 위치한 동굴이다. 1868년, 모데스토 쿠빌리아스라는 사냥꾼이 잃어버린 개를 찾다 처음으로 알타미라 동굴을 발견하게 되었고 8년 후 고고학자 마르셀리노 사우투올라가 동굴을 조사할 때 딸 마리아가 동굴 안쪽 거대한 벽화를 발견했다고 전해진다.

알타미라 동굴 벽화는 BC 15,000년~10,000년에 그려졌는데 주로 붉은색·검은색·보라색으로 채색된 들소가 있고 멧돼지 두 마리, 여러 마리의 말, 암사슴 등이 그려져 있다. 피레네 산맥을 중심으로 프랑스와 스페인에 100여 곳 분포한다.

원시 예술 작품이나 동굴 벽화에서 흔히 볼 수 있는 색채는 주로 빨강이다. 동굴에 그려진 붉은 들소를 보라. 뿔과 도드라진 근육, 눈동자, 발굽… 붉은 들소를 그리는 이의 모습이 궁금하다. 동굴에 그린 그림이 사냥의 성공을 바라는 주술적 용도인지, 사냥할 동물의 목록인지, 사냥한 동물의 목록인지, 종교적 용도인지 우리는 정확히 알 수 없다.

세월을 거슬러 끝없이 살아있는 들소와 아주 오래전 이 동굴 벽 앞에 서 있었을 낯선 사람의 모습을 생각한다. 혼자서는 사냥할 수 없어 무리 지어 사냥에 나섰을 시대에 거대한 들소 한 마리는 당분간 굶주림을 면해주었으리라. 먹잇감으로서의 동물을 이토록 예술적으로 그려놓은 이유는 무엇일까? 아마도 동물들을 표현할 문자의 발달이 더디었기에 최대한 실물에 가까운, 살아있는 것처럼 역동적인 모습을 구현하기 위함이었을까? 동

알타미라 동굴 벽화(에스파냐)
여기가 아닌, 거기가 아닌 곳에서 시간의 발걸음 소리를 듣는다.

굴 벽화에서 죽은 동물의 피 성분이 검출되고, 창이나 도끼로 공격한 것처럼 보이는 흔적이 남아있는 것으로 볼 때 동굴인들에게는 살아있는 들소와 벽화 속 들소가 같은 의미로 여겨졌는지도 모른다.

  제대로 된 채색 도구 하나 없는 시대에 적철광이 섞인 붉은 흙에 죽은 동물의 피를 섞어 채색하는 것이 전부였을 터인데 어떻게 저토록 선명하고 아름다운 벽화를 남길 수 있었을까? 인류학자 로르브랑세는 들소의 몸통을 붉게 칠할 때 넓은 면적을 쉽게 칠하는 방법의 하나로 원시 물감 형태의 액체를 입에 머금고 있다가 원하는 부위에 집중적으로 뿜어내었을 것이라 추정하기도 한다. 양손 가득 붉은 안료를 묻혀 들소의 몸을 채색하였든, 입에 붉은 안료를 머금고 있다가 벽을 향해 뿜어내었든 그들은 전위 예술가가 분명하다. 들소를 붉은 색으로 채색하는 순간 들소의 몸에는 피가 흐르고 숨을 헐떡이며 살아있는 존재처럼 생동감이 느껴졌을 것이다.

> 세월은 가고, 순간들이 돌아온다
> 가까운 방에 들리는 너의 발걸음 소리를 듣는가?
> 여기가 아닌, 거기가 아닌 곳에서 너는 듣는다
> 바로 지금이라는 다른 시간 속에서,
> 시간의 발걸음 소리를 너는 듣는다
> 무게도 장소도 없는 현실들을 만들어가는 시간,
> …
> 이파리들 사이 번갯불이 머문다,

표류하는 희미한 정원

들어오라, 너의 그림자가 이 벽지를 채우게 하라.

– 옥따비오 빠스 〈비가 오는 소리를 듣듯이〉 부분

무리 중 벽화를 담당한 동굴 예술가는 한 명으로 정해져 있었을까? 자발적인 지원이었을까? 혹은 거룩한 일이라 모두의 추대로 결정되었을까? 벽화를 그리는 누군가는 안료를 섞어주고 또 누군가는 벽화를 그리기도 전에 온몸이 먼저 붉은색으로 물들었으리라. 동굴 예술가를 반인반수로 분장한 주술사로 보는 경우도 있고 여성으로 보는 경우도 있다. 동굴 벽화에 그려진 사람의 모습이 반인반수라는 점에서 동물숭배가 퍼져있던 시기, 주술의 흔적으로 보기도 하고 구석기 유적 중 하나인 발렌도르프 비너스의 제작자를 임신한 여성으로 추정하듯 이 거대한 벽화를 그린 이도 여자일 것으로 추정하기도 한다. 하지만 추정일뿐 정답은 아니다.

공감주술(Magie Sympathique)은 이미지와 그 주제 사이에 근본적 관계가 내포되어 있다는 개념인데 살아있는 존재의 형상을 소유한 자는 이미 자신에게 어떤 힘이 있다고 보는 관점으로 원시인들이 동물을 그림으로써 동물이 자신의 지배하에 있다는 믿음이다. 일상의 사냥감이 되는 동물, 화살에 맞거나 상처가 난 동물을 그리면서 황홀함을 느끼는 사냥 주술, 새끼 밴 암컷, 상처없는 동물들을 그림으로써 사냥감의 증대를 바라는 풍요의 주술이 동굴 벽화에 들어있다. 모리스 블랑쇼는 『우정』에서 선사인들의 암각화를 '미래의 문학'이라 칭한다. 왜냐하면 씌어졌으나 침묵하기 때문이고, 누군가 말하고 있으나 아무도 말하고 있지 않기 때문이다. 씌어졌으나 침묵 속에 있는 동굴 벽화 앞에서 현대인들의 생각은 과거를 향해 달린다.

해가 동굴 안 붉은 들소를 환하게 비출 때 사냥을 나가서 해질 무렵 누군가는 살아 돌아오고 누군가는 돌아오지 못한다. 사냥한 들소의 몸을 가르고 빨갛고 뜨거우며 선명하고 신성한 피를 벽에 그려진 들소에 바른다. 동굴 안에 짙은 어둠이 내릴 때 어둠 속 붉은 들소 그림은 그들에게 무엇이었을까? 힘, 생동감, 움직임, 안녕과 풍요의 기원. 그 어떤 의미든 무언가를 남기려 했던 몸짓인 것은 분명하다. 그들이 남긴 벽화는 과거로부터 온 편지다. 동굴 예술가의 땀에 젖은 등에서, 눈빛에서, 피의 색채로 범벅이 된 팔에서 느껴지는 무게도 장소도 없는 현실이 그 혹은 그녀가 마주한 동굴 벽 어딘가에 멈춰있다.

여기가 아닌 거기가 아닌 곳에서 들소의 울음을, 들소의 발자국 소리를, 들소의 절규를 들었으리라. 먹고 먹히는 것이 생존의 방식이고 신앙이며 당연한 진리였을 그 시대에 동굴 벽 앞에 선 그들에게 후대란, 그들에게 미래란 없는 단어. 오직 벽화를 그리는 순간만 존재하는 것이리라. 그들은 얼마나 오래도록 들소를 보았을까? 먹잇감으로서가 아닌 '들소'로서의 '들소'를. 들소의 강렬한 눈빛과 그의 눈빛이 마주치고 들소의 꿈틀거림이 그의 꿈틀거림과 뒤섞이고 그는 들소가 되고, 들소는 그가 되어 동굴에서 함께 뛰놀았으리라. 그의 몸 안에 붉은 들소가 뛰놀면 가슴은 붉은 희망으로 타올랐으리라.

타눔의 배

붉은 배를 타고 떠나는 붉은 사람들이 있었다. 거인처럼 과장된 팔과 다리로 표현된 붉은 사람들의 심장은 얼마나 뜨거웠을까? 바닷가 바위에 돌망치와 정으로 윤곽을 새기고 붉은 흔적을 남겨야 했던 이유를 묻고 싶다. 해돋이에서 해넘이까지 존재 흔적을 남기기 위한 돌망치 소리가 쩌엉쩌엉 가슴을 울리는 듯하다. 타눔의 배를 타고 거친 바다로 향하며 함께 외치는 붉은 목소리들은 보후슬란 앞바다를 붉게 물들였으리라.

스웨덴 북부 보후슬란(Bohuslan)지방의 타눔 암각화는 청동기 유럽인의 생활 모습과 문화적 특성을 파악할 수 있는 고고학적 유물이면서 예술 작품이다. 인간, 선박, 무기 등의 묘사가 섬세하고 미적이며 생동감 넘치는 표현과 정교한 문양으로 볼 때 사전 계획에 따라 오랜 시간 조성되었을 가능성도 있다.

암각화는 돌망치와 정으로 바위에 전체 윤곽을 새기고 표면을 깬 뒤, 쪼아낸 다음 필요한 깊이만큼 갈아서 모양을 새겨넣은 그림인데 깊게 판 것일수록 그만큼 더 중요한 상징적 의미를 갖는 것이라 추측할 수 있다. 보후슬란 지방 암각화는 대략 1500개 정도 있는데 바퀴, 작은 배, 큰 배, 썰매, 동물, 인간, 손자국, 발과 발자국, 바퀴 달린 마차, 원시 쟁기, 그물, 덫, 미로 퍼즐, 나무, 무기 등의 다양한 이미지를 보여준다.

18세기 후반 보후슬란 암각화 이미지 연구 결과 원시 상징예술의 사례를 크게 두 가지 측면으로 나누어 설명한다. 일상 생활에서 사용하는 무기나 마차 같은 도구, 동물, 인간을 표현한

스웨덴 타눔 암각화 Rock Carvings in Tanum

것으로 삶의 질서, 존재 형태를 보여주는 것과 초월적 세계 혹은 미지의 세계를 표현한 것처럼 보이는 변형된 형태의 동물과 인간으로 구분할 수 있다.

발을 딛고 사는 현실과 너머의 세계, 끝없이 닿고 싶은 이상을 암각화에 동시에 표현할 수 있었던 그들은 어쩌면 현세를 사는 우리보다 더 현실적이면서 더 형이상학적이고 더 정교하고 더 예술적인 존재였는지 모른다. 암각화를 그릴 필요가 없는 물질 문명의 시대, 우리의 상상력은 네모난 모니터 안에 갇혀버린 것은 아닐까? 생존을 위해 척박한 자연에 맞서고 배를 만들어 새로운 곳을 찾아나서던 이들의 시간은 가고, 변함없는 바위 위에서 우리는 저벅거리는 붉은 발걸음 소리를 듣는다. 슬픔과 회한, 열망과 환희가 담긴 추상화, 그러나 같은 방향을 바라보고 같은 속도로 노를 저었을 단단한 어깨와 강인하고 투박한 손이 느껴진다. 그들과 함께 타눔의 배를 타고 미지의 세계로 떠나고 싶다.

이집트 벽화 속 아담들

적어도 10만 년 전 현생 인류의 두뇌가 진화하면서 사람들은 장식적, 상징적, 예술적 용도로 색을 사용하기 시작했는데 빨강은 그 중심에 있었다. '아담(A-dam)'의 히브리어 기원은 '빨강'이란 뜻이며 '피(of blood)라는 의미를 품고 있다. 빨간색을 의미하는 RED의 라틴어 어원은 '붉은'을 의미하는 'Ruber'이며 붉은색을 띠는 보석 'Ruby'와 어원이 같다.

고대 부족 사회에서 붉은 흙을 몸에 바르는 행위는 지위를 상징하는데, 사냥과 전쟁에서 성공을 거두었음을 암시한다. 지금도 몸에 붉은 흙을 칠하거나 붉은 문신을 하는 부족이 존재한다고 알려져 있다.

유럽인들이 신대륙에 상륙했을 때 만난 원주민들을 '붉은 인도인(red-indian)'이라 부른 것은 피부색 때문이 아니라 몸과 얼

제1부 빨강의 기억

태양신의 상징 **베누**

굴에 바른 붉은 황토 때문이었는데 붉은 황토는 얼굴을 보호하거나 악귀를 물리치는 용도였을 것으로 추정한다.

이집트인들은 꼭두서니, 연두벌레, 자주 조개 등의 식물성 혹은 동물성 재료들을 이용하여 다양한 색조의 빨강을 만들었다. 적철광에서 얻은 붉은색은 염료나 안료로도 쓰였고 혈액과 관련된 질환을 치료하고 출혈을 멈추게 하는 의약품으로도 쓰였다. 이집트 고분 벽화에서 남성들의 피부색은 레드 오커로 여성들은 밝은 베이지 계열로 채색된 경우가 많다.

이집트에서 빨강은 폭력, 전쟁, 파괴를 나타내는 표식이기도 하고 혼돈과 파괴의 화신인 세트 신의 색이기도 했다. 이집트 서기들은 위험, 불행, 죽음을 뜻하는 상형 문자를 붉은색으로 기록했다고 하지만 빨간색은 승리, 힘이나 권력, 피와 생명력의 상징색이기도 하였다.

태양신의 상징 베누는 '눈부심 속에 일어서다'라는 뜻으로 헬리오폴리스 신화의 태양신 라의 상징이다. 긴 머리 깃털이 있는 해오라비새의 모습으로 머리에는 항상 해를 상징하는 빨갛고 둥근 공을 올려놓고 있다. 해가 동쪽에서 떠서 서쪽으로 지는 것은 태양신 라가 하루 동안 하늘을 가로지르는 여정으로 매일 밤 죽음과 부활을 반복함을 상징한다.

이집트인들이 무덤 벽화를 그린 이유는 이생의 삶을 기록하고 내세의 삶에 대한 열망 때문일 것으로 추정하는데 〈네바문의 무덤 벽화〉는 3000년이 지난 지금도 선명한 색채감을 지니고 있다.

검은 가발을 쓰고 화려한 목 장식을 한 건장한 체격의 네바문

〈네바문 무덤 벽화 중, 네바문이 습지에서 새를 사냥하는 장면〉 기원전 1350년경

은 룩소르에서 곡물 저장을 관리하는 서기관이었다고 한다. 무덤에 적힌 상형문자는 '스스로 즐기고 아름다운 것을 보는 삶을 원했다'라고 적혀있다. 갈대가 우거진 나일강에서 네바문은 아내 핫셉수트와 딸과 함께 파피루스로 만든 배를 타고 사냥 중이다. 한 손에는 막대기를, 다른 한 손에는 미끼용 왜가리를 잡고 있다. 이집트 벽화의 대표적 특징인 정면성의 원리에 따라 얼굴과 다리는 측면으로, 상체는 정면을 향하게 그려져 있는데 인물의 영원성을 표현하는 방법이다. 아내와 딸과 달리 레드 오커색으로 표현된 네바문의 피부에서 힘과 생명력이 느껴진다.

  이집트 피라미드는 영생을 위한 파라오의 무덤이지만 피라미드를 바라보는 현세인들의 눈에는 단순히 고대의 유적으로만 보이지 않는다. 지금도 끝없이 뜨거운 피를 지닌 아담의 후손들이 자신만의 피라미드를 건설하고 있다. 영생이든 성공이든, 명예든, 권력이든… 레드 오커색 벽화 속 아담을 보며 생각한다. 이토록 오랜 세월이 흘러도 변치 않은 저 붉음만으로도 그들은 이미 영생을 누리는 것이 아닌가. 습지의 풍요로움과 아내와 딸, 강인한 몸을 지닌 네바문은 무덤 벽화로 남아 오늘을 사는 우리에게 스스로 즐기고 아름다운 것을 보며 살아가라고 이야기하고 있다.

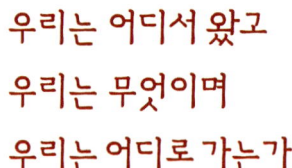

**우리는 어디서 왔고
우리는 무엇이며
우리는 어디로 가는가**

위대한 정오란, 인간이 자기 행로의 한복판인 동물과 초인의 중간에 서서 저녁으로 향하는 자신의 여로를 자기의 최고의 희망으로서 축복할 시간이다. 그것은 새로운 아침으로 향하는 길이기 때문이다. 그때 몰락해 가는 자는 자기 자신을 축복할 것이다. 그는 초인을 향해 건너가고 있기 때문이다. 그리고 그의 인식의 태양은 정오에 머물러 있을 것이다.

— 니체 『차라투스트라는 이렇게 말했다』

폴 고갱(Paul Gauguin), 우리는 어디서 왔는가? 우리는 무엇인가? 우리는 어디로 갈 것인가?
유화, 141×376㎝, 1897년

    티아레 꽃향기를 맡은 사람은 아무리 먼 곳을 떠돌아다녀도 결국은 이 향기를 못 잊어 타히티로 돌아오고 만다. 고갱에게 타히티란 티아레 꽃향기 같은 것이었으리라. 누구나 삶을 붙잡는 향기 하나쯤 품고 살아간다.

    고갱이 타히티에서 마지막으로 완성한 작품 상단에 '우리는 어디서 왔고 우리는 무엇이며, 우리는 어디로 가는가'라고 적혀있다. 인간적으로 가장 힘든 시기에 완성한 작품이어서일까? 존재에 대한 철학적 고민이 담겨있다.

    어떤 편지에서 고갱은 이 그림은 오른쪽에서 왼쪽으로 읽어야한다고 설명했다. 이 작품은 보는 것이 아니라 읽어야 하는 작품이다. 작품의 오른쪽 아래 세상모르고 잠든 아기와 세 여인의 모습은 우리가 어디서 왔는지를, 그림의 중앙 부분 팔을 뻗어 열매를 따고 있는 사람은 우리가 무엇인지를, 왼쪽 아래 두 손으로 귀를 막고 웅크린 늙은 여인은 우리가 어디로 가는지를 보여준다. 잉태와 성숙, 노화 그리고 죽음을 향해 가는 삶의 여정 속 찬란한 아름다움과 고독한 비애를 동시에 느끼게 한다.

"우리는 어디서 왔고 우리는 무엇이며 우리는 어디로 가는가?"라는 질문에 고갱 스스로 "온 곳도 없고, 아무것도 아니며, 갈 곳도 없다."라는 선문답 같은 답을 남겼다. 온 곳도 갈 곳도 없는 이들, 아무것도 아닌 이들의 삶이 한 폭의 인생 그림으로 남겨졌다. 그림에는 연약한, 젊고 건강한, 생기 넘치는, 늙고 지친, 두려움에 떠는, 비스듬히 비켜선, 경배하는 14명의 사람이 등장한다. 그중 한 손을 바닥에 짚고 비스듬히 앉아 무심히 너머의 세계를 바라보는 여인에 시선이 멈춘다. 세상에 대해 조금은 무심해지고 싶어서일까, 세상을 비스듬히 보고 싶어서일까. 여인의 무심함과 비스듬함이 나를 붙잡는다. 그림 한 가운데 대지를 딛고 서 있는 생동감 넘치는 인물은 팔을 뻗어 붉은 열매를 따고 있다. 그 인물은 지금 붉은 열매와 붉은 꽃을 얼마든지 따도 좋은 인생의 정오, 새로운 시간으로 건너감을 준비하는 인생의 정오에 있다. 인생의 정오가 아직 오지 않은 이들, 인생의 정오를 거쳐 간 이들, 인생의 정오를 알지 못하는 이들, 인생의 정오를 아는 이들이 같은 공간에 존재한다. 인생의 정오란 저마다 다른 것이다. 생물학적 나이와는 무관한 인생의 정오가 다가오는 것이 느껴지면 기꺼이 일어나 붉은 꽃과 붉은 열매를 따리라.

인생이라는 거대한 캔버스를 자기만의 명도와 채도로 채워가고 있는 사람들을 고갱 작품 속 인물들과 연결 지어 본다. 산책로에서 마주친 한 여인이 유모차를 느릿느릿 밀고 가며 결 고운 바람과 보드라운 햇살을 유모차에 담는다. 나무 아래에 잠시 멈취 서서 유모차를 가린 커다란 우산을 접고 스마트 폰을 내밀자 유모차의 아기가 웃는다. 모자를 벗은 아기의 몇 가닥 남지 않은 허연 머리카락이 어색하게 흔들린다. 이미 다 자라버린 늙은 아기, 왜소한 몸, 주름진 얼굴 그러나 여전히 미소만은 곱고 아름다운 아기가 웃고 있다.

엄마가 건넨 물병을 두 손으로 꼭 붙잡고 행여 흘릴세라 조심조심 마시는 늙은 아기는 한때 유모차를 밀던 젊은 엄마였다. 아기 얼굴에 따가운 해가 비칠까 커다란 우산으로 차양을 만들어주고 눈 맞춤을 하며 '까꿍'을 하던 달콤한 젖내 나던 건강한 여인이었다. 시간이 흘러 턱받이를 한 어린 아기는 젊은 엄마가 되고, 엄마는 다시 아기가 되어 턱받이 같은 손수건으로 입가에 흘러내리는 물을 천천히 닦고 있다.

젊은 엄마가 한 여인의 지난한 생이 담긴 유모차를 밀고 간다. 작고 부스러질 것처럼 연약한 몸을 지닌 늙은 아기의 노랫소리가 희미하게 들려온다. '연분홍 치마가 봄바람에 휘날리더라. 꽃이 피면 같이 웃고 꽃이 지면 같이 울던 그 맹세에 봄날은 간다.' 산책로 모퉁이를 돌아 유모차가 보이지 않을 때까지 '실없는 그 기약에 봄날은 간다'의 애절한 가락만 봄바람에 실려 온다. 꽃이 피면 같이 웃고 꽃이 지면 같이 울자 맹세하던 봄날이 유모차 안 늙은 아기에게도 있었으리라. 젊은 엄마도 언젠가는 유모차 안의 늙은 아기로 돌아가리라. 누구에게나 봄날은 있었고, 누구에게나 봄날은 또 예외 없이 간다. 그렇게 인생의 봄날은 간다.

인생은 같은 풍경의 재현이라는 생각을 한다. 오래전 나도 유모차를 밀던 젊은 엄마였다. 어설프고 어리숙한 엄마였지만 아기를 위해서라면 세상 끝까지 달려갈 용기가 있었다. 유모차 안의 아기에게는 세상의 혹독함, 추함, 고통스러움, 힘겨움을 보여주고 싶지 않았다. 오직 아름다운 것, 선하고 귀한 것, 따뜻하고 보드라운 것, 맑고 깨끗한 것들만 전해주고 싶었다. 돌아보면 봄날이었다.

ㄱ(기역)으로 등 굽은 여인이 유모차를 밀고 간다. 덜거덕 소리만 싣고 가는 텅 빈 유모차. 등 굽은 여인은 무엇을 밀고 가는 것일까? 세월을, 천진한 아기 웃음소리를, 이미 아기 엄마가 된 어린 딸의 미소를, 나른한 봄날을, 청춘을, 푸름을, 사랑을 그리고 아직 다하지 못한 생의 이야기를 싣고 간다. 마침내 생의 목적지에 이르면 ㄱ(기역)으로 굽은 인생을 차곡차곡 접어서 유모차에 싣고 달그락달그락 걸어갈 것이다.

스스로 인생의 마지막 유모차를 밀 수 있는 사람은 그래도 행복하다. 호스피스 병동의 5월, 장미가 찬란하게 피던 계절이었다. 정원의 장미가 시들어가듯 날마다 말라가는 어머니, 벽을 향해 돌아누운 앙상한 몸이 만들어낸 기묘한 곡선이 유난히 도드라져 보였다. 새하얀 우윳빛 주사가 방울방울 몸으로 들어간다. 기저귀와 턱받이가 필요하고, 끝없는 돌봄이 필요하고, 물 몇 숟가락으로 겨우 마른 입술을 적시는 어머니는 다시 아기가 되었다. 학습 의욕과 호기심을 상실한 아기, 환자용 침대라는 공간을 점유한 공허한 눈빛의 아기들, 때론 숨소리조차 들리지 않을 정도로 조용하고 때론 고통스럽게 울부짖는 늙고 병든 아기들, 그 모습 안에서 언젠가 아기로 돌아갈 내 모습을 확인한다.

누군가의 아기였고 딸이었고 아내였고 며느리였던 어머니는 등 굽은 여인이 되어 유모차를 밀고 산책할 호사조차 누리지 못하였다. 호스피스 병동 한구석에 둥지를 틀고 아무도 알아채지 못한 순간에 깊고 오랜 잠에 빠지셨다. 앉아서 가지 못하고 오직 누워서만 갈 수 있는 마지막 유모차, '관'이라 부르는 검고 차가운 직사각형 유모차를 타고 멀고 먼 산책을 떠나셨다.

결국 사람은 누군가의 아기로 와서 또다시 누군가의 아기로 돌아간다. 유모차로 와서 유모차를 타고 돌아간다. 오는 것과 돌아감 사이 우리는 치열하고 격렬하게 때로는 힘들고 버겁게 삶의 무늬를 만들어낸다. 한때 누군가의 '무엇'이었던 우리는 달그락거리는 유모차를 타고 늙고 병들고 지친 그러나 여전히 눈빛만은 아름다운 늙은 아기가 되어 온 곳으로 돌아가리라.

'별이 뜨면 서로 웃고 별이 지면 서로 울던 실없는 그 기약에 봄날은 간다.'고 하였지만 웃고 우는 실없는 기약들이 뭉쳐 인생의 찬란한 봄날을 만들어왔음을 안다. 봄날의 꿈이란 바람에 흩날리는 꽃잎처럼 덧없다. 어쩌면 덧없기에 더 아름다운 저마다의 티아레 꽃향기를 그리워하며 그렇게 봄날은 간다. 우리는 어디서 왔고 우리는 무엇이며, 우리는 어디로 가는가에 대한 답을 흩날리는 꽃잎에서, 보드라운 햇살에서, 유모차의 바퀴 소리에서, 다시 아기가 된 엄마의 천진한 웃음에서, 함께 걷는 이들의 경쾌한 발걸음에서 발견하는 봄날이다.

어떤 형태로든 흩어질 봄날, 그러나 뜨거운 무언가를 머금고 있는 그 봄날은 인생의 정오 같은 것이다. 이제 일어나 기꺼이 붉은 열매를 따야 할 시간이다.

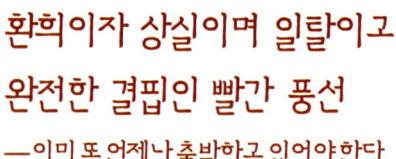

환희이자 상실이며 일탈이고
완전한 결핍인 빨간 풍선
　—이미 또 언제나 출발하고 있어야 한다

나였던 그 아이는 어디 있을까,
아직 내 속에 있을까 아니면 사라졌을까?

　　　　　　　　　　　– 파블로 네루다 『질문의 책』 부분

회색 벽과 벽 사이, 기하학적이 도형들이 있다. 회색 꿈을 꾸는 도시에 서로 맞물린 것들, 겹쳐진 것들, 나무처럼 보이는 것도 있고 푸른 눈처럼 보이는 것도 있다. 사람은 보이지 않는다. 살아있는 것은 없다. 그림 한 가운데 빨간 풍선만이 누군가가 쏘아 올린 작은 공처럼 하늘을 향한다.

화가의 작품을 이해하기란 늘 어렵다. 화가의 마음에 닿고 싶어서 1922년 파울 클레의 마음속으로 빨간 풍선을 타고 날아간다. 쉼 없이 솟구치는 것들, 빨간 것들, 스며드는 것들, 비상하는 것들, 환희이자 상실이며 일탈이고 완전한 결핍이기도 한, 바람의 춤이며 가학적인 태양의 유희이기도 한 저 빨간 풍선에는 무엇이 담겨있을까?

고정된 경직에서 벗어나 꿈틀거리는 것을 표현하려는 클레의 마음속으로, 유년의 빨간 풍선 속으로, 꼭 붙잡고 있었지만 놓쳐버린 빨간 풍선에게로, 팽팽하게 부풀어있던 것이 왜소해져가는 모습을 받아들이지 못하던 어리석음의 시기로, 날 것의 순진함 속으로….

수없이 많은 빨간 풍선을 잃어버렸다. 길을 잃어버리고 방향을 잃어버리고 목표를 잃어버리고 하늘이 꿀꺽 삼켜버린 빨간 풍선들을 무력하게 바라보기만 했던 어느 시절로 돌아간다. 볼을 부풀리며 숨을 불어넣던 시간도 있었다. 납작하게 누워있던 풍선이 비로소 살아있는 몸을 갖게 되는 순간 사람의 숨이 풍선의 숨이 된다. 팽팽해진다. 터지기 직전의 긴장, 하지만 사람이 불어넣은 숨은 오래가지 않는다. 고무입자와 입자사이 보이지 않는 미세한 구멍으로 숨이 스멀스멀 빠져나온다. 생각해 보면

파울 클레(Paul Klee), **빨간 풍선**(Red Balloon), 보드에 초크, 유화(Oil, chalk on board), 31.7x31.1cm, 1922년

사물의 팽팽한 유희가 점점 사그라지는 시점과 관심이 사라져 가는 시점은 일치한다. 유독 빨간 풍선에 집착했던 시간. 그 빨간 풍선들 안에 담아놓은 것들은 열정, 욕망, 꿈, 설렘, 기대, 아직 오지 않은 수많은 미래였다.

> 언젠가 내게도
> 빨간 풍선 같은 소녀가 하나 있었지
> …
> 너는 얼마나 멀리 날아갈까
> 네 몫의 어리석음으로부터
>
> 언젠가 풍선은 팡 터지겠지
> …
> 늘 쏟아지는 나의 하늘
> 풍선 조각이 떨어진, 빨간 구석
> ― 진은영 〈빨간 풍선〉 부분

네 몫의 어리석음으로부터, 네 몫의 아름다움으로부터 너는 얼마나 멀리 날아갔을까? 우리 안의 빨간 풍선과도 같은 소년 혹은 소녀.

> 나는 이미 한 때 소년이었고 소녀였으며 덤불이었고 새였고, 바다에서 뛰어오르는 물고기였으니.
> ― 엠페도클래스

너는 얼마나 멀리 날아갈까 네 몸의 아름다움으로부터

짙은 초록 숲과 모래사장, 두 사람은 숲에 있고 노란 모자를 쓴 소녀는 날아간 빨간 풍선을 찾으러 모래사장 위로 달려간다. 무성한 녹음, 숲 그림자가 드리운다. 경계를 넘어선 소녀는 세상이 두렵지 않다. 빨간 풍선이 있으니까. 얼마나 멀리, 얼마나 오랫동안 풍선을 쫓아 달릴지 알 수 없지만 소녀의 가슴에서 희망이 풍선처럼 부풀어 오른다. 생각해 보면 나는 한 때 부유하는 빨간 풍선이었으며, 심장이 찢긴 빨간 풍선이었으며, 다하지 못한 말들로 팽창한 빨간 풍선이었으며, 부끄러움으로 가득한 빨간 풍선이었으며, 언젠가는 터진다는 사실을 받아들이지 못하는 어리석은 빨간 풍선이었으며 그리하여 준비 없이 터져버린 빨간 풍선이었다.

> 죽음의 순간에 이르면
> 추억을 되돌리기보다
> 잃어버린 물건을 되찾고 싶다
> ……
> 바람이 빼앗아 달아났던
> 작은 풍선을 다시 찾을 수 있었으면
>
> — 비스와바 쉼보르스카 〈작은 풍선이 있는 정물〉 부분

죽음의 순간에 이르면 추억을 되돌리기보다 잃어버린 물건을 되찾고 싶다는 폴란드 시인 비스와바 쉼보르스카의 말에 공감

펠릭스 발로통(Félix Édouard Vallotton), **풍선**(Le Ballon), 과슈, 49.5×61.9㎝, 1899년

한다. 아마도 잃어버린 물건의 리스트에는 빨간 풍선도 있을 테니까. 바람이 낚아채서 달아나버리던 그 작은 빨간 풍선. 이제 풍선을 가지고 놀 마음 속 어린아이는 없지만 가슴 안에는 여전히 터지지 않은 빨간 풍선 하나가 있다. 잃어버린 빨간 풍선이든 아직 날려 보내지 못한 빨간 풍선이든 가슴 안에서는 모두 온전한 풍선이다.

　빨간 풍선에 집착하는 어린 날의 내가 내 안에 존재한다. 빨간 풍선 하나 지키기 위해 큰 소리로 울음을 터뜨리는 어린아이가 되고 싶지 않기에 여전히 이곳에서 해야 할 일을 지속적으로 해야 한다. 지속적으로 해야 할 바로 '그것'이 무엇인지 명확히 알지 못한다. 다만 '생'이라는 주어진 시간에 이미, 또 언제나 출발하고 있어야 한다는 사실만을 기억할 뿐이다. 가슴에 빨간 풍선 하나 품고 있다면 빨간 풍선이 이미, 또 언제나 출발의 신호가 되어줄 것이다.

뱅크시의 빨간 풍선

뱅크시의 〈소녀와 풍선〉(Girl with a Balloon/Balloon Girl/Girl and Balloon)은 2002년 처음 등장 이후 거리 미술이나 대중 매체를 통해 가장 많이 알려진 작품일 것이다. 2018년 10월 5일 영국 소더비 경매장에서 〈소녀와 풍선〉이 100만 파운드를 넘긴 기록적인 금액으로 낙찰되었다. 낙찰봉을 내리치는 순간 액자 속 그림이 아래로 내려가기 시작했고 파쇄가 진행되는 퍼포먼스 같은 일이 벌어졌다.

사전에 뱅크시가 액자 아래쪽에 전동 파쇄기를 내장해둔 것이었다. '파괴하고 싶은 충동' 자체가 창작의 일부라는 믿음에 따라 뱅크시는 〈쓰레기 통 속의 사랑〉이라는 새 이름을 붙여주었다고 한다. 고가의 금액을 제시한 낙찰자는 진행자가 낙찰봉을 두드리는 순간 작품이 파쇄되기 시작하자 몹시 놀랐지만 곧 소멸의 운명을 받아들였다.

현재 남아있는 고대 예술 작품들은 대부분 제작 당시와는 많이 다른 상태로 존재한다. 한때 찬란했던 그리스 조각 작품이 오랫동안 흙 속에 묻혔거나 비바람에 시달려 광택이 사라지고 닳아도 순박한 결핍의 미학을 보여주듯 뱅크시의 빨간 풍선도 이미 사라졌지만, 우리의 가슴에 강렬함으로 남아있다. 인간의 손에 의해 만들어진 작품이란 태어나는 순간부터 마모, 파손, 소멸을 전제로 하는지 모른다. 마치 인간의 몸에 내장된 시계가 탄생의 순간부터 죽음이라는 거부할 수 없는 소멸을 향해 가듯.

이런 퍼포먼스를 미리 암시하듯 뱅크시는 사전에 'Going, going, gone'이라는 글을 남겨놓았다. 인생도, 시간도, 가장 소중하다고 믿는 것, 영원 불멸을 바라는 것도 가고 또 가고 가버린다. 뱅크시의 파쇄 행위는 그리스 철학자 헤라클레이트스의 '판타레이panta rhei(세상 모든 것은 흐른다)'를 떠오르게 한다. 어제와 같은 위치, 같은 모습으로 존재하는 모든 것은 어제와 같은 것이 아니다.

은은한 불빛이 흐르는 미술관, 번쩍이는 액자에 갇힌 예술은 어쩌면 '모든 것은 사라진다'는 법칙에 저항하기 위함인지도 모른다. 사라짐을 최소화하기 위해 관람객은 손으로 만져서도, 카메라 플래시를 터트려서도 안 된다. 하지만 거리 벽화로 등장한 뱅크시의 작품은 그런 인위적인 보존을 비웃는다. 진정한 예술의 전제는 소멸, '가고, 가고, 가버리는 것'임을 햇살과 비바람에 마모되어가는 거리 벽화를 통해 보여준다.

⟨소녀와 풍선⟩은 2002년 영국 사우스뱅크 지역 워털루다리 아래에서 거리 벽화로 처음 소개되었고, 쇼어디치의 인쇄소 벽 등 도시 여러 곳에서 인기를 끌었지만 비바람에 노출되고, 사람

들에 의해 훼손되어 현재는 대부분 남아있지 않다. 벽화가 그려진 벽에 '언제나 희망은 있습니다.'라는 누군가의 낙서가 뱅크시 작품의 일부처럼 보인다.

고가의 낙찰금이 확정되는 순간, 작품은 거침없이 파쇄되기 시작한다. 소녀가 망연히 바라보는 빨간 풍선의 운명처럼 작품을 소유하리라는 희망이 순식간에 파쇄라는 안타까움과 아쉬움으로 변해버렸다. 우리 인생도 희망과 아쉬움 사이 어딘가에 있다. 작품 속 소녀는 풍선을 잡으려 달리지 않는다. 한 손을 뻗고 풍선을 막연히 바라보는 것 외에….

세상에 잉태된 모든 작품은 제작자의 의도와는 다르게 해석된다. 뱅크시의 〈소녀와 풍선〉도 어떤 이는 소녀가 풍선을 놓쳐버린 것이라 하고 또 어떤 이는 소녀가 풍선을 날려보낸 것이라 한다. 일부러 놓아버린 것이라면 인생의 어느 한 시기와 단절을 의미하는 것이리라. 더 이상 빨간 풍선에 의지하지 않아도 되는 시기, 놓아주고 가만히 멈춰서 바라보는 것만으로도 이미 충분하다. 만일 실수로 놓쳐버린 것이라면 달려가 붙잡을 수도 없는 높이로 날아오르기 시작한 빨간 풍선을 바라보는 것 외에는 달리 방법이 없다. 아쉽지만 어쩔수 없이 받아들여야 하는 일이다. 바람의 방향대로 소녀의 머리칼이 날리고 풍선도 날아간다.

Going, going, gone. 간다, 간다, 가버렸다.

한때 소녀였던 내 안의 무엇이 빨간 풍선에 담겨 하늘로 날아갔다. 일부러 놓아버린 풍선도, 실수로 놓쳐버린 풍선도 있었다. 마음의 줄타기는 여전히 진행 중이지만 빨간 풍선들은 다시 돌아오지 않는다.

비어있어 유지되는 빈집

잘 있거라, 더 이상 내 것이 아닌 열망들아
장님처럼 나 이제 더듬거리며 문을 잠그네
가엾은 내 사랑 빈집에 갇혔네

– 기형도 〈빈집〉 부분

빈 장소는 몸들이 제각각 자신을 사라지게 할 자를 찾아나서는 처소다. 무언가 부재하는 장소의 권능, 빈 공간은 존재를 강화한다. 빈 공간은 지금 여기에 아무것도 없음을 확인하는 장소다.

버려진 공장이나 무너진 집들을 주로 찍는 폐허 사진 장르가 인기를 끌었던 적이 있다. 무언가 존재하던 것들이 부재한 공간 앞에서 왜 사람은 멈춰 서는가? 아파트 부지로 확정되어 사람들이 떠난 주택가, 버려진 것들과 남겨진 것들. 공간에 머물던 이들은 부재하고 흔적만 남은 곳에서 머지않아 사라질 것에 대한 애도인지, 기억의 환기인지 우리는 알 수 없다.

빈 공간을 주로 찍는 독일 사진작가 칸디다 회퍼는 '건축의 초상화'를 사진으로 보여준다. 회퍼는 "작품의 주제는 공공 장소와 반 공공 장소입니다. 공공 건물에서 사람들이 어떻게 행동하는지를 포착하고 싶었습니다. 마치 부재중인 손님이 종종 대화의 주제가 되는 것처럼 아무도 없을 때 말입니다. 그래서 사람 없는 공간마다 사진을 찍기로 했어요."라고 이야기한다.

회퍼는 사진 작업을 할 때 주변 조명만을 사용하고 눈에 포착된 빛을 중심으로 사진을 찍는다. 사람들이 머물다 간 장소, 빈 공간에서 무엇을 찾아내려는 것일까? 사람들의 흔적, 기억, 장소에 스민 시간, 사물들의 인내심, 들숨과 날숨, 시선이 머물던 벽, 지문들 비어있는 공간은 정말 비어있는 것일까?

상자 하나를 준비한 다음 상자 안을 자신이 원하는 무언가로 채운 뒤 다시 그것들을 하나하나 제거하고 원래대로 빈 상자로 만들어 둔 뒤 "상자는 비어있습니까?"라는 질문을 던지는 철학

놀이가 있다. 육안으로 보이는 상자는 빈 상자이다. 그러나 정말 빈 상자라고 할 수 있을까? 아마도 칸디다 회퍼가 빈 공간을 찍는 작업도 이런 철학적 질문과 비슷한 의도가 아닐까 싶다. 처음부터 비어있던 공간일 수도 있지만 대부분은 존재하던 무언가가 사라진 공간이다.

빈 공간은 누군가의 부재를 더욱 강하게 확인시켜준다. 스물의 초입까지 머물렀던 유년의 집을 허둥지둥 쫓기듯 떠나버린 것은 그곳에 남겨진 흔적 때문이었다. 마당 어딘가를 바라보아도 발걸음 소리가 들려오고, 느릿한 움직임이 연상되었기에 햇살 좋은 그 집에 머물 수 없었다.

장소는 본질적으로 시간의 흔적을 품고 있다. 칸디다 회퍼의 작업은 부재로 인한 허무를 보여주기 위함이 아니라 사람들이 머물던 공간이 일시에 빈 공간이 되는 순간을 포착함으로써 빈 공간이 지닌 힘, 보이지 않는 끌어당김을 보여주는 작업일 것이다. 스테인드 글라스를 통해 여러 색깔의 빛이 쏟아져 들어오는 빈 성당은 사람을 끌어당긴다. 빈 공간은 온전한 비움에 이를 때까지 우리 안의 것들을 끄집어내고 마음을 정화시키는 힘을 지닌다. 꽃이든 사람이든 사물이든 눈에 보이지 않는 거대한 공간에 한때 존재하다가 언젠가는 사라진다. 그러나 사라진다고 하여, 비어있다고 하여 존재하지 않았던 것은 아니다.

빈집이다. 단단한 자물쇠로 잠겨있다. 열린 틈 사이로 날씬한 바람만 드나들고 돌아오지 않는 이들에게 편지는 날마다 온다. 그때는 맞고 지금은 틀렸을까? 지금은 맞고 그때는 틀렸을까?

기억 속의 집, 세상에 없는 집, 이미 정답이 아닌 집

하얀 시멘트벽, 누군가 채점을 해두었다. 겹쳐진 빨간 동그라미, 커다란 노란 동그라미와 그 아래 빨간 동그라미는 인생 성적표인가? 아파트가 곧 들어설 거라고 했지만 벌써 몇 년째 터만 다지는 중이다. 이 집은 기억 속의 집, 이제는 세상에 없는 집, 이미 정답이 아닌 집, 채점이 불가능한 집이다.

> 사랑을 잃고 나는 쓰네
> …
> 잘 있거라, 더 이상 내 것이 아닌 열망들아
> 장님처럼 나 이제 더듬거리며 문을 잠그네
> 가엾은 내 사랑 빈집에 갇혔네
>
>   - 기형도 〈빈집〉 부분

공포를 기다리던 흰 종이들, 망설임을 대신하던 눈물들, 더 이상 내 것이 아닌 열망들 잘 있거라. 4월, 빈집 같은 마음에 기형도의 시가 들어온다.

> 헐겁게 잠겨 있던 문을 열고 들어와
> 스스로를 가두고 나는 씁니다
> …
> 이곳에서 나는 무엇을 찾고 있습니까
> 길고 축축한 혓바닥이 되어 온종일 벽을 핥아대도
> 반쯤 잘린 귀가 되어 천장을 훑고 다녀도
> 비어 있는
> 비어 있어
> 유지되는 모두의 가여운 집
>
> — 박세미 〈빈집에 갇혀 나는 쓰네〉 부분

헐겁게 잠긴 문을 열고 들어와 스스로 가두고 쓴다. 검은 개처럼, 허옇게 변해가는 빨래처럼, 반쯤 잘린 귀로 천장을 훑고 축축한 혓바닥은 벽을 핥아도 비어있어 유지되는 모두의 가여운 집에서 우리는 끝없이 무언가를 찾고 있다.

절반은 털이 하얗고 절반은 털이 황갈색인 고양이 한 마리 열린 틈으로 드나든다. 폴리스 라인처럼 접근 금지 테이프가 사선으로 붙어있는 집, 자물쇠는 없다. "니… 야…… 옹" 아기 울음소리 들리는 회색 대문 집. 주인은 고양이 부부다. 나른한 오후 검은 줄무늬 고양이 한 마리 귀를 쫑긋하며 고개를 빳빳이 쳐들고 들어간다. "니야옹…." 아기 울음소리 또 들린다. 철없는 빨간 꽃 혼자 피고 진다. 고양이 울음소리가 사는 집이다.

  빈집 같은 바다, 물이 빠져나간 자리 빨간 부표 하나 남아있다. 미처 챙기지 못한 짐처럼, 이루지 못한 사랑처럼, 용서받지 못할 말처럼, 녹슨 치욕처럼, 발설해서는 안 될 비밀처럼 입을 꾹 다문 빨간 부표 하나. 오래전 내 마음도 저 뻘밭 어딘가에 봉인되어 있을 것이다. 가져오지 못한, 가져올 엄두조차 내지 못한 그 미련한 젊음, 고통스러웠지만 때로 찬란하기도 했던 젊음을 생각한다.

  목련 지고 벚꽃 흐드러진 봄, 대책 없는 날들, 이미 죽은 것 같은 나무에 연초록이 핀다. 무엇을 위해 그리고 어디로 가기 위해서일까? 아득히 먼 곳 어딘가에 여전히 두고 온 저 빨간 심장 같은 부표 하나 떠다니는데 길 잃은 손가락만 분주히 자판 위를 제멋대로 달린다.

가엾은 내 사랑 빈집에 갇혔네

빨간 심장 같은 부표 하나 누군가를 기다린다.

"인생의 중간을 알 수 있을까요?"
"알지 못합니다. 시작도 끝도 알지 못하는데 중간을 어찌 알까요."

황갈색 고양이, 검은 줄무늬 고양이 야옹 소리에 붉은 꽃은 잘도 피고 진다. 도시의 뻘밭, 새빨간 부표 같던 그 정처 없음들은 어디로 갔을까? 도시의 어느 곳을 배회하고 있을까?

빈 공간에서 폐허 이전의 온기를 기억하는 일

누가 떠나버리면, 누군가가 남게 마련이라고, 한 사람이 지나간 자리는 이제 아무도 없는 곳이 아니라고 그저 없는 것처럼 있을 뿐이며, 아무도 지나가지 않는 곳에는 인간의 고독이 있는 것이라고…. 모두들 집에서 떠났다는 것은 실은 모두들 그 집에 있다는 것, 그렇다고 그들의 추억이 그

집에 남은 게 아니라 그들 자신이 그 집에 있는 것이다.
— 세사르 바예호 〈이 집에는 아무도 살지 않아요〉 부분

X자 테이프가 붙어있던 집들도 대부분 철거되고 이젠 몇 집 남지 않았다. 땅을 후벼 파는 중장비의 굉음과 먼지 날리며 달리는 폐기물 트럭들의 분주함 속에 나무는 아랑곳없이 자라고 있다. 뿌리내리고 더 깊이 뿌리박고… 나무들은 내일을 알지 못한다. 나무들은 오늘에 충실하다. 절박한 매미들만 나무에 매달려 바락바락 소리를 지른다. 세상의 모든 새로운 것들은 사라질 것들을 딛고 선다. 거대한 은행나무 군락을 무너뜨리고 땅을 깊이 파고 다지고 그 위에 세워지는 것들.

나는 가끔 나무와 나무들이 손과 손을 마주 잡고 회색의 냉소적인 것들을 와해시켜버리는 상상을 한다. 일체의 인위적인 것

폐허 이전의 온기를 기억하는 일. Oh! Happy Day를 기억하는 일

들을 거부하고 오직 자연의 힘으로만 다시 새로운 것들을 만들어낼 수는 없을까? 인간의 온기가 사라진 곳, 온통 폐기물뿐이다. 이곳에 인간들이 공간을 점유하고 살아왔다는 사실이 믿기지 않을 만큼 폐허가 되어있다. 없음의 자리에서 있음을 기억하는 일, 사라진 무언가를, 그 도시의 얼굴을, 그곳에 있었던 나무의 의연함을, 사람들의 목소리를, 노란버스를 향해 손 흔들던 엄마들의 미소를, 은행나무 아래를 서성이던 사람들의 발자국을 기억하는 일. 본디 그러한 것들을, 그 모든 시간을 더듬어 생각하는 일, 소리 없이 꽃이 피고 지던 봄날의 춤과 여름날의 햇살을, 가을바람에 흩날리던 은행잎의 군무를, 가파른 비탈을 올라채지 못해 몇 번이고 미끄러지던 빙판길을 기억하는 일, 나목이 된 나무의 모습을 기억하는 일, X자로 차단된 그곳에 차단되지 않았어야 했던 모든 것들을 기억하는 일, 폐허 이전의 온기를 기억하는 일, Oh! Happy Day를 기억하는 일.

노란 가을, 빨간 옷을 입은 여인이 유모차를 밀고 간다. 자신의 생을 실은 유모차. 덜거덕 덜거덕 가을을 밟고 X자 테이프가 붙어있는 집 앞을 지나간다. 사각거리는 누군가의 발소리에 귀 기울이는 빈집이 애처로워 나무는 담장너머 샛노란 은행잎을 한 웅큼 던져주었다.
이젠 던져 줄 황금 하나 없는 나무들, 검은 몸이 도드라진다. 사람들은 모두 떠나고 노란 길 위로 빨간 주차봉만 남아 눈을 부릅뜬 채 파수꾼처럼 빈집을 지킨다.

비어 있는 비어 있어 유지되는 모두의 가여운 집

우리가 길이라고 부르는 망설임

지금부터 오래오래후 어디에선가
나는 한숨 지으며 이렇게 말하겠지.
숲 속에 두 갈래 길이 나 있었다고,
그리고 나는 사람들이 덜 지난 길을 택하였고
그로 인해 모든 것이 달라졌노라고.

– 로버트 프로스트 〈가지 않은 길〉 부분

누군가 심장을 가슴에서 뜯어내 장미를 향해 손을 뻗는다

　인생의 지도 같은 추상화 앞에 멈춰 서 있다. 여기가 아닌 거기가 아닌 곳, 거기가 아닌 여기가 아닌 곳이라고 몇 번이고 중얼거렸을 시간, 메마른 담쟁이 길을 따라 걷다가 길을 잃었다. 수시로 저 붉음의 한 가운데로 곧장 달려들지 못하고 자꾸만 멀리 돌아 길을 잃어버린 시간들이다. 수많은 교차로, 수많은 선택지 앞에서 머뭇거리는 사이 길은 더 아득했다. 뒤엉키고 혼돈스러웠다.

　　목표는 있으나,
　　길은 없다.

우리가 길이라고 부르는 것은

망설임이다.

그 땅 위로 사람이 걸어갈 것이다.

다름 아닌

발 아래

물 속에 비친,

자신의 모습 위를 걸어갈 것이다.

두발로

세계를 결합시킨다.

이러한 수고를

견딜 수 있기 위해서

두 손은 단지 공중 높은 곳에서

경련을 일으킨다.

— 프란츠 카프카 〈우리가 길이라고 부르는 망설임〉 부분

  우리가 길이라고 부르는 것은 결국 망설임이다. 나아갈지, 멈출지, 돌아갈지를 몰라 망설이는 사이 회색 시멘트 벽 위, 메마른 담쟁이와 빨간 장미는 서로 다른 시간을 산다. 여기가 아닌, 거기가 아닌 곳에서 제각각 기묘하게 들려오는 시간의 발걸음 소리를 듣는다.

  거대한 캔버스 같은 회색 시멘트 벽 위로 담쟁이의 메마른 뿌리가 달린다. 엉겨 붙은 손들 사이 빨간 장미 한 송이 솟아있다. 지금은 빨간 장미의 시간, 오직 한 송이여서 더 치명적인 붉음, 최후의 만찬 같은 시간, 그 누구도 붉음의 확실성을 부정할 수 없다.

언젠가 앙상한 담쟁이 줄기가 회색 얼굴을 더듬어 연하고 무른 구석을 찾아 푸른 잎이 번져나가면 그 무성한 초록은 여름을 불러올 것이다. 초록 속에 피어나는 붉은 것들의 힘으로 여름은 아마도 더 뜨거울 것이다. 회색 기억을 지워버린 온통 진초록의 벽 앞에서 나는 또 얼마나 헤매고 있을까? 수직과 수평의 선택지가 사라진 초록 앞에서, 초록 속에 허우적거리고 망설이다가 또 어떤 붉음을 더듬고 있겠지.

이제는 길을 잃고 싶지 않다. 우리가 길이라고 부르는 그 망설임 앞에 머뭇거리고 싶지 않다.

희망이라는 것을 생각하면서 갑자기 무서워졌다. 룬투가 향로와 촛대를 달라고 했을 때 나는 그를 속으로 우습게 여겼다. 그가 아직도 우상을 숭배하고 그 습관을 버리지 못한 인간이라고 생각한 것이다. 그러나 내가 지금 말하는 '희망'이라는 것 역시 내가 만들어 낸 또 하나의 우상이 아닌가? 단지 그의 희망이 보다 현실적이고 절박한 것인 반면, 나의 희망은 막연하고 아득히 멀다는 차이가 있을 뿐이다.

나는 무의식중에 눈앞에 펼쳐진 바닷가 모래사장을 바라보았다. 짙은 쪽빛 하늘엔 동그란 황금빛 보름달이 떠 있었다. 희망이란 것은 있다고도 할 수 없고, 없다고도 할 수 없다는 것을. 그것은 땅 위에 난 길이나 마찬가지다. 원래 땅에는 길이란 게 없고 걸어가는 사람이 많아지면 그게 곧 길이 되는 것이다.

— 루쉰 『고향』 부분

루쉰의 『고향』은 서술자인 내가 20년 만에 고향에 돌아와 어머니와 짐 정리를 하는 것으로 시작된다. 어느 해 설날 자신의 집에 망월(명절에만 잠시 일하는 머슴)로 온 룬투와의 과거를 회상한다. 기억 속 룬투는 가슴에 반짝이는 은 목걸이를 찬 다부진 소년이었고, 건강하고 재주가 많고 총명한, 가슴에 많은 것들을 품고 있는 소년이었다. 이사 소식을 듣고 룬투가 찾아오기로 한 날 다시 만난다는 기쁨에 추억을 되새기며 설레었지만 룬투는 그 옛날의 룬투가 아니었다. 거북 등처럼 갈라진 손바닥과 그을린 얼굴, 골이 깊게 팬 주름, 삶에 찌든 전형적인 농사꾼 모습이었다.

룬투의 첫마디는 "나으리"였다. 나와 룬투 사이에 두꺼운 벽이 존재함을 깨닫는다. 룬투는 이삿짐에서 그릇이라도 훔쳐 팔고 싶은 절박함과 향로와 촛대를 통한 이상적 희망을 품고있지만 서술자인 나는 손에 잡히지 않는 아득한 희망을 품는다. 내게도 '희망'이란 말은 아득한 단어처럼 다가온다. 희망하든 희망하지 않든 세상은 어김없이 자기만의 순환을 하고 나는 그 순환 속에 떠밀리듯 살아가고 있을 뿐이어서 '희망'을 희망하는 일이 두려워진다.

원래 땅에는 길이란 게 없고 걸어가는 사람이 많아지면 곧 길이 되는 것처럼 희망도 땅 위에 난 길이나 마찬가지라고 루쉰은 이야기한다. 회색 벽을 더듬는 담쟁이 뿌리의 힘으로 벽은 초록의 희망을 품을 수 있다. 무성한 초록의 시간이 오기 전, 한 송이 붉은 장미의 마음속에는 이미 여러 갈래 길이 나 있다. 붉은 장미에게 길은 머뭇거림도 망설임도 아니다.

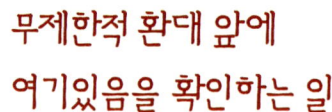

무제한적 환대 앞에
여기있음을 확인하는 일

그것은 모든 움직임, 모든 사물 속에서 베풀 수 있는 무엇

그것은 누각들

그것은 하나의 행동 속에 온몸이 들어있지 않는

아름다운 노래 중의 아름다운 노래

— 오메로 아리드히스 〈그것은 너의 이름이다, 또한 시월이다〉 부분

빨강 수집가의 시간

뉴욕 현대미술관에서 3개월간 진행된 〈예술가가 여기 있다〉(The Artist Is Present) 프로젝트는 유고슬라비아 태생 행위예술가 마리나 아브라모비치*Marina Abramovic*의 작품이다.

마리나의 작업은 단순하다. 책상을 사이에 두고 맞은편에 앉은 사람(관객)의 눈을 바라보는데 착석자는 예술가를 만지거나 말을 걸지 말아야 하는 원칙이 있다. 대부분 5분 이내로 앉아 있었는데 하루 종일 앉아 있는 이들도 있었다. 주변 어느 누구도 의식하지 않고 오로지 마주 앉은 이만을 바라보던 마리나가 착석자를 대상으로 변화를 보인 때는 착석자가 울자 따라 울었을 때와 전시 첫날 방문자 중 한 명인 울라이와 손을 맞잡은 순간뿐이었다. 예술적 동료이자 연인이었던 울라이와 마주한 마리나는 이미 눈빛으로 수많은 말을 건네며 지난 흔적을 더듬고 있다.

전시 도중 마리나는 자신과 관객 사이의 책상을 치웠고 아무 것도 없는 상태로 마주 앉기도 하였다. 두 사람 사이에 테이블이 있을 때와 테이블이 없을 때 어떤 미묘한 차이가 있을까. 테이블의 존재는 공간적, 심리적 거리감을 더 느끼게 할 것이다. 현대인들은 누군가와 단 1분의 눈 맞춤도 견디지 못한다. 마주 보고 눈 맞춤을 하는 것도 어렵고 침묵을 지키는 것은 더 어렵다. 어떤 형태로든 대화를 시도하려는 이유는 불편한 침묵이 두렵기 때문일 것이다.

붉은 드레스를 입은 마리나가 이런 퍼포먼스를 하는 이유가 무엇일까? 마리나는 관객에게 눈으로 말하고 관객들은 눈 맞춤을 통해 그녀 내면의 목소리를 듣는다. 마주 앉은 이의 눈에

고인 눈물은 상대방의 가슴으로 전이되어 눈물샘을 자극한다. 감정을 공유하는 사람들에게 누군가의 웃음은 가슴에 노란 민들레로 피어나고 누군가의 울음은 마음 깊은 곳에 파도를 몰고 온다.

마리나의 퍼포먼스에 참여하여 책상 하나를 사이에 두고 그녀와 마주 앉은 상상을 해본다. 그녀의 두 눈을 아무 동요 없이 바라볼 수 있을까? 침묵을 유지할 수 있을까?

마리나의 퍼포먼스는 관객을 향한 일종의 '환대' 같은 것이다. "앉아주세요. 누구든. 아무 것도 묻지 않을게요. 아무 말도 하지 않고 그냥 앉아만 있어도 되어요."

환대 행위는 시詩적일 수밖에 없다. 하나의 침묵, 침묵을 에워싸고 담화가 배치되어 있는 그런 침묵에 접근하려고 하는 것과 같다. 침묵은 이방인으로부터 온 하나의 물음이며, 이방인을 향하는 하나의 물음이다.

자크 데리다는 "내가 하고 싶지 않은 말이나 할 수 없는 말, 하지 않은 말, 금지된 말, 침묵 속에 지나간 말, 끼어든 말 등을 해석하는 것이 중요하다."고 강조했다. 절대적 환대는 절대적인, 미지의, 익명의 타자에게도 향할 것을 그리고 그에게 장소를 제공할 것을, 그를 오게 내버려 둘 것을, 그가 도착하도록 내버려 둘 것을, 내가 그에게 제공하는 장소에 자리를 가지게 될 것을 요구한다.

환대는 도착한 자에 대한 심문에서 성립하는가? 오고 있는 자에게 건네는 물음에서 시작하는가? 아니면 차라리 환대는 이중의 소거, 즉 물음 및 이름의 소거로 이루어진 물음 없는 환영(맞아들임)에서 시작될까? 무엇이 더 정당하고 더 애정 어린 것일까? 묻는 것일까? 아니면 묻지 않는 것일까? 이름으로 부르는 것일까? 이름 없이 부르는 것일까?

이름을 주는 것일까? 아니면 이미 주어진 이름을 배우는 것일까? 우리가 환대를 제공하는 자는 한 명의 주체, 법 권리의 주체일까? 아니면 차라리 환대는 타자를 스스로 받아들이는 것일까? 타자에게 자신을 내어주는 것일까?

— 자크 데리다 『환대에 대하여』 부분

묻는다는 것은 이름을 묻고 신원을 파악하는 행위다. 외국의 낯선 공항에서 우리는 이름과 국적, 방문 목적을 묻는 해당 국가 관리의 질문에 익숙해져 있다. 이런 질문을 통해 우리가 위험한 존재가 아님을 드러내고 그로 인해 입국 허가를 받을 수 있다. 아무것도 묻지 않는 것은 무조건적 환대일 것이다. 자크 데리다는 무조건적 환대와 조건적 환대 또는 법 자체와 법들이라는 두 개의 법 체제는 모순적이고 이율배반적이면서도 분리 불가능하다고 이야기한다. 서로를 함축하는 동시에 서로를 배제한다. 서로를 배제하는 순간 서로 합체되며, 하나와 다른 하나 간에 서로를 에워싸는 순간 서로 분리된다고 덧붙인다.

어떤 이에게는 무조건적 환대를 적용하고 어떤 이에게는 조건적 환대를 적용한다면 환대의 질이 달라진다. 또한 환대의 이면에는 어떤 형태로든 환대로부터 배제되는 이들이 존재한다. 마리나의 의자는 무조건적 환대를 허용함으로써 환대로부터 배제되는 타자를 구원한다. 비록 그 유효 기간이 의자에 착석해 있는 시간에 불과할지라도 그녀의 눈빛과 미소는 구원을 충족하기에 충분하다.

가브리엘 마르셀은 사랑을 받는다는 것은 '당신은 죽지 않아도 된다.'는 말을 듣는 것을 뜻한다고 말했다. 사랑이란 표현을 환대로 바꾸어보면 누군가로부터 환대를 받는다는 것은 당신은 죽지 않아도 된다는 허가처럼 들린다.

마리나는 앞에 앉은 사람에게 이름, 직업, 성장 배경, 경제적 상태, 교육 정도, 국적, 거주지 등을 묻지 않는다. 그녀와 마주한 사람은 마주하고 있는 순간에만 의미 있는 사람이기 때문이다. 익명의 타자와 테이블을 공유하는 것은 일종의 받아들임의 행위지만 그와 그녀 안에서 일어나는 진정한 받아들임은 두 사람만이 알 수 있다. 두 사람 사이의 침묵은 음성 언어 이상의 모든 것이다. 한 사람이 다른 한 사람 앞에서 침묵하고 있을 때 그는 최초로 언어를 기다리고 있는 이의 모습으로 존재한다. 침묵 속에서 인간은 자신이 이미 지닌 말을 돌려주고 최초의 언어를 다시 받기를 바라는 성스로움의 자세로 있다. 침묵 속에 인간은 비움과 채움, 버림과 얻음, 말의 죽음과 말의 탄생 사이에 놓인다. 마리나와 마주 앉은 이는 누구나 스스로에게 질문을 던지고 있으리라.

미소 짓고 손을 건네는 행위
그 본질은 무엇일까?

…

과연 내가 타인의 속마음을 읽을 수 있을까?

과연 내가 사람들의 진심을 헤아릴 수 있을까?

그럴듯하게 얼버무리면서

정작 답변은 회피하고

…

참다운 우정이 존재하지 않는

냉혹한 세상을 탓하기만 할 뿐

…

공공의 의무를 강조하는 동안

단 일 분이면 충분할 순간의 눈물을

지나쳐버리진 않았는지?

— 비스와바 쉼보르스카 〈나에게 던진 질문〉 부분

   마리나의 무조건적 환대 앞에서 나는 누군가의 눈물을 지나친 순간을 떠올리고 누군가의 눈물을 닦아주느라 정작 내 눈물을 닦지 못한 순간을 떠올리고, 누군가를 돌보느라 나를 돌보지 못한 순간을 떠올린다. 언제나 상황에 떠밀려 뒤로 밀려나곤 하던 나에 대한 사랑을 생각한다.

   마리나의 붉은 드레스는 내 안의 식어버린 빨강을 다시 타오르게 한다. 마주앉은 마리나가 불꽃처럼 타오르고 그녀 가슴의 불길이 건너온다. 아무것도 묻지도, 따지지도 않고, 무언가를 요구하지도 않는 무제한적 환대 앞에서 타오르는 불길의 힘으로 고갈된 힘을 다시 얻으리라.

〈예술가가 여기 있다〉 프로젝트는 결국 〈내가 여기 있다〉를 확인하는 프로젝트일 것이다. 침묵 속에서 낡은 허물을 벗어두고 새 옷을 입는다. '내가 여기있음'보다 더 소중한 명제는 세상에 없기에 나답지 않은 것을 내려놓는다.

능과 감나무,
감의 기억을 먹다

하나의 문지방을 생각한다, 거기
나는 즐거운 발걸음을 놓고 왔다,
이제는 더 이상 내 발에 없는
그 문지방에 하나의 상처가 보인다,
이끼와 침묵이 가득한.

— 가브리엘라 미스뜨랄 〈세상사〉 부분

커다란 산처럼 보이는 고분엔 역사의 흥망성쇠가 들어있고 고독한 개인의 희로애락이 묻혀있다. 쏟아질 것 같은 붉은 몸뚱이를 이고 있는 늙은 감나무 한 그루, 능을 지키는 수문장처럼 서 있다. 고독한 늙은 감나무는 여전히 능 앞을 떠나지 못한다. 역사서에 한 줄 올린들 이렇게 살아 흐드러지지도 못할 것이 사람의 운명이라고 거대한 능 앞의 왜소한 감나무는 말한다. 죽지 않고 살아있어 끝없이 무언가를 잉태하는 거룩함이 역사의 흥망성쇠보다 낫다는 것인가. 천 년의 역사가 감 씨 한 알의 역사보다 길지 않으리라.

능 속에 잠든 이에게는 없는 또 다른 것들, 한 번도 가져본 일

늙은 감나무는 봉인된 시간의 열쇠를 쥐고 있다.

없는 것, 가질 수 없는 것들이 문지방 너머에 있다. 수 천 년의 이끼와 침묵, 시간의 먼지들이 내려앉은 능과 능 사이에 서 있으면 현재의 시간은 과거로 달려간다. 수령이 오랜 감나무는 봉인된 시간의 열쇠를 쥐고 있는 것처럼 보인다.

  능 앞에 서서 익어가는 것들, 저 붉음 속에 들어있는 것들, 흐드러진 감의 기억을 생각한다. 피고 지고 열리고 떨어지는 감의 서사는 능 속에 묻힌 이의 서사와 같다. 능의 주인도 감나무처럼 찬란하게 피고 열매를 맺고 덧없이 지고 세상으로부터 떨어졌으리라. 능을 덮고 있는 거대한 연두가 진초록이 되고 밝은 갈색이 되고 마침내 해쓱한 갈색빛으로 변할 때까지 해는 쉬지않고 걸었다. 능을 위해, 능 속에 묻힌 이를 위해, 감나무를 위해, 치밀하고 단단한 감에 기억들이 하나둘 쌓여 무거워지면 감이 붉게 물든다. 한겨울 나목이 된 나뭇가지 끝에 매달린 주홍빛 감 한 개가 겨울 내내 가을 빛을 기억하게 한다. 감나무 씨앗 속에 들어있던 작은 감나무, 엽락葉落과 체로體露, 분본糞本의 과정을 거쳐 또다시 새롭게 태어난다. 능도 해마다 새롭게 태어난다.

감의 기억을 먹다

  해마다 늦가을이면 시골에서 보내온 홍시들이 신라 고분군처럼 대청 마루에 도열해 있었다. 햇빛을 받은 붉은 주홍빛 감들이 말갛게 빛났다. 아버지에게 감은 유년의 바람과 햇살의 흔적일 것이다. 안개 자욱한 이른 새벽 여시가 출몰했다는 감나무

검은 기와 위로 주렁주렁 매달린 감, 허공에 차린 붉은 식탁

언덕을 잰 걸음으로 넘었을 소년의 얼굴도 홍시빛이었을까? 산비탈에 있던 여시 감나무는 해마다 붉은 감을 잉태하고 소년은 청년이 되고 아버지가 되었다.

얇은 껍질을 툭 건드리기만 해도 주홍빛 과육이 쏟아질 것 같았다. 길쭉길쭉한 씨앗을 반으로 잘라 그 안에 숨어있는 작은 감나무를 찾곤 했다. 떡잎의 흔적을 우리들은 '작은 감나무'라 불렀다. 감 씨앗 속에는 꿈을 꾸고 있는 작은 감나무 한 그루 살고 있었다. 어린 우리도 그런 작은 감나무 하나씩은 품고 있었으리라.

감을 먹을 이도, 감을 딸 이도, 감을 보내줄 이도 없는 모두가 떠난 시골집 앞마당의 늙은 감나무는 새들을 위해 허공에 차린 붉은 식탁이었다. 누군가 도끼로 늙은 감나무를 내리치자 선명하게 붉은 것들이 쏟아져 내리는 상상을 한다. 땅에 닿자마자 파편처럼 흩어졌을 그 붉은 울음을 마을 회관 주차장이 되어버

새는 부리가 붉게 물들 때까지 감의 기억을 먹고 있다.

린 그 바닥만이 기억할까? 성찬의 식탁을 잃어버린 새들만이 기억할까?

  새는 앙상한 나뭇가지 움켜쥐고 나무의 심장을 먹고 있다. 타오르고 식어가고 언젠가는 떨어질 붉은 운명을 부리가 붉은 빛깔로 물들 때까지 먹고 있다. 몸 안으로 붉은 것들이 스며든다. 새는 붉음의 기운으로 날고 어느 순간 그 붉음이 다하면 비로소 누워서 하늘을 바라보리라. 감이 흐드러지게 열려있던 나무와 푸른 하늘의 아름다움을 찬찬히 떠올리리라.

  사람의 삶도 감나무와 다를 바 없다. 잉태 가능성을 품은 여인들은 모두 한 그루의 나무다. 생명의 씨앗을 품은 여인들의 몸에는 작은 감나무가 살고 있다. 가지가 휠 정도로 해마다 감은 열리지만 감을 좋아했던 이들은 세상에 없다. 아버지의 고향집과 역시 감나무, 추락하던 붉은 그림자들이 한 편의 영상처럼 눈앞에 펼쳐진다.

  몸 안의 것들도 비워내고, 일상의 것들을 끝없이 비워가는 일. 감나무는 지난해 만들어 낸 꽃, 열매, 잎사귀 그 어느 것 하나 남겨두지 않는다. 온전히 비운 뒤에야 모든 것을 새로 시작한다.

  잘 익은 홍시를 차에 가득 싣고 돌아와 햇살 아래 일렬로 늘어놓고 길쭉한 씨앗 속 작은 감나무의 이야기에 귀 기울이고 싶다. 껍질에 스민 가을을 천천히 벗겨내고 튼실하고 치밀한 감의 기억들을 조금씩 먹어볼 생각이다. 커다란 감나무의 생이 오롯이 감 한 알에 압축되어 있으리라. 감의 주홍빛 기억들이 내 기억을 주홍빛으로 물들일 수 있다면 내 안의 작은 감나무에도 다시 감꽃이 피고 열매가 열릴 것이다.

다시 심장으로 돌아가는 일

심장의 노래를 들어보실래요?
이 가방에는 두근거리는 심장들이 들어있어요

건기의 심장과 우기의 심장
아침의 심장과 저녁의 심장
....
나는 심장을 켜는 사람
......
이제 심장들을 담아 돌아가야겠어요
오늘의 심장이 다 마르기 전에

— 나희덕 〈심장을 켜는 사람〉 부분

집으로 돌아오는 길, 라디오에서 데이비드 란쯔의 'Return to the heart'가 들려온다. 피아노 선율에 따라 나도 모르게 핸들을 손가락으로 두드린다. '심장으로 돌아가라'는 정언 명령이다.

오래전 퇴근길에 듣던 음악을 세월이 흘러 집으로 돌아가는 차 안에서 듣는다. 음악은 나를 과거로 끌고 간다. 그 시절 나의 심장은 젊었고 열정으로 타오르고 있었다. 가능성과 기대와 뜨거운 것으로 가득 찬 심장은 영혼의 모음 같은 것이었다. 하지만 늘 그런 것은 아니었다. 뜨거운 심장은 스스로를 의심했다. 스스로의 능력을, 현재를 그리고 미래를, 사랑을, 일을, 삶을….

끝없이 이어지는 의심 속에 젊음을 소모시키고 있다는 생각을 하곤 했었다. 지금 하는 일이 나의 미래일까? 미래라는 액자에 그날의 나를 끼워 넣어 보았지만 만족스럽지 않았다. 사무실 유리창으로 보이는 하늘, 허공을 가르는 새의 날갯짓이 부러웠다. 새장 같은 사무실에 갇힌 내게 새의 비상은 온전하고 완전한 자유처럼 여겨졌다.

수시로 질문하고 의심하는 심장이 두려웠다. 그 맹렬한 꿈틀거림을 감당하기 어려워 시간이 빨리 지나가 버리기를 바랐다. 삶의 메트로놈을 빨리 돌려서 어느 순간 30대, 40대가 되고 더 빨리 나이 먹어 버리기를 바랐던 것은 그때쯤이면 무언가가 되어있으리란 생각 때문이었을 것이다. 그때쯤이면 심장도 나를 의심하지 않으리라. 쉼 없이 질문을 던지지 않으리라.

20대는 중심을 잡지 못한 채 늘 흔들리던 시대였다. 형체 없이 주어지는 젊음의 시간은 부담스러웠다. 형체가 없어서 자유로울 수 있었지만 형체를 만들어야 하는 부담이 있었다. 심장의 언어는 절박했고 강렬하고 뜨거웠지만 세상의 새장 속에서 무엇을 해야할지, 방향을 찾지 못했다. 그렇게 시간이 흘렀다.

잊어버리고 있던 기억 속의 음악, 조지 윈스턴과 데이비드 란쯔의 피아노 음악이 나를 깨운다. 살아오면서 부품이 되고 싶지 않았고 소모되기를 바라지 않았다. 그런데도 세상 속에서 부품이 되었고 수시로 소모되어왔다. 세상의 틈에 끼어서 살고 싶지도 않았고 어쩔 수 없이 생겨난 틈 같은 존재는 더더욱 되고 싶지 않았지만 이미 틈이 되어버린 건지도 모른다.

심장으로 돌아가라는 란쯔의 음악이 이토록 오랜 시간이 흐른 뒤 질문처럼 다가온다. 이제 나의 심장은 의심하지 않는다. 질문을 던지지도 않는다. 나이를 먹은 심장은 느리고 조용하다. 이제는 내가 잠든 심장을 깨우고 싶다.

겨울 하늘이 금세 어두워진다. 신호 대기 중인 차 안에서 뜨겁게 타오르던 심장으로 돌아가는 일에 대해 생각한다. 어쩌면 망각하고 살아버린지 모르는 그 무엇을 끌고 오래전 나의 심장으로 돌아가는 일에 대해서, 심장으로 돌아가는 것을 일깨워준 오늘은 말 그대로 Thanks giving day다.

앙리마티스의 작품 〈사랑에 빠진 심장〉은 프랑스 테리아드 출판사에서 발행한 미술 정기 간행물 VERVE의 커버를 디자인한 것인데 르네 왕의 '사랑에 빼앗긴 마음의 서'(Coeur d'amour

앙리 마티스(Henry Matisse), **사랑에 빠진 심장**(Heart of Love), 35.5 X 26.5 cm, 프랑스 잡지 Verve 23번째 잡지 표지 디자인, 1849년 제작

죽기 전 내 심장을 한 번이라도 볼 수 있을까.

사람은 누구나 자신의 심장을 상상만 하다가 죽는다는 사실을 나는 아네.

- 1842년 11월 휠덜린에게 헤겔이

epris)라는 글이 담겨있었다고 한다. 마티스의 〈사랑에 빠진 심장〉을 보며 데이비드 란쯔 'Return to the heart'를 생각한다. 완벽한 대칭이 아닌 하트 같은 그 심장으로 돌아가는 일, 뜨겁고 강렬했지만 어설프고 어리석기도 했던 그 날의 심장으로, 영원한 휴식 전의 분주함이 계속되던 심장으로, 두근거림으로써 살아있음을 증명해주던 심장으로!

박제된 붉은 석류 한 알

검은 날개 달고 날아갔다, 빨간 까치밥 열매들
잎들에게 남은 날들은 헤아려져 있다

— 라이너 쿤체 〈나와 마주하는 시간〉 부분

박제된 붉은 석류 한 알에서 유폐된 붉음, 드러내지 못한 울음, 화석이 된 기억을 보았다. 붉은 벽돌 건물과 헝클어진 나목, 화석화된 석류 한 알은 미국의 대표적 추상표현주의 화가 잭슨 폴록의 작품 〈연보랏빛 안개〉를 연상시킨다. 캔버스 위에 페인트를 뿌리고, 떨어뜨리고, 던지는 방식인 액션 페인팅기법(action painting)으로 우연성, 순간성, 실험적 기법에 따라 예측할 수 없는 작품이 탄생한다. 1947년 마룻바닥에 편 화포 위에 공업용 페인트를 떨어뜨리는 '드리핑'기법을 창안했다. 바닥에 천을 놓고 막대기에 물감을 묻힌 뒤에 흩뿌리는 방식으로 그림을 그렸는데, 마치 실타래가 엉킨 것처럼 보이는 물감 자국만 남았다. 폴록은 완성된 결과물보다 흩뿌리는 과정 자체를 중시함으로써 결과물만을 예술로 인정하던 시기에 제작 과정과 의도 또한 예술이 될 수 있음을 보여주었다.

결과물보다 과정이 예술로서 인정받아야 한다는 그의 주장대로라면 빨간 석류 한 알이 화석이 되어가는 과정, 초록 잎이 지고 깡마른 나목으로 남은 과정 그리고 이 모든 과정의 배경이 되어준 붉은 벽돌담의 조용한 노화, 쉬어가는 바람과 새들의 날갯짓, 햇살의 기울기, 나무를 우러러보는 이들의 시선까지도 예술의 범주에 포함될 수 있으리라. '연보랏빛 안개'라는 낭만적 이름 뒤에 숨은 정돈되지 않은 난해함은 내 머릿속 생각의 회로처럼 뒤엉켜있다. 안개의 시작과 끝을 알 수 없듯 이 작품의 시작과 끝을 알 수 없다. 우연과 순간이 만들어낸 형체다. 붉은 석류의 화석이 된 기억이다.

허공에 매달린 석류 한 알이 석류나무의 검붉은 심장처럼 보였다

언제부터

이 잉걸불 같은 그리움이

텅 빈 가슴속에 이글거리기 시작했을까

‥‥

자꾸만 익어가는 어둠을

이젠 알알이 쏟아놓아야 하리

무한히 새파란 심연의 하늘이 두려워

나는 땅을 향해 고개 숙인다

온몸을 휩싸고 도는

어지러운 충만 이기지 못해

나 스스로 껍질을 부순다

― 이가림 〈석류〉 부분

  유폐된 붉음, 드러내지 못한 울음을 보았다. 도서관 한 구석, 죽은 것처럼 보이는 오래된 석류나무. 벽돌 건물을 배경으로 마른 가지 사이에 겨우내 매달린 석류 한 알은 눈보라에도, 거센 비바람에도 떨어지지 않았다. 하고 싶은 말을 끝내 하지 못해 화석이 된 사람처럼 벌리지도 못한 고운 입, 드러내지도 못한 빨강들, 산산이 부서진 빨강 알갱이들은 그 어떤 비밀도 끝내 발설하지 않았다. 두드려도 열리지 않는 문처럼, 묵언수행을 하는 수도자처럼.

  한 여름 뜨거운 땡볕과 매미 울음소리, 풀벌레 소리, 도서관의 적막, 이슬 내리는 밤, 쏟아지는 눈, 어둠과 어스름. 그 모든 것을 붉은 자루에 담아 봉인한 채 거침없이 끌어당기는 중력에 저항하며 그렇게 여러 계절을 지났다. 우연과 순간이었을까, 필연과 지속의 힘이었을까?

  아직 석류나무에 연초록 잎은 돋아나지 않았다. 잉걸불 같은 그리움은 이미 꺼져버리고 허공에 매달린 마른 석류 한 알이 석류나무의 검붉은 심장처럼 보였다. 속으로 삼킨 것들이 뭉쳐 타버린 심장. 하고 싶은 말이 그리 많아서 끝내 견디고 있는 것일까?

> 어둠이 스며들며 조금씩
> 온몸으로 퍼져가는 아픔과 회한
> 아무에게도 말하지 않고
> 혼자서 지긋이 견딥니다 남은 생애를
> 헤아리는 것 또한 나에게 주어진
> 몫이려니 나의 육신이
> 누리는 마지막 행복이려니
>
>   – 김광규 〈땅거미 내릴 무렵〉 부분

  화석이 된 석류에게서 남은 생애를 혼자서 지긋이 견디는 모습을 본다. 온몸으로 스며드는 어둠을 삼켜 더 검어진 혀로 더 이상 발설하지 않고 가슴 안에 새기고 삼키고 땅거미 내릴 무렵 그저 가만히 석종처럼 매달려 있다.
  바람이 분다. 제법 거세다. 석종 같은 석류 한 알. 발화되지 못한 그리움을 품고서 바람 속에 흔들리고 있다. 한 편의 거대한 추상화처럼 한없이 난해한 봄날. 끝없는 그리고 방향 없는 우울이 밀려온다.

  찬란한 햇살 받으며 피어오르던 날, 대숲에 우는 푸른 바람소리는 붉은 석류꽃을 위한 연가였다. 꽃이 지고나면 부풀어 오른 주머니 안에 붉은 석류 알이 가득 들어찰 때 바람은 댓잎을 간

대숲에 우는 푸른 바람소리는 붉은 석류꽃을 위한 연가였다

질인다. 벌리지 못하는 입 속에 아직 하지 못한 말, 하고 싶은 말들이 들어있으리라. 계절의 소리가 뒤엉킨 곳 어딘가에 댓잎소리도 찰랑이고 있을 것이다.

제 2 부

빨강의 몸짓

당신을 던져라, 당신 바깥으로

반복의 유한성을 벗어나는 것, 이는 우리의 삶 깊숙이 자리 잡은 모종의 중심 바깥으로 우리 자신을 한 번 던져보는 것이다. 관성적이지 않은 원심력이 그려지도록 기존의 궤도로부터 이탈하여 예견 불가능한 경로로 흘러가는 원반이 새로움을 수놓도록…

— 알랭 바디우 〈진리의 내재성〉 부분

네 명의 귀부인들이 밀짚인형 던지기 놀이를 하고 있다. 여인들의 웃음소리가 들려오는 듯하다. 즐거움 가득한 얼굴, 생동감 넘치는 여인들의 표정과는 정반대로 푸른 재킷, 붉은 바지를 입은 밀짚인형은 무표정이다.

어떤 이들은 가톨릭 축제 기간 중 흔히 하던 놀이를 그렸다고 하고 또 어떤 이들은 즐겁고 유쾌한 분위기를 전파시키기 위해 그려진 그림이라고도 한다. 그림을 볼 때마다 인형의 표정을 먼저 살핀다. 네모난 천을 움켜쥔 여인들이 강약 조절을 하며 높게 혹은 낮게 던지면 밀짚인형은 뒤집어지고, 원위치로 돌아오고 또다시 뒤집어질 것이다. 네 사람 중 한 명이라도 힘의 균형이 틀어져 네모난 천 밖으로 던져지는 날 지루한 반복의 유희는 끝난다. 그 순간은 밀짚인형이 끝없이 위로 던져지는 반복적 형벌로부터 벗어나는 시간이다.

상기된 얼굴의 여인들은 현실에서는 불가능한 것을 놀이를 통해 실현하는 중이다. 여인들은 유희를 반복하고 남자 복장을 한 밀짚인형은 고통을 반복한다. 삶이란 익숙한 것의 반복이다. 고통이든 쾌락이든 길들여진 채로 반복하려는 것, 무의식의 기본 구조는 반복이다. 우리는 같은 실수를 되풀이하고 특정한 패턴을 만들어내고 동일한 상황의 쳇바퀴를 굴린다. 그러면서도 반복의 틀에서 벗어날 수 없을 때 좌절한다.

프란시스코 고야(Francisco Goya), 밀짚인형(The straw manikin), 유화, 캔버스에 유채, 15×34㎝, 1791년경

원반,

예견으로 수 놓인,

당신을 던져라

당신 바깥으로.

— 파울 첼란(1920~1970)

    파울 첼란의 시에서 가장 인상적인 문구는 '당신을 던져라. 당신 바깥으로'라는 말이다. 고야의 〈밀짚인형〉에는 '당신 바깥으로 당신을 던지지 못하는' 이들이 있다. 여인들은 밀짚인형을 천 바깥으로 던지지 않는다. 반복된 유희가 끝나버릴 테니까. 밀짚인형을 천 바깥으로 던지지 못하듯 여인들 스스로를 던지지 못하고, 스스로 바깥으로 나가지 못한다. 그녀들의 마음은 네모난 천 위 밀짚인형에 묶여 있다. 밀짚인형은 당연히 스스로를 던질 수 없다. 던져짐을 당할 뿐이지만 그 던져짐이 네모난 천 위가 아닌 천의 바깥이기를 바랄 것이다.

    현존재로 있기 위해서 현존재는 그때마다 이미 자신을 기투((Entwurf)하고 있고 현존재가 존재하는 한 계속 기투하면서 존재하고 있다.(…) 기투란 던지는 행위를 할 때 펼쳐질 가능성을 '그것'으로 인지하고 자신을 위해 미리 던지고, 그러한 가능성으로서 자신을 존재하게 하는 것이다.

— 하이데거 『존재와 시간』 부분

독일어 Entwurf는 일상어로서 설계도, 겨냥도, 밑그림, 약도, 디자인, 초안, 구상 등을 의미하는데 철학적 의미로서의 기투는 '밑그림이 그려진 미래를 향해서 자신을 던진다'라는 한정적 의미를 품고 있다. 현존재는 그때마다 이미 어떤 '밑그림' 안에 던져져 있고 이미 어떤 활동 안에 있다.

나를 제대로 던져본 적이 있는가? 하이데거의 기투처럼 밑그림이 그려진 미래를 향해 던져본 적도, 밑그림도 없는 막연한 바깥으로도 던져본 적도 없다. 어쩌면 나는 누군가에 의해 던져지기만을 기다렸던 것은 아닐까? 온전한 바깥으로, 제대로 된 바깥으로 던져보지 못한 것은 어떤 바깥, 내가 살아보지 않은 바깥으로 자신을 기투하는 일이 두렵기 때문이었을 것이다. 안과 밖의 경계, 이상과 현실의 경계에서 적당히 발을 걸쳐두고 익숙하고 낡은 것을 반복하는 나는 비겁하다.

반복의 유희든 고통이든 축제 놀이의 일부든 고야의 그림을 볼 때마다 무표정한 밀짚인형에 시선이 멈춘다. 스스로 기투하지 못하는 것은 네모난 천 위의 밀짚인형만은 아니다. 천의 귀퉁이를 붙잡고 있는 네 명의 여인들도 밑그림이 그려진 미래로 자신을 기투하지 못한다. 온전한 바깥으로 던져지지 못하는 밀짚인형과 던지지 못하는 여인들의 모습 속에서 현대인들의 고독하고 지루한 반복을 본다. 끝없이 반복을 반복하는 사람들이 살고 있다. 익숙함에서 느끼는 편안함 때문인지, 늘 하던 대로의 반복이 주는 안정감 때문인지 반복의 테두리를 벗어나지 못하는 사람들이 살고 있다.

"반복의 유한성을 벗어나는 것, 이는 우리의 삶 깊숙이 자리 잡은 모종의 중심 바깥으로 우리 자신을 한 번 던져보는 것이다."

하지만 삶 깊숙이 자리 잡은 모종의 중심 바깥으로 자신을 한 번 제대로 던져보는 일은 늘 어려운 일이다.

누가 빨강, 노랑, 파랑을 두려워하는가

먼지가 되기보다는 차라리 재가 되리라.
내 생명의 불꽃을
찬란하게 타오르는 불길 속에
완전히 불태우리라

– 잭 런던 〈먼지가 되기보다는 차라리 재가 되리라〉 부분

'숭고'의 기원은 고대 그리스 롱기누스의 문헌 〈숭고론〉에서 찾을 수 있으며 '숭고'는 현대 미술의 미학적 기준으로 자리 잡았다.

1948년 1월 29일, 뉴먼은 짙은 카드뮴 레드로 바탕을 칠한 캔버스 위에 수직으로 테이프를 붙인 후, 그 위로 옅은 카드뮴 레드를 칠했다. 그렇게 제작한 그림은 매우 기묘한 느낌을 주었는데 이 실험적인 행위 후 작품 세계의 방향을 잡아나갔다고 한다.

> "인간에게는 고귀함과 같은 절대적 감정에 대한 자연스러운 관심과 욕구가 있다는 것이 우리의 주장이다. 거기에 낡고 진부한 신화라는 소도구는 필요 없다. 우리는 실체가 분명한 이미지를 창조하고 있기 때문이다. 숭고하고 아름답지만 시대에 뒤떨어진 이미지로 연상 작용을 일으키는 소도구, 장치 따위는 여기서 제외된다. 기억과 노스탤지어, 전설, 신화 같은 서유럽 회화의 장치들을 장애물로 인식하고 그로부터 자유롭고자 한다. 그리스도, 인간 또는 생명이 아닌 바로 우리 자신의 감정으로 성당을 짓고자 한다. 우리가 만들어내는 이미지는 자명하고, 실제적이며 구체적이어서 역사라는 회고적 태도를 버리면 누구나 이해할 수 있다"
>
> – 바넷 뉴먼 1948년

유대교에는 '마콤'(makom)이라는 성소聖所가 있는데 뉴먼과 같은 유대인들에게 성소는 일상적 공간(space)이 아니라 각별

한 장소(place)이다. 성소에 머무는 동안 우리는 바깥의 세속적 공간에서와는 다른 시간성을 체험하는데 바넷 뉴먼은 추상 색면화를 통해 성소의 체험을 경험하게 하려는 것이다.

그의 거대한 작품은 아름다움에 갇힌 예술을 전복시키려는 움직임이다. 아름다움을 보는데 익숙한 관중들은 '숭고'를 보는 데 익숙하지 않다. 관객들을 빨아들일 것 같은 강렬한 색 앞에서 관객들은 뒷걸음질 친다.

철학자 푸랑수아 료타르는 뉴먼이 작품에서 구현하는 방식을 '숭고의 부정적 묘사'라 부른다고 말한다. '뭔가를 표현하기를 포기함으로써 뭔가 표현할 수 없는 것이 있다고 말하는 방식'이라는 것이다. 말하지 않음으로써 말하는 것 혹은 가장 느리게 감으로써 가장 멀리 가는 것, 보여주지 않음으로써 보여주는 것이라는 말일까? 그러하기에 우리는 그토록 집요하게 뉴먼의 작품을 들여다보는 것인지도 모른다. 한 번 보아서는 알 수 없고 바로 앞에 바짝 붙어서는 도무지 해석 불가인 색채언어다.

마크 로스코는 관객들이 작품으로부터 45cm 떨어져서, 바넷 뉴먼은 1m 정도 떨어진 거리에서 감상해야 제대로 작품을 볼 수 있다고 했는데 실제 크기의 작품 앞에 서 본 적이 없는 나는 그 효과에 대해 뭐라고 말할 수 없다.

미의 관점보다 '숭고'라는 주제에 집중하였고 작품을 살아 있는 생명체로 생각하였기에 작품이 관객의 가슴 안으로 들어가 마음들을 뒤집어 놓거나 헝클어버릴 때 관객들은 견딜 수 없는 감정을 겪게 되는 것일까? 그런 이유 때문인지 바넷 뉴먼의

바넷 뉴먼(Barnett Newman, 1905~70), **누가, 빨강, 노랑, 파랑을 두려워하는가Ⅲ**(Who's afraid of Red, Yellow and Blue Ⅲ), Museum Amsterdam, Netherlands.
ⓒ The Barnett Newman Foundation / ARS, New York - SACK, Seoul, 2024

작품 〈누가 빨강, 노랑, 파랑을 두려워하는가Ⅲ〉는 여러 차례 훼손되었다고 한다. 뉴먼은 '누가 빨강, 노랑, 파랑을 두려워하는가?'라고 묻고 있는데 이 말은 '아무도 두려워하지 않는다'는 의미의 설의적 표현일지 아니면 '거대한 빨강, 노랑, 파랑 앞에서 두려워하는 자는 누구인가?'라고 묻는 것인지 그 질문에 두려운 감정이 생긴다.

언저리로 밀려나 흔적적인 노랑, 겨우 간신히 명맥을 유지하고 있는 듯 위태로운 표정의 파랑, 오만하리만큼 강렬하게 중앙을 강타하고 있는 빨강은 불타는 가슴처럼 보인다. 가장 좋아하는 색이면서 가장 두려운 색, 가장 거룩한 색이면서 가장 천하게 보일 수도 있는 색, 아름다움과 추함, 고통과 희생, 사랑과 분노를 모두 품고 있는 야누스적인 빨강이 노랑과 파랑을 거침없이 밀어내는 그 거대한 작품 앞에 어떻게 두렵지 않을 수 있을까?

삶의 빨강을 지키지도 못하고 삶에서 어찌어찌하다 밀려난 노랑과 파랑을 붙들지도 못한다. 빨강을 감당하지 못하고 붙잡아야 할 것을 제대로 붙잡지도 못하면서 시간은 가고 있다.

내릴 수도 없는 열차, 유턴도 안 되고 자꾸 앞으로만 달리는 열차에서 "누가 빨강, 노랑, 파랑을 두려워하는가?"라고 묻고 있는 바넷 뉴먼의 마음을 읽는다. 결국 그는 어떤 형태로든 두려울 수밖에 없는 삶을, 덧없이 뒤흔드는 열망 같은 것을, 슬픔을 이기지 못하는 심장을 그렇게 강렬하고 슬픈 빨강에 담아놓은 것이다.

아무데도 가지 않을 것만 같은
그러나 이미 어디론가

그것은 일종의 사랑이다. 그렇지 않은가?
찻잔이 차를 담고 있는 일
의자가 튼튼하고 견고하게 서 있는 일
바닥이 신발 바닥을
혹은 발가락들을 받아들이는 일
발바닥이 자신이 어디에 있어야 하는지 아는 일

— 팻 슈나이더 〈평범한 사물들의 인내심〉 부분

옹이가 드러나는 나무벽을 배경으로 신발인지, 맨발인지, 신과 발인지 알 수 없는 기묘한 물체가 서 있다. 바닥과 나무벽의 색, 신발과 맨발이 붉은 기운을 품고 있어서일까? 작품명이 〈붉은 모델〉이다. 처음엔 신발과 발의 이미지가 너무 강렬하여 주변에 있는 것을 제대로 보지 못하지만 자세히 들여다보면 구겨진 종이가 발의 양 옆에 있다. 발의 정면에 있는 물체는 담배꽁초처럼 보인다.

발이 잘린 사내는 이곳에 없다. 발목 아래의 발을 잘라버리고 혹은 발을 벗어던지고 어디론가 떠났다. 네 발로 걷다가 비로소 두 발로 직립하게 된 호모에렉투스는 굳은 발바닥이 생을 견뎌주는 동안 두 손의 자유를 만끽하였으리라. 발은 위험으로부터의 도망과 모험으로의 전진, 비겁한 후진과 일단 멈춤, 시시각각 뇌가 전하는 명령어에 따라 움직임과 정지, 후퇴와 전진을 반복한다.

사냥을 나갔다가 다친 발에 보드라운 짐승 가죽을 둘렀더니 생각보다 꽤 안락했다. 상처 난 발이 다 나았어도 짐승 가죽을 벗고 싶지 않았다. 내친김에 흘러내리거나 풀어지지 않게 끈으로 동여매었다. 진창이 된 곳에서도 뾰족하고 날카로운 가지들이 있는 곳에서도 발은 안전했다. 하나둘 보드라운 가죽을 발에 두르는 이들이 생겨났다.

문득 원숭이와 꽃신 이야기가 생각난다. 꽃신을 신지 않던 원숭이는 꽃신을 신으니까 점잖고 훌륭해 보인다는 오소리의 칭찬 때문이기도 하지만 돌밭을 달리거나 작은 개울을 건너뛸 때, 차가운 눈 위를 걸을 때 발바닥이 아프거나 시리지 않아서 꽃신

르네 마그리트(Rene Magritte), **붉은 모델** III (Le modèle rouge III), Oil on canvas, 136×183㎝, 1937년

ⓒ René Magritte / ADAGP, Paris - SACK, Seoul, 2024

을 신기 시작했다. 원숭이가 꽃신에 길들여질수록 오소리의 태도가 달라진다. 처음에는 꽃신 값이 공짜였지만 두 번째부터는 잣 다섯 송이, 잣 열 송이, 잣 스무 송이, 잣 백 송이, 잣 삼 백 송이에 집 청소와 개울 건널 때 업어주기까지 점점 요구 사항이 늘어났다. 주인에서 노예로 바뀌어가는 데도 원숭이는 꽃신을 얻기 위한 욕망에만 집착한다. 오소리의 노예이면서 본질은 꽃신의 노예가 되어버린 셈이다.

신발이 발을 보호하는 본래의 기능을 벗어나 편리함과 예술성을 갖춘 하나의 명품, 빈부의 차이를 드러내는 상품으로 보이면서 사람도 신발에 길들여지게 되었다. 어떤 신발을 신느냐는 직업을 의미하기도 하고 어떤 브랜드의 신발을 신느냐는 경제적 수준을 보여주기도 한다.

인디언 속담에 어떤 사람을 진심으로 이해하려면 그가 신는 신발을 신고 걸어보아야 한다는 말이 있는데 여기서 신발은 실제 신발만을 의미하는 것은 아닐 것이다. 그 사람의 현재 상황 전체를 신발로 은유적으로 표현한 것이리라.

르네 마그리트의 〈붉은 모델〉은 고급 신발이라기보다는 끈이 달린 가죽 반장화처럼 보인다. 적어도 날렵하고 세련된 디자인의 구두는 아니다. 자신을 옭아매는 신발을 벗어던지고 떠난 사람, 맨발이 신발로 변해가는 과정인지 신발이 맨발로 변해가는 과정인지 단언할 수 없지만 어떤 경우든 신발에 길들여진 상황에서 벗어나기란 쉽지 않음을 알 수 있다.

발의 얼굴처럼 보이는 꿈틀거리는 발가락들, 발등까지는 침범하지 않은 거무튀튀한 신발의 흔적들… 아직은 꿈틀거리는 발가락이 있지만 더 시간이 지나면 발가락 끝까지 잠식해 버릴 신발의 힘이 두려웠던 것일까? 신발을 벗어두고 신발 안에 발도 남겨두고 떠났다. 붉은 모델은 붉은 흙을 딛고 붉은 나무 벽을 뒤로하고 다소곳하게 신발로 서 있다. 떠나기 전 담배 한 대를 나무 담에 기대어 피웠을 것이고 주머니에서 종이를 꺼내 읽었을 것이다. 아마도 어쩌면 경매에 넘긴다는 소식, 법원에 출두하라는 안내문 아니면 해고 통지였거나 대부업자의 청구서 아니면 또 아니면… 상상할 수 있는 모든 불편한 소식들이 구겨진 종이쪽지에 적혀있지 않았을까?

절반은 사람의 발이고 절반은 반장화처럼 보이는 르네 마그리트의 〈붉은 모델〉은 아무 데도 가지 않을 것만 같은 그러나 이미 어디론가 가버린 것만 같은, 족쇄가 어디에도 채워져 있지 않지만 족쇄가 채워진 것처럼 보이는, 두려우면서도 기묘한, 슬퍼 보여서 외면하고 싶으면서도 자꾸만 시선이 가는 작품이다.

자기 안의 야성을 입기

삶은 아무의 것도 아니다, 우리 모두가
삶이고, 남을 위해 태양으로 빚은 빵
우리 모두 남인 우리라는 존재
…
삶은 항상 다른 것, 항상 거기 있는 것, 멀리 있는 것
너를 떠나 나를 떠나 항상 지평선으로 남아 있는 것.

– 옥따비오 빠스 〈태양의 돌〉 부분

빨강 수집가의 시간

새하얀 웨딩드레스를 흔히 순백의 아름다움으로 표현한다. 신부가 드는 부케는 주로 단아한 느낌을 주는 하얀 카라꽃이다. 일본에 서양식 드레스가 보급된 건 1970년대부터인데 순결을 상징하는 흰색과 달리 검은색은 상복을 연상시킨다는 이유에서 결혼예복으로 금기시 되어왔다. 그런데 최근 결혼을 앞둔 신부들 사이에서 검은색 웨딩드레스가 유행하고 있다고 한다. 일본 매체들은 보수적인 일본 결혼 문화가 변하고 있음을 보여주는 예로 들며 '당신(신랑) 색깔에 물들겠다'는 의미의 흰 드레스 대신 '당신 말고는 누구에게도 물들지 않겠다'는 보다 능동적인 의미를 드러내는 것이라고 설명했다.

인도 북부에서는 아버지가 딸의 결혼식 날 핏빛 사리를 선물하는데 빨강은 생식력을 상징한다. 신부는 가르마와 발바닥, 두 손을 붉게 칠할 뿐 아니라 이마에도 붉은 점을 찍거나 붙인다. 고대 그리스에서는 악령을 쫓는다는 의미로 붉은색 웨딩드레스를 입었으며 로마에서는 행운의 색인 노란색을 신부 예복으로 사용했고, 빨강도 결혼 예복, 깃발, 전투복, 장례식에 자주 사용되었다.

로마에서 중세까지 빨강은 오직 귀족과 성직자에게만 허용되는 고귀한 색이었지만 청교도 정신이 강조되면서 빨강은 사창가나 동물적 욕망을 상징하는 색으로 전락하는 경우도 있었다. 민족 간 전쟁이 끊이지 않던 중세에는 결혼이 권력과 재력을 믿는 수단으로 이용되면서 가문마다 세력 과시를 위해 가문의 문장에 다양한 색상을 넣었는데 그중 가장 많이 사용된 색이 붉은색이었다.

흰색이 웨딩드레스의 색으로 자리 잡은 것은 빅토리아 여왕 이후인데 1840년 빅토리아 여왕은 왕실의 전통 은빛 드레스 대신 흰색 드레스를 선택했다. 그후 흰색은 순결을 강조하는 강박으로 작용했다고 한다.

클라리사 핑콜라 에스테스의 『늑대와 함께 달리는 여인들』은 야성적 자아를 상실하고, 무기력에 길들여진 여인들에게 원초적 야성을 일깨우는 책이다.

> "우리는 모두 야성을 원하지만 우리 문화의 테두리 안에서 이런 갈망을 충족시킬 수 있는 것은 극히 제한되어 있다. 지금껏 우리는 그런 욕망을 수치스럽게 여겨 긴 머리카락으로 감추며 살아왔다. 그러나 Wild woman의 그림자는 우리 뒤를 어슬렁거리고 있다. 우리가 무엇이 됐건 우리 뒤에 걸어오는 그림자는 분명 네 발 달린 늑대다."

여기에서 와일드(wild)의 의미는 거친, 통제 불가능의 의미보다는 자연스러운, 본래의 건전한 한계를 지켜갈 수 있는 자연적 방식을 의미한다. 최초의 여성 이름이 에바(Eva)였고 그 이름은 늑대(Wolf)라는 말의 조직으로 만들어졌으며 여성women의 어원이 'Woe' 즉 '늑대+Man'라는 것으로 볼 때 야성의 늑대가 원초적인 신성한 어머니의 원형을 갖고 있다는 것을 알 수 있다.

여성이 문화라는 기성복에 길들여지면서 여성다움, 천사, 순종의 이미지가 강화되었고 늑대-어머니 문화는 약화되었다. 자기 안의 잠든 늑대를 깨우는 일, 자신이 원하는 방식으로 살아

빨강이 손을 뻗어 다른 빨강에 닿는다

가는 일, 본성을 회복하는 일은 중요하다. 문화 속 고정관념을 깨트리면 유연하고 자연스러운 본성을 회복할 수 있지 않을까?

새하얀 웨딩드레스는 깨끗함, 순수, 새로운 시작을 의미하기도 하지만 여성의 순결을 강조하는 문화적 잔재이기도 하다. 시작의 날, 자기만의 색을 입는 일은 가장 자기다운 표현이다.

함께하는 날, 빨강이 손을 뻗어 다른 빨강에 닿는다. 빨강 웨딩드레스를 입은 여인의 생은 이전과는 전혀 다른 방향으로 흘러간다. 빨강이 다른 빨강에 손을 내밀지 않는다면 오롯이 하나의 빨강으로 피고 하나의 빨강으로 지고 말 것이지만 서로 손을 내밀고 볼을 부딪는 삶, 함께 빨강으로 물드는 시간은 끝없이 빨강이 되는 시간일 것이다.

모든 것은 선택하는 자의 몫이다. 함께하는 삶을 선택하는 의미 있는 날 굳이 흰색 드레스를 고집할 이유는 없다. 벗은 몸으로 세상에 와서 하얀 배내옷을 입고, 하얀 예복을 입고, 검은 상복을 입지만 생각해보면 인생은 총 천연색이 아닌가. 다양하고 자유로운 색의 향연에 빠져들기를 그리하여 인생이 아름다운 축제이기를 바란다. 우리 안의 늑대가 하울링할 때 삶은 다채로워진다.

그 섬의 기슭으로 할머니는
어떤 것을 자신과 함께 가지고 오셨을까

사진 신부(picture bride)는 20세기 초 자본주의 체제가 디아스포라(Diaspora)를 양산했던 특정 시기, 특정 지역에서 생겨난 일시적인 풍속이다. 서로 떨어져 있는 생면부지의 남녀가 한 장의 사진만으로 결혼을 결정하던 시대, 배우자의 사진 한 장을 들고 태평양을 건너가 하와이에서 인생을 시작한 여인들이 있었다.

19세기 하와이는 원주민 노동자 감소로 값싼 조선인을 노동자로 고용하였는데 이들이 술과 노름, 아편에 빠져 피폐한 삶을 살아가자 독신 노동자의 노동력을 안정화하기 위해 결혼 정책을 시행했다. 하와이가 지상 낙원이라는 환상에 젖어 사진 한 장만을 들고 날아간 곳에는 무려 20~30년 차이 나는 늙은 신랑이 기다리고 있었다.

와이알루아 제당공장
바깥 막사의
등에 불이 켜졌을 때
그리고 그의 방안이
사탕수수 대롱에서 날아 들어온
나방들의 날개로 환해졌을 때
한 남자가 그녀의 사진을
불빛에 비춰보면서
기다리고 있었던
그 섬의 기슭으로?
내 할머니는 어떤 것을
자신과 함께 가지고 오셨을까? 그리고
자신보다 열세 살이 많은
자기 남편이라는
낯선 이의 얼굴을
들여다보게 되었을 때,
그녀는 저고리의 비단 옷고름과,
사내들이 사탕수수를 불태우는
주변 들판에서 불어온
메마른 바람으로
부풀어 오른 치마의 끈을
다소곳이 풀었던가?

　　　　　　 － 캐시송 〈사진 신부〉 부분

사진 신부들이 허상으로 범벅된 사진 한 장을 손에 꼭 쥐고 달려간 그곳은 지상낙원이 아니었다. 신식 면사포도 드레스도 없이, 족두리에 원삼도 아닌 가지고 있는 옷 중에서 가장 깨끗한 하얀 한복 한 벌이 그녀들의 웨딩드레스였으리라. 메마른 바람으로 부풀어 오른 치마끈을 다소곳이 푸는 것으로 결혼 첫 날을 시작한 여인들은 여전히 고되고 여전히 척박한 섬, 다시 돌아올 수 없는 곳에서 삶을 일구어야 했다.

그 섬의 기슭으로 여인들은 어떤 것을 자신과 함께 가지고 떠났을까? 부적 같은 사진 한 장을 따라 떠나온 곳, 여인들을 자기 안에서 어슬렁거리는 늑대의 발걸음을 따라 울부짖으며 척박한 사탕수수 농장을 달렸으리라.

슬프지도 기쁘지도 설레지도 않은 어쩌면 체념한 듯 보이는 사진 신부들의 모습. 그녀들은 다만 생의 정면을 응시하고 있다. 역사의 한 페이지, 잘 보이지도 않고 존재감도 없는 어느 한 구석에 잠깐 머물다 간 여인들의 시간을 더듬는다. 사진 속 하얀 한복에 빨강 물감을 칠하고 싶다. 순수도 순백도 순결도 아닌 열정과 타오름의 상징인 빨강으로 오래전 이 땅을 떠난 그녀들을, 그녀들의 삶을 응원해주고 싶다.

인생의 춤을 추는 시간

많은 결혼식에 가서 춤을 추면
많은 장례식에 가서 울게된다.
많은 시작의 순간에 있었다면
그것들이 끝나는 순간에도 있게 될 것이다

– 엘리자베스 퀴블러 로스 『인생수업』 부분

에드바르 뭉크(Edvard Munch), **인생의 춤**(The Dance of Life), 캔버스에 유채, 143×208㎝, 1925년

나는 춤추는 중

얼굴을 어느 낯선 들판의 어깨에 기대고

낯선 별에 유괴당한 것처럼

— 허수경 〈나는 춤추는 중〉 부분

〈인생의 춤〉은 뭉크가 이탈리아에서 돌아온 직후인 1899년 여름에 그려 1900년에 완성했다. 배경은 노르웨이 오스고스트란드 해변으로 석양 무렵 사람들이 모여 춤을 추고 있다. 검은

옷을 입은 남자들과 하얀 옷을 입은 여인들. 가장 시선을 붙잡는 것은 앞부분에 있는 세 여인이다. 왼쪽에는 하얀 옷을 입은 여인이, 한가운데에는 붉은 옷을 입은 여인이, 오른쪽에는 표정이 밝아 보이지 않은 검은 옷의 여인이 서 있다.

뭉크는 '인생의 춤'에 대하여 이렇게 적었다고 한다.

> 나는 첫사랑과 함께 춤을 추고 있다. 기억 속 그녀는 미소 짓는 금발 여성이다. 그녀는 사랑의 꽃을 꺾으려 하지만 꽃은 꺾이지 않는다. 반대편에는 검은 옷을 입은 그녀가 슬픈 얼굴로 춤추는 커플을 바라보고 있다. 내가 그녀와의 춤을 거절당했던 것처럼, 그녀 역시 거절당한 채.

뭉크는 하얀 드레스의 여인을 떠나 붉은 드레스의 여인과 열정적인 춤을 추고 있다. 춤이 끝나기를 기다리는 검은 옷 여인은 두 손을 모으고 서 있다. 붉은 옷 여인은 1885년 여름에 만난 밀리 타로우이고, 비슷한 얼굴의 흰 옷과 검은 옷 여인은 그림을 그릴 당시 뭉크와 교제 중이던 툴라 라르센이라고 한다. 1898년 겨울, 툴라를 만나 베를린, 이탈리아, 파리 여행을 함께 하였지만 툴라의 끈질긴 구애에도 불구하고 뭉크는 결별을 통보했고 '인생의 춤' 그리기에 전념하였다.

작품 속에 등장하는 하얀색, 붉은색, 검은색 드레스의 여인들이 누구인지는 사실 별로 중요하지 않다. 어떤 이들은 뭉크의 작품 〈인생의 춤〉을 인생에 빗대어 하얀 옷 여인을 과거, 열정적인 춤을 추는 빨간 옷 여인을 현재, 검은 옷 여인을 미래로 해석하기도 한다. 뭉크는 과거로 돌아가거나, 미래를 향해 서둘러 나아가기를 원하지 않는다. 오직 현재에 심취해 있다. 저마다의 무대에서 아무도 알아주지 않는 혹은 모두의 관심을 잡아끄는 인생의 춤을 추는 사람들이 있다. 그 뒤로 해가 지고, 바다는 노을빛으로 물들고 있다.

뭉크의 작품에는 고독, 슬픔, 절망, 불안, 분노 등이 적나라하게 표현되어있는데 인생의 답을 알 수 없기에 희로애락의 흔적을 남기고 싶었던 것일까? 평생 고독했고 병마에 시달렸던 탓이었을까?

인생을 흔히 여행에 비유한다. 자유여행일 수도 있고 패키지여행일 수도 있지만 가끔 나는 인생은 패키지여행이 아닐까 생각한다. 자유여행이 주는 불안감을 최소화하기 위한 패키지 선택, 패키지 속에 펼쳐질 여정은 안정적일 거라는 계산을 먼저 했다. 그럴듯해 보이던 패키지를 선택하고 인생의 춤을 추고 있다. 때론 원치 않았던 것들이 뒤섞여있다 해도 환불이나 교환을 요구할 수 없다. 좋은 것과 좋지 않은 것이 모두 들어있는 패키지 상품이 내게 요구하는 것은 무조건적 수용일 뿐이다.

젊은 날, 인생이란 가능성의 문 같은 것이어서 손을 내밀기만 해도 문이 저절로 열릴 것이란 생각을 했었다. 그러나 생각해 보면 저절로 되는 일은 하나도 없었다. 선택한 인생의 패키지가 좋은 결말일 수 있도록 끝없이 인생의 춤을 추고 있다. 목적 없는 여행도 있을 수 있으나 여행의 목적은 결국은 본래의 나로 돌아오기 위함이듯 인생 여행의 시작은 떠나기 전의 설렘이고 끝은 원래의 장소로, 원래의 나로 돌아오는 것이리라. 인생의 춤이 끝나면 원하든 원하지 않든 본래의 나를 마주하게 될 것이다.

    인류는 얼어붙은 호수 위를 살아가는 일단의 사람들과 비슷한 처지에 있다. 이 호수는 절벽으로 둘러싸여 있어서 탈출할 수 있는 방법이 없다. 그런데 사람들은 조금씩 얼음이 녹아내리고 있으며 머지않은 언젠가 마지막 얼음층마저 사라질 수밖에 없음을 알고 있다. 호수에 빠져 죽어가는 것이 인류에게 주어진 운명인 셈이다. 얼음 위에서 스케이트를 타며 즐거워할수록, 낮에 해가 더욱 환하게 반짝일수록, 밤에 모닥불이 더욱 불그스름하게 타오를수록 전체 상황에서 발견할 수 있는 의미는 더욱 가슴 저미는 슬픔을 불러일으킨다.

- 윌리엄 제임스의 우화 중에서

얼어붙은 것처럼 보이지만 조금씩 녹아내리는 얼음 위에서 우리는 스케이트를 타고 모닥불을 피우고 즐거워한다. 춤을 추며 인생 여행 패키지 상품 속 현재의 나로 살아갈 뿐이다. 많은 결혼식에 가서 춤을 추면 많은 장례식에 가서 울게 되고, 많은 시작의 순간에 있었다면 끝나는 순간에도 있으리라는 것을 알기에 하얀 드레스도 검은 드레스도 아닌 오직 빨강 드레스의 여인인 채로 후회 없이 강렬하게 인생의 춤을 추고 싶다.

인생의 춤을 추는 여인이 있었다. 2019년 스페인 발렌시아의 요양병원. 알츠하이머를 앓는 여인이 휠체어에 앉아있다. 차이

 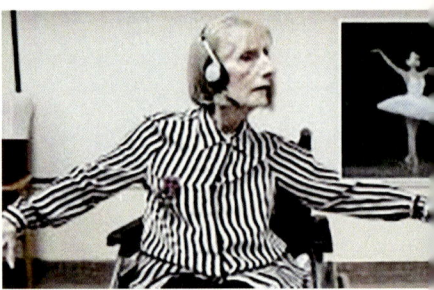

코프스키 음악 '백조의 호수'를 들려주자 그녀의 몸이 반응하기 시작했다. 창백한 얼굴에 화사한 빛이 돌기 시작했고 눈망울은 별처럼 반짝였다. 입가에는 미소가 어리고 쭉 뻗은 팔에는 날개가 돋아났다. 그녀는 1960년 뉴욕 발레단의 프리마 발레리나였던 마르타 곤잘레스다.

　50년의 세월을 거슬러 1967년 〈백조의 호수〉 주인공 오데트로 돌아간 마르타 곤잘레스, 알츠하이머가 기억의 모든 것을 다 지워버려도 찬란한 몸짓의 기억을 삭제하지는 못했다. 슬프지만 아름답고 숭고한 춤, 섬세한 날갯짓 속에 그녀는 잃어버렸던 모든 것들을 하나씩 떠올리고 있었다.

　심장 안에 빨강이 아직 살아있었다. 모든 것을 다 잃어버려도 몸은 빨강의 언어를 기억하고 있었다. 설렘, 열정, 광기, 집요한 반복, 고통과 환희를 동반하는 춤. 2019년 마지막 인생의 춤을 추던 마르타 곤잘레스는 백조가 되어 하얀 날개를 펄럭이며 너머의 세상으로 건너갔다.

　니체는 〈이 사람을 보라〉에서 '차라투스트라는 춤추는 자'라고 이야기했다.

"나는 춤을 출 줄 아는 신만을 믿는다… 나는 걷는 법을 배웠다. 그후 나는 줄곧 달렸다. 나는 날아다니는 법을 배웠다. 그후 나는 다른 사람의 도움 없이도 움직일 수 있었다. 이제 나는 가볍다. 나는 날고 있으며 나 자신을 내려다 보고 있다."

— 니체 『차라투스트라는 이렇게 말했다』 부분

춤을 춘다는 것은 몸의 언어에 귀 기울이고 몸의 부력으로 세상의 중력을 극복하는 것이다. 영원히 다른 것을 갖기를 원하지 않고, 오직 자신의 운명을 사랑하면서 마르타 곤잘레스는 너머의 세계에서 영원히 춤추는 자가 되었으리라.

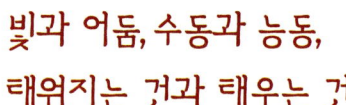

빛과 어둠, 수동과 능동,
태워지는 것과 태우는 것

나의 고독은 벌써 준비되었다.
그것을 태우려 하는 것을 태우려고

— 루이 에미애 『불의 이름』 부분

나선형 계단을 사이에 두고 빛과 어둠이 있다. 철학자는 빛이 들어오는 창가에 앉아있다. 책상 위의 두툼한 책, 손을 맞잡고 깊은 생각에 빠진 철학자, 철학자의 모습 외에 사물들은 또렷하게 보이지 않는다. 꼭 보여주어야 할 것에만 빛을 강화시켰다.

이 작품을 처음 볼 때는 나선형 계단과 창가의 철학자의 모습만 눈에 들어오지만 찬찬히 오래도록 들여다보면 나선형 계단 아래 불을 피우는 누군가가 보인다. 철학자는 빛 아래에서 명상을 하고 누군가는 어둠 아래에서 불을 피우는 노동을 한다. 나선형 계단을 사이에 두고 철학자는 창가의 빛을 이용하고 누군가는 불을 피워 빛을 만들어낸다. 끝없이 장작을 태워서 불꽃을 일으켜 세우는 일, 불꽃 안에 자신을 마른 장작처럼 쪼개 넣어 불꽃이 타오르게 하는 일, 수동과 능동, 태워지는 것과 태우는 것. 노동이 필요 없는 빛(햇빛)과 누군가의 노동을 담보로 하는 빛(열)이 절묘하게 대비된다.

나는 때때로 이 아름다움이 무엇으로 이루어지는가, 그리고 만일 내가 그 비밀을 타인의 영혼에 이입시키려면 그것을 어떻게 묘사할 수 있는가를 생각했다. 색깔도, 형태도, 순서도, 빛도 없이, 외부의 대상이 눈과 정신에 말을 거는 모습을 할 수 있단 말인가? 그림자 속에 따로 떨어져 있는 저 커다란 방, 끝없이 어떻게 돌아가는 것인지도 모르는 계단, 그림의 어스름한 빛, 어렴풋한 동시에 뚜렷한 모든 광경, 결국 밝은 갈색과 어두운 갈색으로만 그려진 주제 위에 퍼져있는 강한 색채, 명암법의 마술, 하나의 의자라든가, 물통이라든가 혹은 구리 그릇 등 아주 하찮은 것들 위에 안배된 빛의 희롱 그러나 볼 가치도 없고, 더욱이 그럴 만한 가치도 없는 것들이 눈을 돌릴 수 없을 정도로 흥미롭고 그것들 나름대로 아름다운 것이 되어 존재하고 또 존재할 만한 가치 있는 것이 되고 있다.

— 조르즈 상드 〈콩쉬엘로 : Consuelo〉〉 『촛불의 미학』 부분

철학자는 장 드 보셰르의 시편에 나오는 시구와 같은 모습이다. 어둠 속의 빛, 창가의 철학자, 나선형 계단 이것만으로도 명상 중인 철학자 이미지를 드러내기 충분할 텐데 렘브란트는 왜 나선형 계단 아래 철학자와 정반대 위치에 불을 피우는 이를 그려 넣었을까?

창가에 있는 철학자의 사상도, 사상을 포장한 껍질도 타버렸다. 사상이 타버린 철학자는 햇빛 아래 있다. 그를 감싸고 있는 호두껍질처럼 깊고 짙은 어둠 속에서 달리 무엇을 할 수도 없다. 할 수 있는 것은 오직 명상뿐이다. 성별을 알 수 없는 누군가는 그 짙은 어둠, 나선형 계단 아래에서 아무도 알아주지 않는 작업을 한다. 그가 만들어내는 불꽃이 아니라면 존재 조차도 알지 못하였을 어둠 속에서 묵묵히 잠자는 불꽃을 깨우며 철학을 한다. 철학자가 눈을 감고 햇살을 모아 명상을 하는 동안 불꽃을 만들어내기 위해 나선형 계단을 오르내리며 장작을 가져와 부지깽이로 쉴 새 없이 불꽃을 다듬는다. 끝없이 움직이는 거룩함, 우리를 깨어있게 하는 철학의 원천이 나선형 계단 아래에 있다. 계단 아래에서 타오르는 불꽃은 수동과 능동, 움직여

하르먼스 판 레인 렘브란트(Harmensz van Rijn Rembrandt), **명상 중인 철학자**(Philosophe en méditation), 유화, 패널에 유채(Huile sur bois), 28×34㎝, 1632년

나의 사상은 불 속에서 사라졌다
그것으로 하여 내가 알게 된 껍질
그것들은 불 속에서 타버렸다
내가 종자이며 영양분이기도 한 화재 속에서
그렇지만 나는 더 이상 존재하지 않는다
…
그렇지만 나는 이미 없다

— 장 드 보셰르 〈어두운 사람의 마지막 시편〉 부분

지는 것과 움직이는 것, 태워지는 것과 태우는 것의 변증법이다. 현실과 비현실 사이에 걸쳐진 불의 다리인 불꽃은 존재와 비존재의 끊임없는 신호 같은 것이다.

햇빛 비치는 창가에 앉아 고상하게 명상 중인 철학자보다 나선형 계단 아래에서 불꽃을 깨우는 이가 되고 싶다. 얻을 수 없고, 이룰 수 없어도, 아무도 관심 갖지 않더라도 쉬지 않고 반복하는 노동이 도리어 제대로 된 명상처럼 보인다.

유한한 인생에 고독은 벌써 준비되어 있다. 그것을 태우려는 것을 태우기 위해, 스스로 빛을 얻기 위해 항상 위를 향해 타오르는 촛불의 불꽃 같은 삶을 간절히 바란다.

스스로 악기가 되는 몸짓

활을 켤 때 내가 찢는 것은 살아있는 내 작은 심장 조각이네.
내가 하는 건 어떤 공휴일도 없이 그저 내 할 일을 하는 거네.
그렇게 내 운명을 완성하는 거지.

— 파스칼 키냐르 『세상의 모든 아침』 부분

앙리 마티스(Henri Matisse, 1909~1010), **음악**(Music), 1910년, 에르미타쥬 미술관(Hermitage Museum)

 1990년 3월 31일 세르게이 이바노비치 슈추킨은 앙리 마티스에게 "저는 당신의 〈춤〉이 너무나 좋아서 저의 집 층계 벽에 이 누드 그림을 걸어두었습니다. 이번에는 음악을 주제로 한 그림을 한 점 그려주셨으면 합니다."라며 작품을 의뢰했다.

 초록과 파랑의 경계, 땅과 하늘로 인식되는 공간에 주황색 몸으로 표현된 성별을 알 수 없는 다섯 명의 사람이 정면을 응시하고 있다. 얼굴을 제외한 다른 부분은 최소한으로 표현되어있다. 왼쪽 두 사람은 악기를 연주하고 오른편의 세 사람은 무릎을 손으로 감싸고 음악을 듣고 있다. 바이올린 연주자는 서 있고 나머지는 다리를 구부리고 손을 가슴에 모으거나 무릎 위에 얹은 채 앉아있다. 단조로운 표정으로 그러나 시선은 정면을 향한다. 세 사람의 입 모양이 서로 다르게 표현된 것으로 보아 어쩌면 노래를 부르고 있는지도 모른다. 어떤 음악이 연주되고 있는지 상상은 자유다. 음악을 연주하는 자, 음악을 듣는 자 혹은 음악에 맞춰 노래하는 자가 동일 공간에 있다.

색종이를 오려다 붙여놓은 것처럼 지극히 평면적인 그림에서 그들의 몸 안에 일어난 변화를 본다. 연주자의 악기에서 흘러나온 음악이 혹은 누군가의 입에서 흘러나온 노래가 몸 안에 변화를 일으켰다. 음악에서 몸짓은 중요하다. 연주하거나 노래를 부르거나 감상하거나 음악에 담긴 메시지를 듣는 이, 협연하는 이 모두에게 내적 긴장을 가져온다. 음악이 공간을 잠식하는 순간 신체는 반응하기 시작한다. 행동과 격정, 행위와 열정, 음악과 음악을 만들어 내거나 듣는 신체는 경계가 사라진다. 음악에 적응한다는 것은 바로 스스로 음악이 되는 것이다.

음악에서 중요한 것이 음악을 경험하는 몸짓이라면 웅크린 세 사람의 몸은 이미 악기가 되어있다. 몸 안의 동굴로 들어가 잠든 것들을 깨우는 소리….

빌레 플루서는 『몸짓들』에서 "음악의 효과를 알고 겪는 것을 그리스어로 파테인(pathein)이라고 한다. 진동할 준비가 되어있는 모든 신체 부위에 음악을 받아들이는 것이 파토스(pathos)이고 그 결과는 메시지에 대한 감정이입이다. 음악을 감상할 때 신체가 함께 진동하는 방식을 우리는 다른 맥락에서 '느끼기'

'생각하기' '소망하기'라고 한다. 더 극단적으로 말하자면 음악을 듣는 것은 음향의 마사지에 의해 신체가 정신이 되려는 몸짓이다."라고 이야기했다.

음악을 통해 자신을 허물고 음악과 하나가 된다. 음악을 통해 음악을 듣기 전보다 더 충만하고 풍부해진다. 주황색 몸은 이미 음악에 물든 몸이다. 서로의 몸과 몸을 연결하는 음악이 들리는가? 음악이 보이는가? 음악을 경험하는 것은 억압을 극복하는 몸짓이고 황홀의 몸짓이다. 음악은 꿈꾸면서 소리하기 시작하는 침묵이고, 침묵에 떠밀려 표면 위로 쏟아져 나온 것이다.

음악은 느릿느릿 수줍게 리듬을 통해서 공간을 차지하고, 언제나 다시 같은 멜로디로 되돌아온다. 음악은 본래 그곳에 있었던 것처럼도 보이고 그곳에 처음부터 존재하지 않았던 것처럼도 보인다.

음악은 무언가를 얻기 위함이 아니라 자신의 몸을 음관처럼 이용하여 자신의 악보를 쓰는 일이다. 다섯 명의 사람들, 음악이 만들어 낸 거룩한 몸짓들, 온 힘을 다해 자신을 켜고, 자신을 불고, 자신의 몸이 내는 소리를 듣는다. 하늘과 땅이 맞닿은 곳에서 다섯 개의 음관이 만들어내는 붉은 영혼의 처절한 몸짓이 들려온다.

우리 안에 있는 것들 가운데
아주 작은 부분만 경험한다면

현재를 사는 우리에게 지난 시간과 공간은 잊힌다. 비록 그 시절이 무한한 가능성이 있고 깃털처럼 가볍고 자유로우며 불확실함으로 버거웠다 하더라도.

— 파스칼 메르시어 『리스본행 야간열차』 부분

영혼의 떨림을 따르지 않는 자는 불행할 수밖에 없다.

라이문트 그레고리우스의 삶을 바꾸어놓은 그날은 여느 날과 다름없이 시작됐다. 8시 15분 전, 그는 분데스테라세에서 시내를 가로질러 김나지움과 연결되는 키르헨펠트 다리로 들어섰다.

다리에서 자살을 시도하는 포르투갈 여자를 학교로 데려오는데 그녀의 입에서 발화되는 '포르투게스'라는 말에 홀린 듯 빠져들었다. 동네 책방에서 우연히 아마데우 드 프라두라는 포르투갈 의사가 쓴 책 『언어의 연금술사』를 발견한다.

우리는 많은 경험 가운데 기껏해야 하나만 이야기한다. 그것조차도 우연히 이야기할 뿐. 그 경험이 지닌 세심함에는 신경 쓰지 않는다. 침묵하고 있는 경험들… 우리가 우리 안에 있는 것들 가운데 아주 작은 부분만을 경험할 수 있다면 나머지는 어떻게 되는 걸까?

책에 매료된 그레고리우스는 리스본행 야간열차에 몸을 싣는다. 김나지움의 교장에게 아우렐리우스 『명상록』에 나오는 문장을 인용하여 편지를 쓴다.

내 영혼아, 죄를 범하라. 스스로에게 죄를 범하고 폭력을 가하라. 누구에게나 인생은 단 한 번뿐이므로 네 인생은 이제 거의 끝나가는데 너는 살면서 스스로를 돌아보지 않았고 행복할 때도 마치 다른 사람의 영혼인 듯 취급했다. 영혼의 떨림을 따르지 않는 자는 불행할 수밖에 없다.

영혼의 떨림을 쫓아 떠난 여행이었다. 도수 높은 안경, 검버섯이 피기 시작한 손으로부터의 도피, 반복으로부터 도망친 그레고리우스는 여기저기 흩어진 프라두의 흔적을 찾아 아드리아나, 멜로디, 마리아 주앙, 주앙 에사, 조르지, 바르톨로메오 신부, 에스테파니아 에스피노자를 만나면서 프라두의 퍼즐을 완성해 나간다.

"글을 쓰지 않으면 사람은 결코 깨어있다고 할 수 없어. 자기가 누구인지 알지 못해. 자기가 어떤 사람이 아닌지는 더욱 알지 못하고."

30년 동안이나 그의 흔적을 보존하고 있었던 아드리아나는 출판사가 '붉은 삼나무'인 것에 대해 설명한다. "오빠가 목을 찌르기 직전에, 창밖에 있던 삼나무가 붉게 물들었어요. 그리고 난 정신을 잃었어요."

 식사 도중 기도가 막혀 죽을 뻔한 순간 오빠가 식사용 나이프로 목을 찔러 기도를 확보해 주었던 기억을 더듬는다. 오빠에 대한 고마움으로 평생을 간호사로 헌신한 아드리아나는 프라두의 흔적을 유물처럼 지키고 있었다. 마지막으로 앉아있었던 의자의 삐딱한 방향까지도 그대로 둔 채… 자기 고백, 양심 성찰, 갈등과 번민의 흔적들이 담긴 글을 통해서 그레고리우스는 프라두의 진짜 모습을 만난다.

 인생의 불완전함, 결핍이 너무 커서 공포로 다가올 때가 있다. 단편적이고 변덕스러운 날씨처럼 변하기 쉬운 우리 인생을 생각해 볼 때 내적으로나 외적으로 완전한 삶을 구성하는 건 과연 무엇일까? 절대절명의 위급한 순간 붉게 물든 삼나무는 아드리아나의 두 번째 생을 상징한다.

 비밀 조직의 모든 것을 암기하고 있는 에스테파니아 에스피노자에게 경찰 추격망이 좁혀오자 프라두는 탈출을 도우며 국경을 넘어 그녀와 함께할 인생을 생각한다. 하지만 에스테파니아 에스피노자는 프라두의 허기만으로 두 사람이 같은 길을 갈 수는 없다고 선언한다. 프라두의 생에 가장 아픈 실망과 모욕이 된 여자, 구원을 향한 질주에서 이제 완전히 패배했다는 자각을 준 여자, 막 시작한 뜨거운 인생의 불이 꺼지고 재로 변했다는 느낌을 준 여자를 국경에 남겨두고 파란 병원으로 돌아오지만 삶의 그늘을 잃은 그는 아우구스타 거리에서 쓰러진다.

 우리가 우리 안에 있는 것들 가운데 아주 작은 부분만을 경험할 수 있다면, 나머지는 어떻게 되는 것일까? 인생은 우리가 사는 그것이 아니라 산다고 상상하는 그것이다. 프라두는 자기 자신에 대해 정말 알고 싶은 사람은 쉬지 말고 광신적으로 실망을 수집해야 한다고 말한다. 실망은 독이 아니라 우리 스스로의 진정한 윤곽이 무엇인지 눈을 뜨게 해주는 향유같은 것이다.

 실망이라는 말은 실패라는 말과는 다르지만 실망의 감정은 실패의 결과물이기도 하다. 그러하다면 자신에 대해 정말로 알고 싶은 사람은 광신적으로 실패의 경험을 수집해야 한다는 의미일까? 우리는 실패가 두려워 몸을 사린다. 나이를 먹을수록 실패의 결과물은 단지 실망으로 끝나지 않고 삶을 뒤흔드는 강력한 비수가 되기도 한다.

 남들이 보기에는 흠하나 없는 완벽한 존재였지만 프라두의 내면은 늘 실망과 실패의 감정으로 가득 차 있었으리라. 강압적인 판사 아버지와 자동인형 같은 어머니, 기대와 열망 사이에서 날마다 실패하고 실망하였을 것이다. 어쩌면 그가 남긴 모든 것들은 실패와 실망의 흔적인지도 모른다.

 우리는 시간상으로만 광범위하게 사는 것이 아니다. 공간적으로도 눈에 보이는 것들을 훨씬 넘어서 살고 있다. 우리는 어떤 장소를 떠나면서 우리의 일부분을 남긴다. 떠나더라도 우리는 그곳에 남는 것이다. 우리 안에는, 우리가 그곳으로 돌아와야만 다시 찾을 수 있는 것들도 있다. 단조로운 바퀴 소리가 우리가 지나온 생의 특정한 장소로 우리를 데리고 가면 우리는 자신을 향한 여행을 떠난다. 낯설면서도 낯설지 않은 플랫폼에 첫 발자국을 디딘 순간부터 그 옛날 기차의 첫 덜컥임을 느꼈을 때 중단하고 떠났던 삶이 다시 시작되기 때문이다. 중단된 삶, 온갖 약속으로 가득한 인생을 다시 시작하는 것보다 더 흥분되는 일이 또 어디 있으랴.

수많은 책에 언급된 carpe diem!은 파스칼 메르시아의 『리스본행 야간열차』에서 거침없이 반박을 당한다. 파스칼 메르시아는 그레고리우스의 입을 빌려 '지금'과 '여기'에만 집중하는 행위는 '지금의 자기'가 아닌 '누구' 또는 '무엇'이 될 수 있는 가능성을 박탈하는 불합리한 폭력이라고 이야기한다.

에스테파니아 에스피노자를 찾아가는 동안 만난 어부에게 그레고리우스는 삶이 만족스러운지 물었다.

"만족하냐고? 다른 삶은 모르는걸!"

어부들의 웃음소리가 점점 커지더니 나중에는 그칠 줄 모르는 웃음바다로 변했다.

다른 삶을 살아보는 일은 어렵지만 내 안의 수많은 나를 끄집어내어 살아볼 수는 있지 않은가? 우리 안의 아주 작은 부분만을 경험할 수 있다면 내 안의 나머지는 어떻게 되는 것일까? 항상 누군가의 무엇이 아닌 나로 살고 싶다는 생각을 했었다. 지금은 나로 살고 있는가? 순도 100%의 나로? 오롯이 나로 살기 위해서는 프라두가 말한 '타인은 너의 법정이다.'는 말에 의연해야 하는데 그렇지 못했다. 타인의 시선을 늘 의식할 수밖에 없었고 타인의 입맛에 맞출 수밖에 없었노라고 이야기한다면 너무 구차한 변명일까? 일관되게 나로 살고 싶다고 말하면서도 내 안의 나를 제대로 알지 못하고 내 안의 아주 작은 부분을 나로 자각한 것은 아니었을까?

  리스본으로 떠나기 전 그레고리우스는 교실 안의 아이들 모습을 찬찬히 바라보며 앞으로 무수히 많은 것을 경험하게 될 아이들의 미래를 생각한다. 그러나 졸업 후 거리에서 마주친 학생들은 삶에 찌들려있었다. 찬란한 가능성은 사라지고 하나같이 일상에 지친 초라한 어른이 되어버린 것이다.

  인생의 방향을 바꾸는 결정적인 것은 격렬한 내적 동요를 동반하는 요란스러움이 아닌 소리 없는 우아함이다. 우리는 스스로의 인생을 다시 한번 제대로 살아볼 의무와 권리를 동시에 지닌다. 소리 없는 우아함 속에서 아직 타오르지 않은 자신의 일부를 꺼내어야 한다. 저마다의 리스본으로 가는 야간열차는 아직 출발하지 않았으니 기차역으로 달려가기만 하면 된다는 것을 가슴은 이미 알고있다.

지나가는 기차를 보다

한 손에는 호미를 다른 한 손에는 나뭇단을 들고 있는 빨간 망토의 여인은 지나가는 기차를 바라본다. 해는 서서히 지고 해질녘 들판은 기적 소리로 물든다. 들일을 하기엔 너무도 고운 빨강을 입은 여인의 시선은 지나간 기차의 궤적을 쫓는다.

하루에도 몇 번씩 기차는 지나갈 것이고 그때마다 여인은 일손을 멈추고 기차를 바라볼 것이다. 기차를 타고 돌아와야 할 누군가를 기다리는 것인가, 누군가가 타고 떠난 기차를 바라보는 것인가. 허허로운 들판에서 남은 자가 떠난 자의 일을 대신한다. 해는 날마다 떠오르고 날마다 부질없이 진다.

미키스 테오도라키스(Mikis Theodorakis)의 노래 〈기차는 8시에 떠나네〉가 떠오른다. 이 노래는 나치에 저항한 그리스의 한 젊은 레지스탕스를 위해 만들어졌으며, 돌아올 기약 없이 카테리니로 떠난 사랑을 기다리며 매일 기차역으로 나가는 연인의 마음이 드러나 있다.

기차는 8시에 떠나네

카테리니행 기차는
8시에 떠나가네
…
함께 나눈 시간들은
밀물처럼 멀어지고

마리안 스토크스(Marian Stokes), **지나가는 기차**The Passing Train, 1890

이제는 밤이 되어도

당신은 오지 못하리

…

기차는 멀리 떠나고

— 미키스 테오도라키스

 지독한 봄날의 일, 오래된 일처럼 망각하는 것이 어쩌면 더 여인에게는 좋은 일일까? 빨간 망토의 여인은 왜 영혼의 떨림을 쫓지 않는 것인가? 기억 속 빨강으로 들판을 태우고, 그녀 손의 나뭇단을 태우고 빨간 불길이 일면 기적을 울리며 아무 일 없이 지나가던 기차가 멈추게 될까? 지나가는 기차가 멈추면 빨간 망토의 여인이 기차를 향해 온몸으로 내달리게 될까?

 지금 그리고 여기에 충실하느라 '지금의 자기'가 아닌 '누구' 또는 '무엇'이 될 기회를 박탈하지 말아야 한다. 때로는 무모해 보일 지라도 영혼의 떨림과 영혼의 불길을 쫓는 일은 한 번뿐인 인생에서 필요하다.

성 제롬은 지금 무엇을 쓰고 있을까

너에게는 너 자신을 잃고 몰락할 용기가 없다. 그래서 너는 결코 새로워지지 못할 것이다. 우리에게 오늘은 날개, 색, 옷 그리고 힘이었던 것이 내일은 단지 재가 되어야 한다.

- 니체 『유고』 부분

하이데거는 현 존재를 태어나자마자 죽음 앞에 던져진 유한한 존재로 보고 '죽음에 이르는 존재(Sein zum Tode)'라 불렀다. '헛되고 헛되니 모든 것이 헛되도다.'라는 의미의 바니타스(Vanitas)예술의 대표적 소재인 해골이 성 제롬의 책상 위에 놓여 있다. 책상 위에 내려앉은 침묵은 사물들에게 해골에게 그리고 언젠가 해골이 될 히에로니무스에게 존재 가치를 깨닫게 한다.

헤로도투스의 말에 따르면 이집트에서는 잔치가 끝날 무렵 연회 참석자들이 술에 취해 있을 때 하인들이 들 것에 해골을 싣고 연회장 탁자 사이를 돌아다니는 풍습이 있었다고 한다. 향락의 끝에는 늘 죽음이 도사리고 있음을 보여주는 행위였으리라.

버밀리온 빛깔의 옷을 걸치고 집필에 몰두하는 성 제롬(히에로니무스)은 가장 권위 있는 라틴어 번역 성경인 불가타역 성경을 번역한 이로 알려져 있다. 벗겨진 머리와 흰 수염, 주름진 얼굴, 고개를 숙인 그는 한 손에는 펜을 또 다른 한 손으로는 책을 잡고 있다. 책을 움켜쥔 손에 힘이 들어가 있고 펜을 움켜진 손에는 근육이 도드라져 보인다. 성 제롬으로서의 시간과 히에로니무스로서의 시간이 작은 나무 책상에 함께 한다. 저 붉고 뜨거운 옷 아래 어딘가에 팽팽한 젊은 날이 있었으리라.

바니타스(Vanitas)예술에 주로 등장하는 책은 지식과 경험, 이성의 상징이지만 책이 해골과 같은 공간에 그려질 때는 그 어떤 지식도 영원하지 않음을 상징한다. 성 제롬은 해골을 생의 유한함을 자각하기 위한 모래시계처럼 사용하고 있다. 오늘의 날개, 색, 옷 그리고 힘이었던 것이 내일은 단지 재가 되어야 한다는 사실을 알기에 제롬은 분주하다.

카라바조(Caravaggio), **글을 쓰고 있는 성 제롬**Saint Jerome Writing, Oil on canvas, 112*157㎝, 1606년, 로마 보르게즈 미술관

　해골이 놓인 곳의 어둠과 성 제롬이 글을 쓰고 있는 곳의 밝음, 후광이 대조적이다. 삶과 죽음의 공존, 한때 사람이었을 해골은 성 제롬의 미래이면서 우리의 미래이기도 하다. 해골이 말한다. 죽는 법을 배워야 한다고. 스스로 원할 때 찾아오는 자유로운 죽음을 위해서는 가장 맛이 들었을 때 떨어지는 과일을 떠올려야 한다고. 잘 익은 삶, 아름다운 삶의 끝에는 가장 자유로운 추락이 있을 것이라는 명징한 사실을 자각해야 한다고.

> 인간은 자신의 생애에서 오직 한 번 죽는다. 그리고 죽음의 체험이 없기 때문에 죽음에 실패한다. 죽음에 성공하기 위해서는 이미 죽음에 임했던 경험 많은 사람들의 지침에 따라서 죽는 법을 배워야한다.
>
> — 플로렌스키

살아가는 법도 제대로 알지 못하는데 죽는 법도 배워야 하다니… 태어남도 한 번이고 죽음도 한 번인 삶에 리허설은 없다. 그날이 오기 전까지 사라짐과 잊힘에 대해 끝없이 저항해야 한다.

그림 속에서 성 제롬은 영원히 죽지 않을 사람처럼 살고 있고, 또한 지금 죽어도 후회가 없을 사람의 자세로 살고 있다. 성 제롬은 스스로 몰락하고 싶지 않기에 끝없이 쓰는 사람, 끝없이 자신을 태우는 사람이다.

지상에서 성 제롬의 시간은 흔적없이 완벽히 사라져버렸지만 그의 가슴 속 별은 우주 공간 짙은 어둠 속에서 수축과 팽창을 반복하고 있으리라.

문득 내 책상을 바라본다. 필기 도구, 노트북, 펼쳐진 책, 모래시계, 탁상 달력, 모지스 할머니 그림 액자, 앙리 마티스의 푸른 누드가 그려진 종이, 식은 커피…. 책상 위의 사물들은 어쩌면 나보다 오래 남을 것이다. 통유리가 있는 창밖으로 연둣빛 봄이 흐드러질 듯 피어있다. 이곳에서 나는 지금 무엇을 하고 있는가? 언젠가는 시간의 바깥에 머무를 날이 올 것이다. 그날이 오기 전, 좀 더 절박해져야 하고, 좀 더 허기를 느껴야하고 좀 더 타올라야 한다.

신분의 색이 사라지다

이제 너와 나 우리 함께
같은 거리에서 만나게 될 거야,
어깨와 어깨를 맞대고, 너와 나,
너도 나도 없이 증오도 없이,
하지만 너와 나, 서로
어디로 가고 있는지 알면서….

— 니콜라스 기엔
〈네가 왜 그렇게 생각하는지 모르지만〉 부분

인도의 카스트제도는 브라만(사제), 크샤트리아(왕족이나 무사), 바이샤(농민, 목축민, 상민), 수드라(원주민 노예) 네 종류의 계급(바르나 VARNA)으로 구성된다. 계급을 뜻하는 'varna'란 말에는 '색'이라는 의미가 있는데 가장 높은 위치의 브라만은 하양, 크샤트리아는 빨강, 바이샤는 노랑, 수드라는 검정으로 상징된다. 이주해 온 아리아인의 피부색이 원주민보다 하얗다는 이유에서 흰색을 최고로 여겼기 때문에 하얀색이 브라만의 상징이 되었다. 혼혈이 생기면서 피부색에 따른 구별은 없어졌지만 바르나라는 말은 신분 제도의 명칭으로 그대로 남아있다.

인도에서는 새해가 왔음을 축하하고 풍작을 기원하는 홀리 축제가 열리는데 신앙심 깊은 왕자의 숙모인 홀리카(홀리여신)가 왕자를 태워죽이려 했지만 오히려 자신이 타죽고 말았다는 전설에서 기원했다고 한다. 홀리 축제는 1년 동안의 더러움을 불에 태워버리고 새 생명으로 태어나 새해를 맞이하기 위해 힌두력으로 한 해의 마지막 날 행해진다.

축제날 밤 남자들은 홀리카 여신이라 가정하여 세운 죽은 나무나 마른 풀에 불을 붙이고 그 주위를 돈다. 평상시에는 신분 때문에 같은 장소에 있을 수 없는 사람들이 모이는 것이다. 새벽이 되면 색가루와 색물을 서로 끼얹으며 일상의 억압에서 해방된다. 분홍, 노란, 파란, 주홍, 녹색 가루를 물과 혼합한 고무드를 얼굴과 몸에 바르거나 스프레이 형식으로 뿌리기도 한다. 붉은 염료를 섞은 물로 가득 채운 풍선을 던지며 서로 쫓고 쫓기는 가운데 먹고 마시며 즐긴다. 그날 밤 다양한 색들이 서로

섞여 신분의 색인 바르나가 사라진다. 인종, 계급, 편견이 사라진 차별 없는 밤, 신성한 밤이다.

같은 거리에서 만나 서로 섞이고 어깨를 맞댄다 해도 색이 섞이는 그 밤이 지나면 전혀 다른 길을 갈 사람들, 다른 삶을 살 사람들이다. 마주친 눈빛도 맞댄 어깨의 무게도 잊어버린 채…. 그래도 빨강으로 물드는 밤, 색으로 뒤엉킨 몸에는 브라만, 크샤트리아, 바이샤, 수드라가 없다. 웃음과 해방과 유희가 있을 뿐이다.

홀리 축제의 밤, 잠시 신분의 색이 사라지기도 하지만 바라나시의 갠지스강에서도 신분의 색이 사라진다.

> 장밋빛 해를 온몸에 받으며 갠지스 강물을 입에 머금고, 남녀가 나란히 합장을 하고 있었다. 그 한 사람, 한 사람에게 인생이 있고, 말 못 할 비밀이 있고, 무겁게 지고 살아가야 할 생이 있다. 갠지스강에서 정화해야만 하는 무언가가 사람들 안에 있다.
>
> ― 엔도 슈샤쿠 『깊은 강』 부분

사리차림의 여자들이 꽃잎을 나뭇잎 위에 띄워 보내고, 돌계단에서는 노란천을 두른 브라만 승려가 신혼부부를 축복한다. 한쪽에서는 장작더미에서 태운 시신의 재를 흰 옷 입은 남자들이 삽으로 강에 뿌린다. 화장터로 감빛 천에 감싸인 새로운 시신이 올려지고 재가 된 시신은 또다시 강에 뿌려질 것이다. 깊은 강은 모두를 위한 강이었다. 죽은 뒤 그곳에 뿌려지기 위해 모여드는 강, 숨을 거두기 위해 순례하러 오는 강, 깊은 강은 산 자와 사자를 모두 안고 유유히 흘러간다. 어디가 상류이고 하류인지 분간할 수 없는, 넓고 완만하고 풍요로운 어머니의 강이다. 색으로 구별된 세상이 갠지스강에서는 무의미하다. 옷을 벗고 깊은 강으로 걸어들어가면 강은 세상의 차별과 편견, 고통을 씻겨주고 언젠가는 죽음에 이를 인간을 너머의 세계로 인도한다. 장밋빛 해가 강을 물들일 때 사람들의 가슴도 장밋빛으로 물들 것이다. 차별의 색이 사라진다.

깊은 밤, 숫자5를 보았다

생각보다 더 빨리 이미지가 간다
너의 몸속으로 빙글빙글 돌며 올라간다
…
시간을 몰아세우며 메아리를 남기며
…
시간을 앞서거니 뒤서거니 이미지가 간다
이미지 속으로 다른 이미지가 간다
속도보다 더 빠르게 생각이 간다

− 오메로 아드리히스
〈생각보다 더 빨리 이미지가 간다〉 부분

깊은 밤, 비에 젖은 도시를 달리는 질주, 긴박한 사이렌 소리는 도시의 휘황한 불빛을 가른다. 쉴 새 없이 들려오는 불빛의 빨강 목소리, 절박하고 위태로운 곳으로 향한다.

찰스 더무스 작품의 가운데에 있는 빨간 사각형은 소방차를 암시하고 쭉 뻗은 빛은 전조등에서 뿜어져 나오는 빛이다. 5는 미국 소방차 번호판에 새겨진 숫자인데 크기를 다르게 표현함으로써 현장으로 달려가는 소방차의 속도감을 느끼게 한다. 사실적인 부분을 과감히 생략하고 화가가 강조하고자 하는 부분만 도드라지게 표현함으로써 추상성이 돋보인다.

더무스의 친구인 시인 윌리엄 카를로스 윌리엄스는 9번가를 빠르게 지나치는 빨간 소방차를 황금의 숫자 5번과 움직이는 붉은 평면으로 기억했다.

빗줄기와 밝은 빛들 사이에서 나는 황금색으로 빛나는 숫자 5를 봤다. 무심히 서둘러 달리며 경적을 울리는 붉은 소방차에서. 요란한 사이렌 소리와 덜컹거리는 바퀴 소리를 남기고 소방차는 어둠에 잠긴 도시를 뚫고 간다.

〈위대한 숫자(The Giant Figure)〉라는 시로 표현하였고 찰스 더무스는 시에서 영감을 받아 〈나는 황금색의 숫자 5를 보았다〉라는 작품을 완성하였다. 황금의 숫자 5는 의미심장한 상징처럼 반복적으로 등장한다. 반복된 숫자의 등장은 그림에 생생한 현실감을 부여하지만 동시에 꿈속 장면 같은 착각을 불러일으킨다. 숫자를 둘러싼 색면은 채도가 다른 붉은색 · 오렌지색 ·

찰스 더무스(Charles Demuth), **나는 황금색의 숫자 5를 보았다** I Saw the Figure 5 in Gold, 1928년

노란색과 흑백·회색으로 나뉘어져 포스터처럼 보인다.

정돈된 윤곽선과 단조롭게 조각낸 평면으로 미국적인 풍경을 묘사하는 기법을 '정밀주의'라고 부르는데 찰스 더무스는 1920년대에 활동한 대표적 정밀주의 화가이다. 그는 매끄러운 평면과 정밀한 기하학적 도상으로 입체감이 물씬 풍기는 리얼리즘을 실현하고자 했다. 반복 그림에는 대형 화재와 사건 사고 위험 속에 살고있는 현대인의 위기감과 불안 심리가 담겨있다. 실제로 특정 이미지를 반복해서 보게 되면 무의식적으로 학습되어 뇌의 기억 저장소에 저장된다고 한다.

로마 시대에는 목조 건물이 많아서 화재가 자주 발생했는데 서기 1세기 말 로마 풍자시인 유베날리스(60~140년)는 '날마다 불이 나지 않는 곳, 밤에 화재 경보 소리가 울리지 않는 곳에서 내가 살아볼 수 있는 날이 올까?'라고 적어놓았다.

때로 붉은 혀가 넘실거리며 도시의 한 구획을 삼켜버리기도 하였지만 화덕은 가족의 제단이고 성소고 에너지의 근원이었다. 화덕 주위에 모여 온기를 쬐고 이야기를 나누고, 식사를 하고 일상을 영위한다. 날마다 불이 나지 않는 밤이 없는 고대의 도시, 위태로운 붉은 밤을 상상한다.

멀리서 긴박한 사이렌 소리 들려오는 밤, 존 던의 시를 생각한다.

> 어느 사람이든지 그 자체로 완전한 섬은 아닐지니,
> 모든 인간이란 대륙의 한 조각이며 또한 대륙의 한 부분이다.
> 만일 흙덩이가 바닷물에 씻겨 내려간다면
> 유럽 땅은 또 그만큼 작아질 것이며,
> 어느 곳이 그렇게 되더라도 마찬가지이고,
> 그대의 친구 혹은 그대 자신의 영지가 그렇게 되더라도
> 마찬가지다.

어느 누구의 죽음이라 할지라도 나를 감소시키니,

나라고 하는 존재는 인류 속에 포함되어 있는 존재이기 때문이다.

그러니 저 조종弔鐘이 누구를 위하여 울리는지 알려고 사람을 보내지 말라.

그 조종은 바로 그대를 위하여 울리는 것이기 때문이다.

― 존 던 『비상한 때를 위한 기도문』 부분

거세게 몰아치는 빗줄기를 뚫고 사이렌을 울리며 달리는 차. 어느 누구든 그 자체로 완전한 섬은 아니기에 언젠가는 저 사이렌 소리가 조종弔鐘처럼 나를 위해 울리는 날이 올지도 모른다. 두근거리는 심장박동 소리, 울부짖는 소리, 빗 길을 가르고 달려가는 빨강 하나가 오늘도 도시의 밤을 태운다.

세잔의 사과

익는다는 것은
사과의 의지
사과나무를 떠나겠다는
깊어지는 사과의 표정

사과를 깎으면
나무의 첫 마음 소리가 난다
…
사과를 한 입 베어물면
나무를 버린 꽃의 손목이 있다

— 서안나 〈깊어지는 사과〉 부분

세잔과 같은 시대를 살았던 화가 모르스 드나는 "세상에는 세 개의 사과가 있다. 첫째는 이브의 사과, 둘째는 뉴턴의 사과, 셋째는 세잔의 사과다."라고 이야기했다. 사과 하나로 파리를 정복하겠다고 했을 만큼 세잔에게 사과는 대표적 오브제였다.

인물화나 풍경화는 화가가 제어할 수 없는 수준의 변화를 전제로 하고 있지만 정물화는 화가의 의도에 따라 배치와 구도가 달라진다. 사과와 오렌지를 주 소재로 활용한 그가 평생동안 그린 사과 그림만 100여 점이 넘는다고 한다. 사과 한 알에 담긴 사과의 모든 빛깔과 형태를 캔버스에 담기 위해 다중시점으로 표현하였는데 시점이 다각화되면 원근법은 별 의미가 없어진다. 바라보는 대로, 망막에 찍히는 대로 해석된 사과 그림이기에 세잔의 사과는 특별할 수밖에 없다. 메를로퐁티는 세잔의 그림은 어떻게 사물이 사물이 되는지, 어떻게 세상이 세상이 되는지를 보여주기 위해 사물의 피부를 깨고 태어난 것들이라 하였다.

> 화가는 비어 있는 표면을 채워야 하는 것이 아니라 오히려 이것을 비우고, 깨끗이 하고, 청소해야하는 것이다. 우리가 규명해야 하는 것은 화가의 작업이 시작되기 전에 캔버스에 있고, 이후에 그의 작업을 결정하는 '모든 주어진 것들' 이다.
>
> ― 들뢰즈

대부분의 화가가 정물을 그릴 때는 인간 위주, 인간의 필요를 우선적으로 고려한다. 전통 정물화에서는 꽃을 그릴 때는 꽃의

폴 세잔(Paul Cézanne), **병과 사과바구니가 있는 정물**Still Life With Basket of Apples, 유화, 캔버스에 유채, 79×62㎝, 1890~1894년

빨강 수집가의 시간

보드라운 질감이 느껴지게, 과일을 그릴 때는 과일이 얼마나 먹음직스러운가를 중심으로 표현한다. 화가들의 이런 관습적 태도에 회의를 지녔던 세잔은 인간의 필요에 의한 정물화가 아닌 오직 정물로서의 정물을 그리고 싶었다. 대상을 꿰뚫어 사물의 감추어진 측면, 본질적인 측면을 보고자 했기에 그의 작품 속 사과는 먹을 수 있는 사과, 보자마자 입에 침이 고이는 사과가 아닌 오직 사과로서의 사과, 정물로서의 사과다. 세잔의 사과는 존재(being)와 피상적으로 보이는 것(seeing) 사이의 오랜 분리를 해체하며 표상을 통해 실재에 근접하도록 한다.

당시에 세잔의 초상화 모델이 된다는 것은 거의 고문에 가깝다고 할만큼 악명이 높았다고 한다. 그는 모델에게 '사과처럼 가만히 앉아 있기'를 요구했으며 초상화 하나를 그리는 데도 백 번 이상 모델을 세웠다.

40년 동안 분투한 끝에 세잔은 한 알의 사과를 그리는 데 성공했고 사과 하나로 세상을 놀라게 했다. 세잔의 사과는 그의 헌신이 들어간 고통스러운 결실이지만 정교하고, 다채로우며 풍성한 이야기를 품고 있다.

누군가가 보내준 미니 사과 하나를 파울로 코엘료의 〈마크툽〉 위에 놓아두었다. 아랍어 마크툽 Maktub은 '편지' '쓰다' '운명'이란 뜻이 담겨있다. 일반적으로 '그렇게 기록되어 있다'라는 의미로 사용된다. 이미 태어날 때부터 신의 뜻대로, 신의 생각대로 그렇게 기록되어 있다면 빨간 사과 한 알의 운명이란 무엇일까?

저 작은 한 알의 사과가 둥글어지기까지, 빨갛게 물들 때까지

빨갛고 둥근 시간, 사과나무 한 그루 누워있다

빨강 수집가의 시간

거쳐온 시간과 기억을 생각한다. 지금은 나무에서 분리된 몸, 정물로서의 사과로 내 앞에 놓여있다. 세잔처럼 사과를 여러 각도에서 바라본다. 위에서, 아래에서, 앞에서, 뒤에서, 옆에서, 불빛 아래에서, 햇살 아래에서… 사과의 모습이 제각각 달라보인다. 하나의 사과 속에 들어있는 천 개의 사과를 본다.

  한 그루의 사과나무를 키우는 힘은 아마도 눈송이, 햇살, 새들의 노래, 벌레의 기억, 꿀벌의 붕붕거림, 새파란 하늘, 웅웅거리던 바람의 춤이거나 우리가 기억하는 혹은 우리가 기억하지 못하는 그 모든 것들에 있을 것이다.

  사과가 빨갛게 익는다는 것은 사과나무를 떠나겠다는 의지의 표현이고, 그렇게 나무를 떠난 사과를 깎으면 사과를 잉태한 나무의 마음이 깎여 나온다. 사과 하나로 파리를 놀라게 하겠다는 세잔의 약속은 지켜졌다. 나는 무엇으로 내 인생을, 스스로를 놀라게 할 수 있을까? '마크툽'이라 적힌 노란 종이 위, 빨간 사과 하나를 오래도록 바라본다.

제 3 부

어쩌면 아름다운 날들

모든 날 중 완전히 잃어버린 날은 한 번도 웃지 않은 날이다.

— 니콜라스 세바스티안 드 샹포르

기억의 불완전성과 유한함을 통해 생의 본질을 탐구하는 기획전 '어쩌면 아름다운 날들'(Perhaps Sunny Days)은 노화와 인지 저하를 주제로 노화로 인한 기억의 해체와 재구성, 고립과 고통, 돌봄, 관계에 대해 다루고 있다.

거대한 청동거미 '마망'(Maman)의 작가 부르주아의 '밀실1'은 페인트가 벗겨진 낡은 문짝들, 앙상한 철제 침대, 어지럽게 놓인 유리병과 의료 도구들로 구성된 작품이다. 유년 시절 병상에 누워있던 어머니에 대한 기억을 모티브로 하고 있는데 손으로 슬쩍 밀기만 해도 무너질 것 같은 엉성한 울타리 안에 아픈 어머니의 기억이 누워있다. 어머니는 널브러진 약병 안에도 존재하고 수많은 의료 기구들 안에도, 삐걱이는 침대 위에도 존재한다.

시오타의 '끝없는 선'은 책상에 앉아있는 우리들 머릿속의 생각을 직관적으로 풀어낸 작품으로 무수한 실로 엮은 공간을 통해 생명, 삶, 죽음과 같은 보편적인 기억과 경험에 축적되는 무형의 감정들을 전달한다.

혈관성 치매에 걸린 어머니와의 행복한 순간을 카메라에 담은 셰릴 세인트 온지 작가는 치매라는 비극적 경험을 명랑함으로 복원한다. 카메라 앞의 늙은 어머니는 다시 아이가 되어 스스로 포즈를 취한다. 비극적 상황을 어떻게 받아들이느냐에 따라 비극은 더 이상 비극이 아닌 것이 된다.

기억의 불완전함, 생의 유한함 속에 우리는 날마다 기억과 망각 사이를 오간다. 망각이 기억을 잠식하는 날이 누구에게나 언젠가는 올 것이다. 환갑을 넘기지 못하고 세상을 떠난 아버지와

환갑을 갓 넘기고 떠난 어머니는 망각을 경험할 기회조차 없었다. 돌이켜 생각하면 잔인한 표현일 수 있지만 내게는 축복인지도 모른다. 그분들의 고통이 내게로 전이되는 것을 견디지 못하는 나는 나약한 사람이고 나마저 알아보지 못하는 상황을 감당할 수 없는 사람이기 때문이다.

오랜 세월이 흐른 지금 그들의 부재에 가슴 아파하는 것은 충분히 늙어볼 권리조차 누리지 못하고 무언가에 쫓기듯 여전히 젊은 모습으로 세상을 떠나셨기 때문이다. 기억 속의 부모는 그 마지막 시점, 늘 푸른 중년으로 남아있다. 이제는 해마다 낡아가는 내 모습이 낯설고 두렵다. 사람의 몸이란 강철이 아니기에 아플 수밖에 없고 사람의 모든 것을 관장하는 뇌는 언제 오작동을 할지 모른다.

작업하다 실수로 날려버린 파일들처럼 내 안의 모든 것들이 순식간에 무無로 돌아가는 날이 오지 않으리라 확신할 수 없다. 그래서일까? '어쩌면 아름다운'이란 말이 가슴에 박힌다. 늘 아름다울 수 없는 날들 속에 어쩌면 아름다운 날이 과연 몇 번이나 찾아올 수 있을까?

기획 전시의 영문명 'perhaps sunny days'는 '어쩌면 해가 비치는 날들'인데 우리말로는 '어쩌면 아름다운 날들'로 표현하고 있다. '아름답다'라는 추상적 의미보다 이미 낡은 고목에 해가 비치는 모습이 연상된 'sunny'라는 표현이 더 끌린다. 실제 이 전시의 백미는 100년을 살다가 얼어 죽은 거대한 배롱나무를 영상으로 복원한 것인데 그 나무 아래에서 언젠가 반드시 찾아올 저마다의 노년을 묵상하는 시간을 갖는다.

어쩌면 아름다운 날들, 소유할 수 없는 멀고 먼 아름다움

    창가의 제라늄 꽃이 소리 없이 진다. 수없이 꽃대를 밀어 올리며 지치지 않게 찬란하던 붉은 꽃잎은 사라지는 것에 저항하지 않는다. 쿠션 같은 초록 위에 조용히 눕는다. 우리가 가로챌 수 없는, 소유할 수 없는 멀고 먼 아름다움, 이름 붙일 수 없고, 이름 부를 수 없는 아름다움이 존재한다.

    꽃잎을 떨구는 것은 죽음이 아닌 새로운 시작이다. 또다시 붉은 꽃대를 밤새 밀어 올리며 거침없이 붉음을 토해낼 또 다른 시작인 셈이다. 어쩌면 아름다운 날들이 그렇게 이어진다.

커피가 위장에 들어가면
기억은 힘차게 뛰어오르고
글자들은 춤을 춘다

직유가 발기하고 종이는 잉크로 뒤덮이기 시작하지.
투쟁이 시작되고 검은 잉크의 급류로 뒤덮이는 거야.

― 오노레 드 발자크

악마처럼 검고 지옥처럼 뜨거우며 천사처럼 아름답고 사랑처럼 달콤하다

"일단 아침 커피를 마셔야겠어요."

노벨문학상 수상자 루이스 글릭의 수상 소감이다. 얼마나 많은 커피가 그녀의 시詩 안으로 들어갔을까. 어쩌면 시에서 커피 향이 묻어날지 모른다. 글릭에게 시는 '삶을 잃지 않으려는 본능적인 노력' 중 하나였다. '망각에서 돌아오는 것은 무엇이든 목소리를 찾기 위해 돌아오는 것'이라는 그녀의 말처럼 우리가 무언가를 기억하는 것은 잃어버린 목소리를 찾기 위함이다.

이른 아침 서둘러 일을 마치고 커피 한 잔을 들고 나만의 테이블로 걸어가는 일은 하루를 여는 고귀한 의식이다. 뜨거운 커피가 목구멍을 타고 위장 속으로 그리고 온몸 곳곳으로 스며들 때 나는 비로소 깨어난다.

스스로를 '문장 노동자'라 칭한 오노레 드 발자크가 평생 동안 마신 커피가 5만 잔에 달한다고 한다. 새벽 1시~8시까지 눈이 침침하고 손이 뻣뻣해질 때까지 글을 쓰고 또 썼는데 그걸 가능하게 해 준 게 커피라고 했다.

"커피가 위장에 들어가면 아이디어는 전장에 뛰어든 육군 포병부대처럼 날렵하게 움직여 전투를 시작하지. 기억은 힘차게 뛰어오르고 전차와 탄약으로 무장한 논리의 포병이 뛰기 시작하네. 위트가 명사수의 자세로 꼿꼿이 일어서고 직유가 발기하고 종이는 잉크로 뒤덮이기 시작하지. 투쟁이 시작되고 검은 잉크의 급류로 뒤덮이는 거야."

바로 옆에서 오노레 드 발자크의 목소리가 들리는 것만 같다.

어떤 커피를 마실까 고민한다. 상큼한 꽃 향기와 입안에서 느껴지는 산뜻함, 달콤함이 매력적인 '에티오피아 예가체프', 진하고 풍부하며 섬세하면서 달콤한 '로브스타 우간다', 씁쌀한 맛, 단맛, 신맛, 쓴맛을 모두 가진 '케냐 AA', 고소함과 진한 초콜릿 향, 부드러운 신맛을 가진 '콜롬비아 수프리모'. 커피를 소개하는 문구들이 현란하다. 모두 섞어 뜨거운 물을 부으면 달콤하고 화사하고 섬세하고 매력적이며 진하고 풍부하며 고소하고 조화로우며 부드럽고 싱큼하고 완벽한 맛의 커피가 될까?

나는 커피가 주는 수많은 맛 중 '쓴맛'을 좋아한다. 섬세한 쓴맛, 상큼한 쓴맛, 풍부한 쓴맛, 완벽한 쓴맛, 조화로운 쓴맛, 달콤한 쓴맛… '쓰다'라는 동사는 꽤 매력적이다. 커피 맛이 '쓰다'와 글을 '쓰다'. 나는 종이 위에 '씀'이라고 적는다. 쓴 커피를 마시며 오늘 나는 무언가를 쓰고 있지만 쓰는 일은 즐거운 일이기도 하고 즐겁지 않은 일이기도 하다. 손끝에서 꿈틀거리며 태어나는 글자들을 한참 동안 바라본다. 어쩌면 오노레 드 발자크의 손가락 끝에서 태어난 글은 그가 마신 5만 잔의 커피가 쓴 글인지도 모른다.

흙 주름이 생긴 손으로 붉은 심장을 움켜쥐고 있다

제3부 빨강의 흔적

완벽하고 섬세하고 진하고 부드러우며 조화롭고 달콤하고 매력적인 커피 맛이란 애초에 불가능하듯 내가 쓰는 글도 완벽하고 섬세하고 진하고 부드러우며 조화롭고 달콤하고 매력적인 글은 아니다. 지금 나는 적당히 쓴맛의 커피를 마시며 적당히 쓴맛 나는 글을 쓰고 있다. 그래도 언젠가는 섬세하고 조화로우며 완벽하게 쓴맛 나는 글을 쓸 수 있지 않을까 생각하며 여전히 무언가를 적고 있다. 뜨거운 커피가 위장 안으로 들어가면 나는 커피 열매를 처음 맛 본 에티오피아 산골마을 카파의 염소가 되어 푸른 들판을 달린다. 흥분한 염소들과 목동 칼디의 노래, 파란 하늘과 내리쬐는 햇살 한 줌, 쏟아지는 빗줄기, 커피농장에서 커피콩을 따는 여인의 분주한 손길, 분쇄기 속 커피콩 부딪치는 소리들이 모두 커피 한 잔에 뒤섞여있다.

오래된 기억의 더미에서 숨죽이던 기억들이 다시 힘차게 연어처럼 뛰어오르고 감성과 직유가 발기한다. 한 잔의 커피가 만들어 낸 검은 글자들이 종이 위에서 일어나 격렬하게 춤을 추기 시작한다.

아프리카로부터는 항상 무언가 새로운 것이 생겨난다

야생과 불규칙성의 땅, 회녹색 땅 사이로 보이는 선명한 녹색. 커피 재배는 길고 지루한 일이다. 하지만 희망에 찬 농장주는 세찬 비를 맞으며 반짝이는 어린 커피나무 묘목이 든 상자들을 실어 오고 태양을 가려 줄 빽빽한 그늘을 만들어준다. 4~5년이 되어야 나무들은 열매를 맺을 수 있는데 어떤 나무들은 원뿌리가 구부러져 꽃이 피자마자 바로 죽는다. 커피 농장이 눈부시게 아름다울 때가 있다. 우기가 시작되면서 커피나무에 꽃이 피면 6백 에이커가 넘는 땅 위에 안개와 부슬부슬 내리는 빗속에서 마치 분필가루가 자욱하게 피어오르는 듯한 화사한 광경이 연출된다. 커피 꽃은 블랙손 꽃처럼 쌉싸래한 향이 난다. 잘 익은 커피 열매가 밭을 붉게 물들이면 사람들은 모두 커피 열매를 땄고 우마차와 수레가 열매를 강 근처 공장으로 실어 날랐다. 대형 커피 건조기가 무쇠 배 속에 커피 열매를 담고 해변의 조약돌이 파도에 씻기는 듯한 소리를 내며 덜거덕 덜거덕 돌아갔다. 어떤 때는 한밤 중에 열매 껍질들 천지인 캄캄하고 넓은 공장에 등불이 무수히 걸리고 건조기를 둘러싼 열성적인 검은 얼굴들이 불빛을 받아 반짝이는 그림같은 장면이 펼쳐졌으며 공장이 마치 에티오피아인의 귀에 걸린 반짝이는 보석처럼 거대한 아프리카의 밤 한가운데에 빛을 발하며 걸려 있는 것 같았다. 건조된 커피 열매는 껍질을 벗기고 등급을 매기고 손으로 골라내는 작업을 거쳐 자루에 담는다. 그 모든 작업이 끝나면 아직 어둑어둑한 새벽에 커피 자루들을 우마차에 실었고 우마차 한 대당 열여섯 마리의 황소가 배치되어 나이로비 기차역으로 갔다. 저녁이 되면 지친 황소들이 빈 우마차를 끌고 고개를 푹 숙인 채 터벅터벅 걸어왔다. 커피는 하루 이틀이면 배에 실려 바다를 건널 것이고 런던 경매 시장에서 행운이 있기를 바랄 뿐이었다.

비를 기다리지만 비는 오지 않는다. 만물의 색이 바랬으며 들판과 숲의 냄새도 사라졌다. 날이 갈수록 농장의 미래와 희망은 빛을 잃어버렸다. 농장 일은 속도가 느려지더니 결국 멈춰버렸다. 시들어 가는 열매를 전부 따내어 나무라도 살려야 할지, 그대로 두어야 할지 결정을 내려야했다. 서리가 내리는 추운 계절에는 커피나무의 새 가지와 그 위의 어린 열매가 모두 갈색으로 시들어있었다. 은공 지역은 비도 부족해서 세 차례나 극심한 가뭄을 겪었고 해마다 수확량은 바닥을 쳤다. 건조한 날씨와 초원에서 불어오는 바람에 커피나무가 시들고 잎은 노랗게 변했다. 언덕과 숲, 초원, 강, 바람까지 작별의 시간을 암시하고 있었다. 빛과 그림자가 은공 언덕의 풍경을 공유하고 있었다.

― 카렌 블릭센 『아웃 오브 아프리카』 부분

시드니 폴락 감독의 영화로 더 유명한 카렌 블릭센의 자전적 소설 『아웃 오브 아프리카』에 묘사된 커피 농장 이야기다. 커피 농사를 짓기에 적합하지 않은 고도에 위치한 은공 언덕, 아프리카 대륙이 1800미터 높이를 통해 증류되어 정련된 독한 정수만이 남아있는 듯한 풍경에서 아프리카의 모든 것을 받아들이고 느끼며 살아간 카렌의 열일곱 해 동안의 기록이다.

빨간 커피 열매를 따는 분주한 손, 건조기를 둘러싼 열성적인 검은 얼굴들이 불빛을 받아 반짝일 때 커피 농장은 모처럼 활기를 띠지만 기후는 순진한 희망을 수시로 비웃는다. 지독한 가뭄, 수확량 감소, 원두 가격 폭락… 카렌은 마침내 은공 언덕의

커피 농장을 접는다. 탄력있는 빨간 생두 알알이 검고 단단한 원두로 변해가듯 카렌의 마음도 커피를 닮아갔다.

오스트리아 빈에서만 5대의 낡은 피아노를 가지고 39번 이사할 정도로 가난한 베토벤은 커피 매니아였다. 한 잔의 커피를 추출하기 위해 항상 60알의 원두를 사용했는데 '한 잔의 커피를 만드는 원두는 60가지 좋은 아이디어를 가르쳐 준다'라는 말을 남겼다. 그가 남긴 불후의 명곡은 결국 원두 60알의 몸짓들이 만든 결과물이다.

6세기경 아프리카 에티오피아 지역에 살던 양치기 소년 칼디는 빨간 열매를 먹은 한 무리의 염소들이 평소와 달리 예민해지는 것을 보고 직접 열매를 따 먹어보았는데 춤출 것처럼 기분이 좋아졌다고 한다. 이후 유목 생활을 하는 이슬람교도들은 빨간 열매를 가지고 다니며 약으로 사용하기도 했고 아랍으로 전파

검붉은 커피 열매는 광기와 유혹, 이성과 논리, 아름다움과 추함, 선과 악을 잉태하는 자궁이다

빨강 수집가의 시간

되어 수피교도들이 밤 기도를 드릴 때 잠을 쫓기 위해 즐겨 먹었다고 전해진다. 십자군 전쟁을 통해서 유럽으로 전파되었는데 유럽에서는 이교도들이 들여온 음료 때문에 사람들이 음탕한 생활을 한다고 믿어 커피를 '사탄의 음료'라 부르기도 했다. 18세기 프랑스 정치가이자 외교관인 탈레랑이 남긴 '악마처럼 검고 지옥처럼 뜨거우며 천사처럼 아름답고 사랑처럼 달콤하다.'는 말은 커피의 모든 것을 표현한다.

새빨간 커피 열매가 악마처럼 검은 커피 한 잔으로 변하기까지 여러 차례의 공정이 필요하다. 커피 열매가 온전히 검은색이 될 때 수확해서 햇볕에 말려 생두를 얻기도 하고 익은 커피 열매를 세척하고 껍질을 벗겨 건조시켜 생두를 얻는 방식도 있다. 이런 복잡한 과정을 거쳐 생산된 생두는 로스팅을 거쳐 원두로 만들어진다. 생두에 열을 가해 볶는 로스팅 정도에 따라 커피의 맛과 향과 깊이가 달라진다.

작고 여린 흰 꽃이 피고 탱글탱글한 초록 열매가 붉게 물든다. 제각각 채도와 명도를 지닌 붉음이 둥글어지고 단단해지고 깊어지고 짙어진다. 잘 건조된 검붉은 열매 한 알은 광기와 유혹, 이성과 논리, 아름다움과 추함, 선과 악, 문학과 예술을 잉태한 자궁이다.

흙 주름이 생긴 손으로 붉은 심장을 움켜쥐고 있다. 마치 자기 안의 심장을 꺼낸 것처럼

"이것 좀 들여다 봐요. 두근거리고 있어요. 살아있어요. 우리처럼, 우리 심장처럼"

여인들의 목소리가 조곤조곤 들려온다. 저 여인들의 손으로

부터 건너온 빨간 커피알들이 혈관속으로 스며 들어가 가슴을 노을빛으로 물들이고 뜨겁게 타오르게 했으리라.

　전통 방식으로 커피 원두를 빻아 신맛과 쓴맛이 도는 검은 가루를 만들고 있는 파키스탄의 두 여인. 돌절구 앞의 여인과 체를 든 여인에게 인생이란 끝없이 돌절구로 빻고 체로 걸러내야 하는 고단한 작업처럼 보인다. 수고로움 끝에 얻어지는 커피는 작은 병 하나도 채우지 못할 것이다. 얼굴에 체념과 진지함이 묻어있는 여인들의 커피에선 검은 체념과 쓸쓸한 진지함의 맛이 날 것이다.

　커피가 삶에서 갖는 의미는 저마다 다르겠지만 커피 없는 일상을 생각해보지 않았다. 책상 위의 커피는 오래전 칼디의 염소들로부터, 기도하는 이슬람교도로부터, 교황 클레멘스 8세로부터, 빨강 열매를 따고 씻고 건조하는 흙내 나는 여인들로부터, 건조된 커피콩을 등에 지고 나르는 황소들의 느린 걸음으로부터, 커피콩을 로스팅하는 누군가의 손으로부터 왔다.

  빨간 커피콩이 적혈구처럼 혈관 속을 돌아다니는 상상을 해본다. 그 빨강의 힘으로 잠든 생각들을 깨우고 방황하는 활자들을 손끝에 연결한다. 자판 위를 달리는 검은 활자들은 모두 검붉은 커피콩이 걸어온 궤적이고 그들이 만들어낸 눈물 같은 것이다.

바람은 그대 쪽으로 불어온다

내 그리움의 거리는 너무 멀고 침묵은 언제나 이리저리 나를 끌고 다닌다(…) 그대, 저 고단한 등피를 다 닦아내는 박명의 시간, 흐려지는 어둠 속에서 몇 개의 움직임이 그치고 지친 바람이 짧은 휴식을 끝마칠 때까지.

– 기형도 〈바람은 그대 쪽으로〉 부분

이스트먼 존슨(Eastman Johnson, 1824~1906)은 워싱턴 DC에서 유명인들의 초상화를 그려주는 화가였다. 유럽으로 유학을 떠나 뒤셀도르프, 헤이그, 파리 등지에서 미술학교를 다녔는데 특히 17세기 네덜란드 미술로부터 많은 영향을 받았다. 〈내가 두고 온 소녀〉라는 작품명은 남북전쟁 당시 군인들이 고향에 두고 온 여인을 그리며 부르던 민요 '내가 두고 온 소녀'에서 가져왔다고 한다.

바람은 그대 쪽으로 불어온다. 희미한 길 위에는 가지를 막 떠나는 긴장한 이파리들이 공중 빈 곳을 찾고 있다. 그리움의 거리는 너무 멀고 침묵은 언제나 이리저리 나를 끌고 다닌다. 검은 망토와 모자, 검은 구두, 망토 아래 붉은 원피스를 입은 긴 머리 소녀가 책을 품에 안고 바람 부는 언덕에 서 있다. 금세 폭우라도 쏟아질 것 같은 회색하늘, 바람이 소녀의 머리카락을 제멋대로 매만진다. 팔찌와 반지로 보아 기혼녀이거나 약혼녀일 수도 있는 소녀는 참전하는 연인을 먼발치에서 바라보고 있는 것일까?

한국식으로 작품명이 '내가 두고 온 소녀' 혹은 '내 뒤에 남기고 온 소녀'로 되어있다. '두고 오는 것'과 '뒤에 남기고 오는 것'은 어떤 차이가 있을까. 중요한 것은 '나를 기다리는 소녀'가 아니라는 점이다. 참전 군인은 약혼녀인지 아내인지 모를 그녀를 고향에 두고 떠나왔지만 전쟁의 끝을 알 수 없다. 소녀의 기다림의 끝이 언제인지, 그의 죽음 혹은 귀환이든 그녀를 두고 떠나왔다.

반지를 낀 손으로 소녀는 책을 안고 있다. 검은 망토가 바람

이스트먼 존슨(Eastman Johnson), **내가 두고 온 소녀** The Girl I Left Behind Me, 캔버스에 유채, 106.7×88.7㎝, 1870~1875년경, 워싱턴 DC 스미스소니언 미국미술관 소장.

에 휘날리고 긴 머리카락도 바람에 날린다. 단호하고 결연해 보이는 모습에서 '내가 두고 온'이라거나 '내가 뒤에 남겨둔'이라는 작품명과 어울리지 않게 능동적인 몸짓이 엿보인다. 바람이 불어도 바람을 피하지 않으려는듯 땅을 딛고 서 있는 그녀의 다리를 보면 왼발은 시선 방향을 향하지만 오른발은 정면을 향하고 있다. 왼발은 과거와 그리움과 연민, 기다림이라면 오른발은 현재와 현실 직시다. 책을 안고 바람 부는 언덕에 서 있는 그녀는 더 이상 바라볼 풍경이 없다고 여겨지면 시선을 정면으로 향할 것이고 또 시간이 흐르면 몸을 돌려 걸어내려 가기 시작할 것이다. 그리고 해가 비치는 넓은 창가에서 책을 펼쳐 읽을 것이다.

검은 망토 아래 붉은 혀처럼 드러난 붉은 드레스에서 삶의 열망을 본다. 소녀의 붉은 드레스는 'Amor Fati'처럼 보인다. 두고 오고, 남기고 온 것은 떠난 이의 생각일 뿐 바람 부는 언덕 위의 소녀는 읽어야 할 책이 있고 검은 망토 아래 붉은 드레스가 있으니 남겨진 가련한 소녀가 아니다.

사자 갈기처럼 흩날리는 자유로움과 도저히 포기할 수 없는 지식, 인식에 대한 욕구와 버릴 수 없는 붉은 열망… 누워있지도 않고 다소곳이 앉아있지도 않고 땅을 딛고 서 있는 소녀는 발길을 돌려 언덕을 내려가 자신의 인생을 살아갈 것이다. 바람이 불어오더라도 그녀에게 세상은 두려운 곳이 아니다.

바람은 살아있는 화석이다 살아있는 모든 것들이 사라진 뒤에도 스스로 살아남아서 떠돈다 사람들은 자신의 세계

속에서 운다 그러나 살아있는 모든 것들은 바람의 세계 속
　　에서 울다 간다
　　　바람이 불자 새들이 자신의 꿈속으로 날아간다
　　　　　　─ 김경주 〈바람의 연대기는 누가 다 기록하나〉 부분

살아있는 화석 같은 바람이 소녀의 얼굴을 스치고 지나갈 때 바람이 지나간 자리에 소녀의 꿈이 남는다. 바람은 늘 우리를 스치고 지나간다. 아무 일도 아닌 것처럼 자연스럽게 그러나 바람이 관통한 자리엔 구멍이 생긴다. 오래도록 메워지지 않았다. 인생의 어느 시절엔 불어오는 바람에 맞서려 했고 또 어느 시절엔 바람이 두려웠다. 토네이도 같은 바람이 불어와 나를 어디론가 데려가 주기를 바랐던 적도 있다. 스산한 2월의 들판에 서 있을 때, 마른 풀에서 쥐불놀이 냄새가 났다. 바람이 온몸을 스칠 때 바람이 거쳐온 길의 냄새가 났다. 지금은 이스트먼 존슨의 그림 속 소녀처럼 바람 부는 언덕에 서 있다. 인생의 바람이 불어온다. 내려가야 할지 바람을 맞으며 계속 머물러야 할지 아직은 모르겠다.

인생의 오르막길에서 빨간 양산 하나

우리 태양처럼 되자. 누가 우리를
황금빛 길로 이끄는 지는 잊어버리고,
오직 이것만 기억하자, 다른 것,
새롭고, 강하고, 선하고, 악한 것을 향해서
우리 황금빛 꿈속에서 영원히 눈부시게 돌진하리라는 것.

– 꼰스딴찐 드리뜨리예비치 발몬뜨 〈우리 태양처럼 되자〉 부분

햇살의 질감이 드러난다. 연초록 나무와 연두로 가득 찬 길 위에 내려앉은 햇살을 손으로 잡으면 잡힐 것만 같다. 햇살을 붙잡아 그리는 화가로 흔히 클로드 모네를 제일 먼저 떠올리지만 카유보트의 햇살은 오늘 바라보는 햇살이 마지막이라고해도 후회하지 않을 것처럼 아름답다.

아마도 오후 무렵으로 추정되는 산책길, 나무 그림자가 길게 드리워져 있다. 연초록과 진초록이 뒤섞인 길 위로 두 사람이 걷고 있다. 빨간 양산을 쓴 여자는 카유보트의 연인으로 추정되는 이고 모자를 쓴 남자는 카유보트 자신이라고 한다. 작품 속 산책길의 어딘가에서 우리는 여유롭고 안정적이고 품위가 있는 두 사람의 뒷모습을 지켜보고 있다.

작품 제목이 '오르막길'인데 오르막길을 걷는 남녀처럼 보이지 않는다. 여자는 아마도 그 당시 유행이었을 긴 남색 레이스 치마를 입었고 해를 가리기 위해 빨간 양산을 썼다. 모자를 쓴 남자와 여자는 어깨를 기대고 걷지 않는다. 손을 잡고 걷는 것도, 여자의 양산을 남자가 받쳐주는 것도 아닌 독립적이고 우아하고 산뜻한 뒷모습이다. 친숙하지만 어딘지 모르게 깔끔한 거리감이 마음에 든다. 의지하지도 보호하지도 않는 적당한 관계, 서로에게 종속되지 않는 존중이 좋다.

오르막길을 걷는 두 사람의 모습은 힘들어 보이지 않는다. 이제 막 오르막의 초입일지도 모른다. 구스타프 카유보트는 오르막의 초입에 임하는 자세를 보여주려는 것인가. 인생의 오르막길에서도 평지에서와 같은 '늘 같음'을 잃지 말라는 의미일까?

군수사업가 집안에서 태어난 카유보트는 막대한 유산을 물려

구스타프 카유보트(Gustave Caillebotte), **오르막길**(Chemin Montant), 1881년

받아 평생동안 부유한 생활을 하였다. 색상과 질감으로 승부를 걸지 않고 대담한 원근 화법으로 공간을 중시했으며 대부분의 인상파 화가들과 달리 주로 남자를 그렸다고 한다. 가난한 인상파 화가들에게 재정적 후원자 역할을 해주어서일까? 가난한 화가의 그림에서 느끼지는 고통의 울부짖음도 눈물도 보이지 않는다. 하지만 때론 무언가를 어딘가를 응시하는 고독한 남자의

등에서 더 많은 슬픔과 고통, 더 많은 사연들을 읽어낼 때가 있다. 〈오르막길〉이라는 작품도 마찬가지다.

오르막길을 오르는 여인의 빨간 양산이 초록 사이에서 보색 대비로 도드라지고 쏟아지는 햇살의 빛깔과 질감이 마음을 따뜻하게 한다. 18세기 그림 속 오르막을 걷는 두 사람의 모습이 꼭 오늘의 모습처럼 여겨진다. 산으로 이어지는 산책길로 접어들면 빨간 양산을 쓴 여자와 베이지색 모자를 쓴 남자가 걷고 있을 것만 같다. 빨간 양산만 있으면 인생의 오르막길이 두렵지도, 힘들지도 않을 것처럼….

인간의 삶에서 우리가 이 땅에서 살아가는 날들은 점에 불과하고 우리의 실재는 유동적이며, 우리의 인지 능력은 형편없고 우리의 육신을 이루고 있는 것들은 언젠가는 다 썩게 될 것이며, 우리의 혼은 늘 불안정하고 운명은 예측할 수 없고, 명성은 위태롭다. 육신에 속한 모든 것은 강물처럼 흘러가 버리고 호흡에 속한 모든 것은 꿈이고 신기루다. 인생은 전쟁이고 낯선 땅에 머무는 것이다. 인생에서 마지막으로 남는 것은 망각이다. 그렇다면 무엇이 우리를 호위해서 우리가 가야 할 길을 안내해 줄 수 있는가? 오직 한 가지가 있다. 그것은 철학이다.

— 아우렐리우스『명상록』부분

아우렐리우스는 하나의 점에 불과한 인생, 유동적인 인생에서 마지막으로 남는 것은 망각이라고 했다. 그렇다면 무엇이 우리를 호위해서 우리가 가야 할 길을 안내해 줄 수 있느냐고 물었다. 그는 단연코, 주저 없이 '철학'이라고 하였지만 나는 끝없이 나를 설레게 하는 '빨간 양산'이라고 대답하고 싶어진다. 한때 나를 들뜨게 했던 내 인생의 빨간 양산들은 어디로 갔을까? 빨간 양산 하나면 오르막길도, 눈을 뜰 수 없을 정도로 강렬한 빛도, 갑자기 대책없이 쏟아지는 비도 두렵지 않았으리라. 오래전 그 빨간 양산 하나 다시 품어두고 싶다.

산길을 걷다 보면 올라갈 때 가파른 오르막이라 여겨졌던 길이 내려올 때는 평탄한 내리막길이 되어있다. 똑같은 산길이 고통으로 다가오기도 하고 견딜만한 것으로 여겨지기도 한다. 오르막 너머에 무엇이 있을지 알지 못하지만 새롭고, 강하고, 선하고, 아름다운 것을 향해 걸어가야한다는 사실을 기억하기로 하자.

뒷간으로 가는 길, 찬란하다

당신은 삶이라는 학교에 등록할 것이다.
수업 시간이 하루 스물네 시간인 학교에
충분히 배우지 못하면 같은 수업이 반복될 것이다.
그런 후에 다음 과정으로 나아갈 것이다.
당신이 살아있는 한 수업은 계속 되리라.
― 체리 카터 스코트 〈삶이 하나의 놀이라면〉 부분

해우소解憂所는 근심을 해결하는 곳이다. 화장실에 '해우소'라는 명칭을 처음 붙인 이는 통도사의 경봉(鏡峰 · 1892~1982) 스님이라 한다. 경봉스님과 관련된 유명한 일화가 있다. 노스님이 산길에 앉아 있는데 젊은 스님이 지나가다 물었다.

"오는 중僧입니까? 가는 중僧입니까?"

노스님은 태연하게 한마디 했다.

"쉬고 있는 중이라네."

그 노스님이 바로 경봉스님이다.

해우소解憂所는 절에서 주로 부르는 이름이고 화장실, 변소, 칙간, 측간, 뒷간, 똥둑간, 작은집, 측실이란 이름으로 흔히 불렸다. 몸 안의 근심과 걱정을 가득 쌓아두면 병들게 마련이다. 뒷간은 겉으로 드러내지 못하는 고통을 혼자서 해결하는 은밀한 곳이기에 앞에 있지 않고 대부분 건물의 후미진 곳에 있다.

> 눈물이 나면 기차를 타고 선암사로 가라
> 선암사 해우소로 가서 실컷 울어라
> 해우소 앞에 쭈그리고 앉아 울고 있으면
> 죽은 소나무 뿌리가 기어다니고
> 목어가 푸른 하늘을 날아다닌다
>
> ― 정호승 〈선암사〉 부분

시인의 말처럼 실컷 울고 싶은 날, 선암사 해우소 등 굽은 소나무에 기대어 통곡하면 죽은 소나무 뿌리가 기어다니고 목어가 푸른 하늘을 날아다닐까? 뒷간으로 가는 길, 햇살에 버무려

뒷간은 '이곳'보다 더 나은 '그곳'은 없음을 보여주는 철학교실이다

   진 싱그러운 연두와 붉은 꽃, 찬란하다. 근심, 걱정을 품고 뒷간으로 가서 살며시 놓아두고 돌아온다.

  낡은 나무 간판에 적힌 '뒷간'이란 말이 '인생학교'의 초대장처럼 여겨진다. 뒷간은 철학교실이다. 창을 통해 들어오는 햇살만 눈부실 뿐이다. 가르치는 이는 없지만 우리는 모두 뒷간의 수강생들, 낙제도 졸업도 없는 학교에서 가장 바보같은 학생일지라도 잘 먹고 잘 싸는 일이 모든 것의 본질이라는 것을 몸으로 터득한 수강생들이다.

두 번은 없다. 지금도 그렇고
앞으로도 그럴 것이다. 그러므로 우리는
아무런 연습없이 태어나서
아무런 훈련없이 죽는다

우리가 세상이란 이름의 학교에서
가장 바보같은 학생일지라도
여름에도 겨울에도
낙제란 없는 법.

— 비스와바 쉼보르스카 〈두 번은 없다〉 부분

인생학교 같은 뒷간 앞에서 나는 인생의 어디에 와 있으며 어디를 향해 가는가를 생각한다. 오고 있는가, 가고 있는가… 찬란한 5월의 뒷간이 내게 묻고 있다.

삶은 잉걸불처럼 타오르고

생의 한 중간에서는 참담한 실패를 슬퍼하였으나, 지나간 생의 마지막 삼분지 일 동안에는 그 실패가 마치 온 세상이 잔치를 벌였던 불타는 벌판같이 여겨진다.

– 베르나르 포콩

눈 내리는 밤. 삶은 온통 잉걸불처럼 타오르고 나는 오래도록 새빨간 잉걸불 같은 밤을 끄고 싶지 않았다. 거센 불꽃이 일다가 일순간 잠잠해져 있는 상태, 불도 잠이 든 것일까? 그러나 불은 잠들지 않았다. 이미 죽어버린 것 같은 불꽃, 불은 죽지 않고 오히려 살아서 긴 혀를 날름거리고 있었다.

네모난 창문이 있는 방에 가느다란 전구 불빛은 초라하다. 폐허가 된 방의 모든 것을 집어삼킨, 그러나 다시 모든 것을 뱉어 버릴 것 같은 잉걸불이 타고 있다. 사그라든 것처럼 보이나 살아있는 불꽃들, 저마다의 언어로 경계를 부수는 불꽃들의 춤이 펼쳐진다.

생의 한 중간, 나는 그것이 축제인 줄 몰랐다. 돌아보면 슬펐고 우울했고 그다지 행복하지 않았으나 다시 생각하면 그것은 축제의 정점이었다. 고독하고 힘들고 괴로웠던 시간이 지금 생각하면 아무것도 아닌 것, 기억조차 가물거리는 것, 훌쩍 그 시간을 떠나왔다. 그 시간으로부터 도망쳐왔다. 그러나 포콩의 말처럼 슬픔의 시간이 온 세상이 잔치를 벌였던 불타는 벌판처럼 여겨질 때가 있다. 지나온 것들은 시간의 몸을 상실했지만 알게 모르게 타오르던 지난 날의 흔적이 오늘의 잉걸불로 남아있다.

코로나가 있기 전 그의 친구가 사는 섬에 1박 2일 여행을 떠났다. 온통 별빛뿐인 칠흑 같은 밤, 모닥불을 피웠다. 불은 사람들을 동그랗게 모이게 한다. 모닥불이 사그라들 때까지, 별빛이 질 때까지 그리고 아침이 올 때까지 이야기를 나누었다. 그래도 다하지 못한 이야기는 섬에 남겨두고 떠나왔다.

쏟아질 것 같던 별들, 짠 바다 냄새, 은은히 불꽃을 일으키던 모닥불은 여전히 기억에 있다. 이제는 돌아갈 수 없는 그 밤, 모닥불을 피워놓고 친구들을 불러 모아도 다시 그곳에 모일 수 없는 날이 오리라.

불은 살아있는 유기체와 같다. 모닥불이든 잉걸불이든 사람들은 불을 가슴에 품고 살아간다. 문득 잉걸불이 되는 것도 괜찮겠다는 생각을 한다. 겉은 타오르지 않는 것처럼 보이나 지속적으로 집요하게 은근히 집어삼킬 듯 뜨거운 불. 여전히 꺼지지 않는 불꽃….

눈 내리는 밤, 서늘한 잉걸불들의 정원 위로 걸어간다

서늘한 잉걸불들의 정원 위로

나는 걸어간다.

불타는 숯을 입에 문 채

— 필립 자코테 〈새들, 꽃들, 과일들〉 부분

깊고 짙은 밤, 눈이 내렸다. 새하얀 것들이 쏟아지는 밤 하늘은 연한 핑크빛이다. 유리창 가득 새하얀 것들이 별똥별처럼 쏟아졌다. 산이 보이는 유리창 밖, 산 위에 점멸하는 작은 불빛 하나. 핑크빛으로 물든 하늘에서 내리는 눈을 하염없이 볼 수 있다. 방안은 온통 타오르는 잉걸불이다. 잠든 노트북, 여기저기 메모가 적힌 종이와 펜, 식어버린 커피, 낙서가 된 달력들과 박제가 된 꽃과 모래시계, 그리고 우산을 쓴 오리 인형.

창밖엔 여전히 눈이 내리고 있다. 모두가 잠든 밤, 오래전 모닥불 아래의 밤처럼, 방안 가득한 잉걸불을 끄고 싶지 않았다. 집요하게 눈 내리는 밤, 언젠가는 이 시간을 축제의 시간으로 기억할 것이다. 아직 제대로 타오르지도 못한 내 안의 잉걸불이 있다면 그 불을 꺼내어 끝없이 타오르게 하고 싶다. 불타는 숯을 입에 문 채 잉걸불들의 정원 위로 걸어갈 것이다.

종이비행기가 붉은 노을이 지던
하늘로 날아갔다

날이 저문다 바람이 분다
목마른 가슴은 아직 우리들의 것
어둠이 내리면 어둠으로 맞서고
노여울 때는 하늘을 보고 걸었다

― 이시영 〈바람이 분다〉 부분

빨강 수집가의 시간

사람들의 발자국, 그 뒤를 따라 걷던 이들의 비탄에 젖은 발자국도 사랑의 다른 이름이었다. 결 고운 바람, 눈부신 햇살, 너무도 아름다워 차라리 눈을 감아버리고만 싶은 노을도 결국은 사랑의 다른 이름이다. 절망하는 사람의 지친 어깨에도, 그래도 삶은 살만한 것이라고 자조하는 이의 미소에도 사랑은 있다. 눈과 코와 입과 가지런한 이와 미간, 가냘픈 어깨와 부드러운 머릿결에도, 소리 없이 공책 위를 달리는 손에도, 오늘 또 어디론가 인도해줄 발, 낡고 익숙한 신발 한 구석에도 사랑은 있다. 적어도 사랑에 있어서만은 결핍의 결핍이 아닌 과잉의 과잉을 겪고 싶었던 시절이 있다.

기억 깊은 곳을 더듬어 보면 누구에게나 멈춰버리고 싶었던 시간이 있을 것이다. 시간의 태엽을 거꾸로 감아서 나도 세상도 뒷걸음쳐 달리면 마침내 오래도록 멈추고 싶었던 시간과 공간에 다다른다. 기묘한 슬픔이기도 하고 기묘한 아름다움이기도 했던 시절, 충분히 젊었고 충분히 젊었기에 불안했던 시절이었다. 잿빛 학원들이 밀집한 잿빛 도시, 오직 하늘만은 잿빛이 아닌 자신의 빛으로 거기 있었다.

가늘고 긴 손가락으로 새하얀 종이에 금을 그었다. 종이비행기가 어둠이 내리기 시작하는 도시 하늘을 날았다.

"내 꿈이란 바로 이런 거야."

맑으면서도 약간 낮은 변성기 목소리가 귀에 울려왔다.

입시 학원에 계절이란 따로 없다. 반쯤 열린 창으로 올려다본 직사각형 하늘, 펜 끝으로 미래를 붙잡아 쓰고 있었다. 그런 숨죽임이 두려워질 때면 자판기 커피 한 잔을 들고 옥상으로 향

붉은 노을 속에 이름들이 잠자고 있다

하나를

너의 밤이 깨워

데리고 간다, 하얀 막대들을 따라

마음의 남쪽 벽을 더듬으며

— 파울 첼란 〈붉은 노을 속에서〉부분

한다.

 어스름한 저녁, 약간의 이슬비가 쏟아지던 날, 형형색색의 우산들이 걸어간다. 신호가 바뀌면 약속이라도 한듯 일사분란하게 움직이는 선명한 몸짓을 한참 동안 바라보았다. 그를 처음 만난 날은 그 무렵이었을 것이다. 늘 커피를 마시던 그 자리에 누군가 서 있었다. 기린처럼 큰 키, 안경 낀 옆 모습, 몇 번 강의실에서 마주치긴 했지만 이렇게 가까이에서 마주한 건 처음이었다. 하늘이 붉게 타오르고 있었다.

 그는 긴 손가락으로 능숙하고 빠르게 종이비행기를 접었다. 종이비행기가 붉게 물들어가는 하늘로 소리 없이 날았다.

 "항공공학과에 갈거에요. 저 하늘 어딘가에 내가 만든 비행기가 날아다닐 생각을 하면 가슴이 두근거려요."

 밤하늘을 가르고 어둠 속으로 사라져 가는 궤적을 좇던 시절, 미래는 영원히 오지 않을 것처럼 여겨지던 날들이었다.

 붉은 노을이 지는 시간이면 예술의 거리 어딘가에 있던, 지금은 사라지고 없는 입시학원 건물이 생각나곤 한다. 수없이 밤하늘을 날았던 종이비행기에 젊은 시간이, 꿈이, 희망이 담겨있었다.

 불타는 노을을 보았다. 차창으로 스쳐가는 바람 속에 타오르는 불길이 오래전 열아홉의 시간으로 데려간다. 고개를 젓는 것처럼, 손을 흔드는 것처럼 쉼 없이 흔들리는 억새를 본다.

 이글거리는 붉음 속에 그의 종이비행기를 생각했다. 잿빛 도시, 잿빛 건물 입시 학원 옥상에서 바라보던 노을도 저렇게 불타오르곤 했었다. 기출 문제지 위에 멈추어야 했던 젊음을 대신하여 타오르던 불꽃, 그 사이로 날아가던 종이비행기의 궤적을 떠올린다.

 타오르는 것을 보면 가슴이 아리다. 키 큰 억새가 멀리서 손을 흔든다. 생각해보면 찬란하고 아름다운 시절이었다. 또 오랜 시간이 흐른 지금, 봄이 오기 직전의 겨울 같았던 열아홉의 시간을 그리워한다.

 하루의 끝은 붉음을 알고 있다. 하늘이 토해내는 붉음을 부러워한다. 내 안 어디에 저토록 찬란한 붉음이 있었던가. 이상과 현실의 균형잡기 속에 그런 붉음을 은연 중 몰아내곤 했다. 붉음은 경박한 것 때로는 혼란스러운 것처럼 여겨졌다. 하지만 이제는 대지를, 하늘을 물들이는 저 붉음의 한 조각에라도 닿고 싶다. 세월 속에 침몰하지 않고 저 붉음 속으로 기꺼이 빠져들 수만 있다면.

크루마우 지방의 빨래꽃

햇빛이 '바리움'처럼 쏟아지는 한낮, 한 여자가 빨래를 널고 있다…
그 여자의 일생이 달려와 거기 담요 옆에 펄럭인다.
그 여자의 웃음이 허공을 건너 햇빛을 건너 빨래통에 담겨 있는
우리의 살에 스며든다.

- 강은교 〈빨래 너는 여자〉 부분

에곤 실레(Egon Schiele), **빨래가 널린 집들**, 유화, 캔버스에 유채, 120.5 x 100.5cm, 1914년

빨강 수집가의 시간

유독 짧은 생을 살다간 에곤 실레가 남긴 유화 작품은 많지 않은데 〈빨래가 널린 집들〉은 어머니의 고향이면서, 그림 모델이었던 발레리 뉘질과 살았던 크루마우를 배경으로 한 작품이다.

뚜렷한 윤곽선, 군데군데 강렬한 빨강이 들어간 다양한 색깔의 빨래가 그려진 풍경화로 원근법 대신 집을 수직으로 포개어 쌓아 놓은 것 같은 느낌을 주는 '수직 시점(Elevated Perspective)'으로 표현되었다.

뾰족 지붕 집들은 동화 속 상상의 집처럼 보이고 다소곳이 정박된 배는 물일을 끝낸 거인이 벗어놓은 신발처럼 보인다. 사람들의 모습은 보이지 않으나 빨랫줄에 널린 빨래로 삶을 상상할 수 있다. 태양이 솟는 동쪽은 청색, 서쪽은 서방이 쇠가 많아서 백색, 남쪽은 해가 강렬해 빨강색, 북쪽은 깊은 골이 있어 흑색, 중앙은 땅의 중심으로 황색을 의미하는 동양의 오방색이 에곤 실레의 빨래에 들어있다.

티벳에서 지대가 높은 산마루나 초원, 마을의 입구에서 흔히 볼 수 있는 타르쵸(Tharchog)는 만국기처럼 옆으로 늘어뜨린 오방색 깃발이다. 티벳인의 염원을 담은 타르쵸가 바람에 펄럭이듯 크루마우 지방 사람들의 삶이 바람에 날린다. 에곤 실레가 동양의 오방색을 염두에 두고 색을 표현한 것은 아니겠지만 오방색 빨래에 담긴 사람들의 염원을 생각한다.

잡아 온 고기에 간을 하고 줄에 하나씩 꿰어 햇볕에 말리고, 빨래들을 빨랫줄에 널고 있는 여인의 뒷모습을 상상한다. 올리브 빛 머리에 빨간 두건을 두르고 새하얀 앞치마를 한 체코 여인은 허리를 두드리며 서 있고 바닷고기들과 색색의 빨래들이 함께 흩날리는 모습을 바라본다. 생이, 세월이, 삶이 그렇게 바람을 탄다. 흩날린다.

> 빨랫줄에 줄 타던 옷가지들이 담 너머로 윙크했습니다
> 초겨울 다저녁 때에도 초봄처럼 따뜻했습니다
> 꽃보다 꽃다운 빨래꽃이었습니다
> 꽃보다 향기로운 사람냄새가 풍겼습니다
> 사람보다 기막힌 꽃이 어디 또 있습니까
> ― 유안진 〈빨래꽃〉 부분

사람들이 떠난 마을에서 우연히 빨래 널린 집을 마주치면 마음이 초봄처럼 따뜻해질 것 같다. 꽃보다 꽃다운 빨래꽃, 향기로운 사람 냄새 묻어나는 빨래꽃이 햇살 아래 뽀송하게 피어나고 불어오는 바람에 온 몸을 뒤흔든다. 망각해 버린 몸의 기억을 단단히 붙잡는다.

우리였던 그림자

오늘은 반드시
얼굴이 빨개지고 싶다

꿈에서 마음이 흔들렸다
조금 더 가까이 와 조금만 더 멀리

— 김현 〈조선마음 8〉 부분

마치 우리가 우리 없이 우리이기라도 한 듯 그림자로 서 있다

    여기 두 사람이 서 있다. 흐드러진 총 천연색 백일홍 속에 흑백의 두 사람이 교체 불가능한 지문처럼 찍혀있다. 어떤 색깔의 옷을 입었든, 어떤 웃음을 지었든, 어떤 말을 나누었든 남겨진 사진만으로 알 수 없다. 붉은 꽃들 위로 단호하게 억류된 검은 그림자. 오직 까르르 웃고 마는 저 꽃들만이 바람 따라 흩어진 말들의 기원을 알고 있을까?

      내가 읽었던 모든 책장들 위에
      모든 백지들 위에

돌과 피와 종이와 재 위에
네 이름을 쓴다.
…
그 한마디 말의 힘으로
나는 내 일생을 다시 시작한다
나는 태어났다 너를 알기 위해서
너의 이름을 부르기 위해서

자유여

― 폴 엘뤼아르 〈자유〉 부분

   폴 엘뤼아르는 〈자유〉에서 너의 이름을 밀림과 사막, 구름의 거품, 일상의 흰 빵, 불켜진 램프와 불꺼진 램프, 침대, 책상과 나무들, 둘로 쪼갠 과일, 빈 조개껍질, 돌과 피와 종이와 재, 세상의 모든 백지들 위에 쓴다. 그리고 오직 너의 이름을 부르기 위해 나는 태어났다고 적고 있다. 그가 시에서 그토록 애절하게 써 내려간 너의 이름은 연인의 이름이 아니라 '자유'다.
   누군가의 이름을 돌과 바위와 풀과 구름, 나무와 꽃, 새의 날개에 새겨두고 싶을 때가 있다. 오래도록 기억되기를 바라는 간절함 때문일 것이다. 빨갛고 노란, 주홍빛 꽃잎 위에 너와 나의 이름, 우리의 이름을 적기 위해 그림자로 섰다. 우리라는 이름의 그림자가 꽃밭 위에 문신처럼 새겨졌다.
   백 일 동안 꽃이 핀다는 백일홍 아래 두 사람은 부드러우면서 단호한 그리고 자발적인 억류를 즐기고 있다. 틀림없이 인생의 어느 한 순간, 햇살 아래 여린 꽃잎이 서명을 하는 그 순간, 찬란함 속의 두 사람은 인생이 여전히 아름답기를 바랐으리라. 백일홍 아래, 우리라 불린 수많은 우리는 지금 어디에 있을까?

그림자의 시간이란 어쩌면 왜곡의 시간인지도 모른다. 그러나 때로 총천연색이 아닌 그림자로 존재하고 싶을 때가 있다. 그림자가 된다는 것은 모든 것을 다 받아들인다는 의미이므로.

'우리'라는 그림자, '우리'였던 그림자, '우리'라고 불리는 그림자가 백일홍 꽃밭에 여전히 살고 있다. 세상에서 우리는 대체될 수 있지만 그림자의 세계에서 우리는 언제나 유효하다.

백 일 동안 꽃들이 총총히 피고 질 때 꽃잎 위에 새겨진 이름들도 피고 진다. 백일홍 피어있는 들판으로 가서 우리라는 이름으로 다시 설 때 누워있던 그림자가 부스스 일어나 우리를 환대할 것이다.

하얀 눈에 붉은 튤립을 묻다

눈 속의 무덤은 무엇과도 비교가 안 된다.
하얀 것 위에 하얀 것. 여기 무슨 다른 이름을 붙이랴?
하늘은 무감각한 눈 돌맹이들을
무덤들 위에 떨어지게 했다.
이제 눈 위에 눈밖에 남은 게 없다.
제 손 위에 떨어진 손처럼 영원히 쉬고 있다.

— 하비에르 비야우루띠아 〈눈 속의 무덤〉 부분

아직은 죽지 않아도 되는 젊은 빨강이 누워있다
갓 태어난 눈송이에 에워싸여

빨강 수집가의 시간

어젯밤부터 시작된 폭설이다. 밤새 눈 내리는 소리, 사각사각 눈 쌓이는 소리에 잠들지 못하였다. 새하얀 눈, 눈의 결이 고스란히 느껴지는 곳에 빨간 튤립 한 송이 들고 나가 눈 위에 눕힌다. 빨간 튤립이 누운 곳, 빨강이 갓 태어난 솜털 같은 눈을 녹인다.

빨간 튤립 위로 눈발이 날린다. 꽃의 심장을 묻어둔 곳, 뜨거움 때문인가, 솜털 같은 눈송이 움츠러든다. 차마 녹지 못한 삶의 잔설 같은 튤립 한 송이가 은밀하게 오므린 입으로 무슨 말을 하려는 것인가? 오직 하늘을 향해 누워있다.

    튤립은 너무 흥분을 잘한다. 이곳은 겨울이다.
    보라, 모든 것이 하얗고, 아주 조용하고, 눈 속에 갇힌 것을,
    햇살이 하얀 벽과 이 침대와 손에 내리쬘 때
    나는 조용히 혼자 누워, 평화로움을 배우고 있다.
    …

    튤립은 너무 빨개서 내게 상처를 준다.
    느닷없이 내미는 혀와 색깔로 내 마음을 어지럽히며,
    빨간 납으로 만든 봉돌 열두 개가 내 목에 둘려진다.
    …
    나는 얼굴도 없다. 나 자신을 지워버리고 싶다.
    생명감 넘치는 튤립이 내 산소를 마신다.

                     — 실비아 플라스 〈튤립〉 부분

〈튤립〉은 실비아 플라스가 조용히 누워 평화를 배운다 하였

지만 이름과 일상복은 간호사에게, 역사는 마취사에게, 몸은 외과의사에게 주어버린 질서가 강요한 순결을 경험하는 환자가 되어 쓴 시다.

병원에서의 기억은 대부분 아름답지 않다. 새하얀 시트 위에 누워 모든 것이 낱낱이 타인에게 까발려지는 불편함, 수치로 측정되는 몸, 모이처럼 주어지는 식사, 깊은 밤 수시로 드나드는 간호사의 발걸음 소리…. 천장을 바라보며 누워있던 무력함이 떠오른다. 누군가가 다녀가는 것도 편치 않았다. 병원에 있다 하여 꼭 죽음을 생각하는 것은 아니지만, 죽음은 누군가를 기다리는 사람처럼 늘 병실 문 앞에 대기 중이었다.

튤립은 너무 빨개서 상처를 주고 느닷없이 내미는 혀와 색깔로 시트 위의 환자를 불편하게 한다. 빨간 납으로 만든 봉돌 열두 개가 목에 둘려지는 것처럼 버거운데도 창가의 튤립은 고개를 돌려 바라본다. 태양의 눈과 튤립의 눈 사이 시선이 흔들린다.

눈 위에 누워있는 튤립은 시트 위의 실비아 플라스처럼 여겨진다. 1963년 영국의 겨울은 심한 혹한이 몰아치던 시기였다. 전기와 가스도 들어오지 않았고 전화도 제대로 연결되지 않던 최악의 계절, 실비아 플라스는 런던의 아파트에서 가스를 들이마시고 생을 마감한다. 폭설이 내리던 날, 아이들은 2층에서 세상모르고 잠들어있는데 서른두 살의 젊은 튤립 한 송이는 스스로 눈밭에 누웠다. 쏟아지는 눈을 온몸으로 맞으며 그녀는 고통으로 범벅된 쾌감을 비로소 느꼈을까?

새하얀 눈 위의 빨간 튤립 한 송이, 하얀 시트 위의 아직 살아

있는 빨강, 아직은 죽지 않아도 되는 젊은 빨강… 시의 언어로 세상에 맞선, 심장의 피로 끝없이 써 내려간 그녀를 위하여 얼굴 위로 쌓이는 새하얀 눈발을 부정하고 싶어진다.

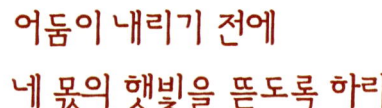

어둠이 내리기 전에
네 몫의 햇빛을 뜯도록 하라

강이 흐르는 것이 아니라 물이 흐른다.
세월이 지나가는 것이 아니라 우리가 지나간다.

― 에르베 바진

어둠이 내리기 전에 네 몫의 햇빛을 뜯도록 하라 carpe diem

초록이 앉아 있다. 오래도록 앉아 있던 의자의 주인은 돌아오지 않는다. 초록이 낡고 빨간 의자 위로 기어오른다. 모자를 쓴 어르신들이 도란도란 이야기를 나누던 의자. 같은 시간대 늘 나와 계시던 이들의 모습이 보이지 않는다. 그 새 먼 길을 떠나신 것인가.

흠하나 없이 매끄럽고, 반질반질하던 모습으로 공원에 저 벤치가 처음 놓이던 날이 있었다. 눈과 비바람과 태양을 마주한 시간, 저 위에 놓인 햇살을 잡아채기 위해 의자는 날마다 분주했으리라. 수많은 이들이 다녀갔다. 어떤 이에게는 잠시 그리고 또 어떤 이에게는 오랫동안….

고대 로마 시인 호라티우스가 쓴 'carpe diem'은 '이날을 베어라, 따라' 혹은 '오늘을 즐겨라'는 의미로 널리 알려져 있다. 사실 '오늘을 즐겨라'는 의미보다는 '이날을 따라, 뽑아라, 잡아채라'는 의미가 호라티우스의 생각에 더 가깝다. 시간은 우리가 잡으려 해도 잡을 수 없고 끝없이 자신만의 방식으로 흘러간다. 그러하기에 잡아채라는 말이 즐기라는 말보다 더 강렬하게 다가온다.

프랑스 소설가 파스칼 키냐르는 『하룻낮의 행복』에서 카르페 디엠의 의미를 '하룻낮(diem)을 베기'보다는 '낮의 매 순간을 조금씩 풀을 뜯듯이 천천히 뜯고 잘게 빨아 씹어라'는 의미로 해석한다. 낮이 가고 어둠이 내리기 전에 네 몫의 햇빛을 뜯도록 하라. 네 몫의 햇빛을 조금씩 풀을 뜯듯이 천천히 뜯고 잘게 빨아 씹는 일….

낡고 빨간 의자에 가만히 앉아 있으니 독일의 전위예술가 호르스트 바커바르트(Horst Wackerbarth)의 '붉은 소파 프로젝트'가 떠오른다. 사진작가와 비디오 예술가로 활동하고 있는 호르스트 바커바르트의 작업은 예술과 미디어의 경계선 상에 있다는 평가를 받는다.

소파가 있어야 할 상식적인 장소는 거실이거나 방이거나 사무실일 것이다. 그러나 붉은 소파는 빙하, 절벽, 숲속, 길거리 한복판, 쓰레기장, 폐허가 된 건물, 사과나무 농장, 눈 덮인 설원에 놓여있다. 붉은 소파 프로젝트를 통해 우리에게 전하고 싶은 것은 무엇일까?

사람들은 붉은 소파(the red couch)에 저마다 편한 자세로 앉아 인생의 질문에 답한다. 유명인도 있지만 대부분 평범한 사람들이다.

피터 유스티노프에게 붉은 소파가 행복이란 무엇인지를 묻는다.

"행복이란 마음속 지평선에 펼쳐진 이상향이 아닐까요. 행복에 실제 다다를 수 없지만 행복해질 수 있다는 희망을 가지고 사는 나는 행복한 사람이지만 언제나 행복하다는 의미는 아니에요."

당신의 인생을 가치 있게 만드는 것이 무엇인가에 대해 붉은 소파가 묻고 제인 구달이 대답한다.

"친구들과 함께 와인을 마시는 거예요. 그리고 어머니 같은 지구에 인간들이 어떤 행동을 해왔는지 알리는 것, 동물들도 정신과 감정을 지닌 존재임을 알리는 것이 나의 가장 큰 임무이며 가장 가치 있는 일이지요."

"당신에게 불행이란 무엇인가요?"

"두 번째 남편이 암으로 죽었는데 엄청난 고통을 호소했는데 아무것도 할 수 없었다는 사실이죠."

동물학자 제인 구달의 인생에 대한 의미는 의외로 단순하다.

아이슬란드의 여고생 클라라 시구르다도티르는 "최선을 다해 열심히 생활하는 것이 인생을 가치 있게 하는 것"이라 말한다. 그녀에게 '최선'이란 어느 정도일까? 사람들마다 최선의 기준은 다르게 마련인데. 그녀의 '최선'이라는 단어에 밑줄을 그어 놓았다.

독일 볼프하겐, 연금생활자 에디트 바커바르트에게 묻는다.

"당신이 선택할 수만 있다면 무엇이 되고 싶은가요?"

"쉰 살, 아니 서른 살로 돌아가고 싶어요. 그리된다면 많은 일들을 다른 방식으로 처리하였을 거예요."

에디트는 당신의 선택을 묻는 말에 과거의 자신으로 돌아가기를 택했다. 시간 여행자처럼 돌아간다면 좀 더 잘 살아갈 수 있을까? 정답은 어디에도 없다.

알리나 시바라는 여인은 당신이 범한 가장 큰 실수를 묻는 말에 "내가 살아있다는 거. 나는 불행한 별에서 태어난 사람"이라고 답한다. "살아있어서 행복하다.", "삶이 행복이죠."라는 상투적인 말을 하는 우리에게 "살아있음이 불행이죠."라는 말에는 진실이 담겨있다.

당신의 인생을 가치 있게 만드는 것은 무엇인가? 당신에게 지금까지 일어난 일 중 최악인 것은 무엇인가? 당신의 가장 큰 바람은? 당신이 두려워하는 것은? 당신이 선택할 수 있다면 무엇이 되고 싶은가? 사후 세계에 대한 당신의 생각, 행복과 불행, 사랑의 정의에 대해서 붉은 소파가 묻고 있다.

낡고 초라한 빨간 의자는 내게 무슨 질문을 던질까? 나무 아래 그저 가만히 꽤 오랜 시간을 살아온 빨간 의자 아래서 답을 생각한다. 수많은 이들이 다녀간 의자에 저마다의 이야기와 사연이 남아 저리도 낡아버린 것일까?

의자에 앉아 있던 이들은 돌아오지 않는다. 속삭이듯 이야기 나누시던 머리에 허연 민들레 홀씨가 내려앉은 여인들…. 언젠가 더 시간이 흐르면 나도 그러하리라. 철없는 나뭇잎 하나 떨어진다. 가만히 읽던 책을 나뭇잎 곁에 놓아두었다.

"어둠이 내리기 전에 네 몫의 햇빛을 뜯도록 하라."
오늘 내 몫의 햇빛을 뜯어 입안에 넣고 오래오래 씹어보리라.

제 4 부

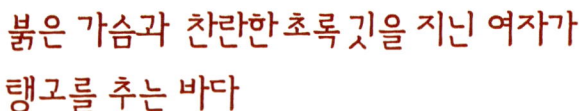

붉은 가슴과 찬란한 초록 깃을 지닌 여자가
탱고를 추는 바다

새가 새에 깃들 때까지 한참을 기다렸다가 텅빈 가슴을 열고 그것을
하나씩 심는 사람이 있더군요.
깃든 새는 붉었습니다.

— 안희연 〈정거장에서의 대화〉 부분

낡은 거푸집을 헤치고 날아오르느라
날개가 부러진 흔적이 있다면
당신은 새-여자

— 나희덕 〈들리지 않는 노래〉 부분

기다려도 오지 않는 사람이 있고 어디선가 다가오는 사람이 있다. 지나간 사랑과 오고 있는 사랑, 깃과 깃 사이 한 사랑을 흘려보내고 새로운 사랑을 받아들인다. 푸른 공작 깃을 비녀처럼 꽂은 여자가 탱고를 춘다. 우도의 바닷가에서 새가 된 여자, 새가 되고 싶은 여자가 쉼 없이 턴을 한다. 빨간 셔츠, 초록 스커트의 그녀는 붉은 가슴과 찬란한 초록 깃을 지닌 한 마리 공작새, 바람에 깃털이 흩날린다. 깃털로 가득한 그녀의 붉은 가슴도 흩날린다.

10년 뒤 만나기로 했던 바로 그 날, 시나리오 작가 현성은 우도의 바람 부는 바닷가를 서성인다. 독일에 가서 피아노를 더 배우고 돌아온다던 그녀는 독일인 지휘자와 사랑에 빠져 그곳에 정착해버렸다. '그녀가 올까? 오늘을 기억이나 할까? 결혼을 했어도 오래전 그 약속은 지켜야 하는 거 아닐까?' 가슴속 말들이 서로 부딪친다.

지금 그가 할 수 있는 유일한 일은 기다림뿐이다. 우도의 바람은 거세다. 어느 결엔가 바람은 비를 동반하고 있다. 오랜 연인이었던 그녀는 마지막 배로 오지 않았다. 대신 분신과도 같은 피아노가 도착했다. 비를 품은 바람의 움직임이 거세지는 데 10

년 전 그녀와 함께 묵었던 민박집 앞마당에 덩그러니 놓여있는 피아노를 방 안으로 옮길 수가 없다. 우두커니 앉아 마당의 피아노를 바라본다.

비록 피아노가 먼저 왔지만 그녀가 오리라는 희망을 밤이 새도록 버리지 못한다. 혹시라도 낼 첫 배를 타고 올지도 모를 그녀를 위해 거울을 보며 대화를 연습한다.

"오랜 만이야."

10년 동안 가슴에 묻었던 말이 고작 다섯 글자로 압축되다니. 말이 떠난 자리는 언제나 공허하다. 사람이 떠난 자리에 애절한 말이 남아있을 리 없다.

바닷가 민박집에 다리를 다친 공작새 한 마리 날아든다. 바닷새가 아닌 공작새라니 우연이라 하기엔 기묘하다. 민박집 주인은 허공에 낚싯대를 드리우고, 눈이 예쁜 열아홉 살 아가씨는 아무렇게나 피아노 건반을 두드린다. 현성은 단지 기다리고 있다. 우도의 하늘은 맑다. 배가 들어오기 좋은 날씨다.

시나리오가 잘 써지지 않을 때 해결책은 오래된 집, 나무로 된 문지방을 갉아와서 그 가루를 먹으면 글이 술술 써진다고 열아홉 아가씨가 비법이라 알려줬다. 오래된 집 나무 문지방엔 사람들의 이야기, 사람들의 기가 쌓여있기 때문이라고. 현성은 사연이 내려앉은 문지방을 사각사각 갉아온다.

민박집 아가씨는 대학에 가서 탱고를 배우고 싶다고 한다. 바닷가에서 우도의 바람을 파트너 삼아 탱고를 추던 그녀가 문득 말한다.

"부탁이 있어요. 탱고 한 번만 같이 춰요."

강렬한 탱고의 리듬이 현성의 감성을 일깨운다.

"탱고는 원래 남성적인 춤이에요. 남자가 리드하는 춤이죠."

손을 맞잡은 그녀가 나직하게 말한다.

어젯밤, 바람 부는 바닷가에서의 탱고는 둘 사이의 벽을 녹여버렸다. 돌담을 사이에 두고 눈이 마주칠 때 입가에 번지는 미소를 애써 돌로 가린다. 우도에서의 마지막 밤이다.

"이제 낼 첫 배로 떠나야 해요."

푸른 깃털과도 같은, 갈망하는 공작새 눈을 지닌 그녀는 공작새를 놓아주고 현성은 그 시간 항구에서 배를 탄다. 하염없이 비가 내렸다. 샛노란 우산 아래, 그녀는 우두커니 앉아 있다. 비는 바닥에 무수한 동심원을 그리고 뺨 위로 빗물과 눈물이 뒤섞여 흐른다.

비에 젖은 시골길, 부두를 향해 오토바이가 달린다. 샛노란 비옷을 입은 그녀가 외삼촌 등에 매미처럼 달라붙어 있다. 배는 이미 항구를 떠나 시야에서 멀어진다.

"내년 9월 9일 오후 2시 종묘에서 만나요."

그녀는 배를 향해 소리치고 허공을 가르는 언어들이 한 지점에서 서로 부딪친다. 이제 현성은 우도에서 옛사랑을 지우고 새 사랑을 얻었다. 오래된 집의 낡은 문지방 효과인지 서울에 돌아와 두 번째 시나리오를 막힘없이 해결했다. 밀물이 들이치면 길은 사라지고 바다가 되는 곳에서 그녀는 푸른 공작 깃을 머리에 꽂고 붉은 가슴으로 탱고를 춘다.

그날은 날씨가 꽤 맑았다. 스무살 그녀를 기다린다. 현성에게 기다림이란 이제 문지방에 쌓인 낡은 이야기 같은 것이다. 2시

깃(feathers in the wind)

빨강 수집가의 시간

가 지난 지 한참인데도 오지 않는다.

　날짜와 시간을 잘못 들었던 것은 아닐까? 돌아서야 할까? 고민한다. 기다림은 기다림만으로 족하다는 생각을 할 때 저 멀리 분홍 스커트가 그녀보다 먼저 바람에 흩날린다. 종묘의 푸른 숲 사이로 공작 깃처럼 가볍게 스무 살, 분홍빛 그녀가 달려온다. 멀리서 손을 흔든다. 그들의 사랑은 봄볕처럼 따사롭다.

　초록 스커트 붉은 셔츠, 머리에 공작 깃을 꽂고 빨간 하이힐을 신은 여인이 혼자서 탱고를 춘다. 파도가 밀려오고 밀려가는 바닷가에서 혼자 추는 탱고, 파트너의 손을 잡아야 할 손이 허공을 더듬는다. 혼자 추는 탱고는 탱고답지 않으면서 탱고답게 뜨겁다. 그래서 아름답고 그래서 슬프다. 탱고는 상대방을 집어삼킬 듯한 열정과 적당한 거리두기를 하는 여유, 음악이 주는 경쾌한 발랄함 속에 비장함이 깃들어있다.

　누군가 기다리길 바라는 곳과 끝내 가보지 않을 곳 사이에서 붉은 장미가 피어있다. 멀리 보이는 바다는 배경이 되어있다. 액자의 그림처럼 잔잔하고 안정적으로 보이는 바다, 아무 두려움도 걱정도 없을 것만 같은 그러나 가까이 다가가면 잠시도 멈춰있지 않다. 나무 탁자와 의자, 테이블 위에 빨간 장미 화병은 누군가를 기다리고 있다. 누군가 이곳에 와서 앉기를, 마주보기를….

　햇살과 바람에 마모되고 들이치는 파도에 스스로 낡아간다. 안나 가발다의 소설 『누군가 어디에서 나를 기다리면 좋겠다』의 제목처럼 누군가 어디에서 나를 기다리길 바란다면 어쩌면 사

누군가 어디에서 나를 기다리면 좋겠다

빨강 수집가의 시간

진 속 바로 이곳이 아닐까? 바닷가, 낡은 나무 테이블, 의자 두 개, 하얀 화병에 붉은 꽃이 있는 곳이라고 하면 누군가 그곳에서 나를 기다릴 수 있을까?

아직 서해엔 가보지 않았습니다
어쩌면 당신이 거기 계실지 모르겠기에
…
당신이 계실 자리를 위해
가보지 않은 곳을 남겨두어야 할까 봅니다

— 이성복 〈서해〉 부분

　이성복 시인은 〈서해〉에서 '당신이 계실 자리를 위해 가보지 않은 곳을 남겨두려 한다'고 말한다. 그곳은 아마도 서해일 것이고 끝내 가보지 못하는 서해를 대신하여 마음속에는 늘 파도가 치고 있을 것이라고… 어쩌면 '누군가 어디에서 기다리길 바라는 곳'은 끝내 가보지 못한 서해일지도 모른다. 기다림과 만남의 어긋남, 붉은 장미는 '기다리길 바라는 곳'과 '끝내 가보지 못할 곳'의 사이에서 홀로 타들어가고 있다.
　여행지에서 혼자 여행하는 사람을 마주치면 푸른 공작 깃을 머리에 꽂고 빨간 하이힐을 신고 바닷물이 밀려오는 해변에서 춤을 추는 당당한 그녀 생각이 난다. 그녀처럼 빨간 하이힐을 신고 탱고는 못 추더라도 머리에 푸른 깃을 꽂고 바닷가를 걸어보고 싶다. 어딘가에 올라서서, 눈을 감고 가만히 두 팔을 벌리면 가슴 속에서 새 우는 소리가 들려오리라.

신발을 벗고 난간 위에 올라서서

눈을 감고 두 팔을 벌리면

소매 속에서 깃털이 삐져나오는

내게서 새가 우는 날의 기록

새의 뺨을 만지며

새하는 날의 기록

— 김혜순 〈새의 시집〉 부분

 누군가 기다리는 곳과 서해 사이에서 나는 오늘도 행선지를 정하지 못하였다. 태양이 내려앉은 낡은 의자, 낡은 테이블, 그리고 가슴에 붉은 깃털 새를 품은 낡은 내가 있다. 소매 속에서 깃털이 삐져나오는 날은 내게서 새가 우는 날이고 내가 '새하는' 날의 기록이 될 것이다.

꽃이 없어서
이것으로 대신합니다

우리는 사랑을 만나기 위하여 한 걸음 한 걸음 나아간다. 교훈을 찾는 것도 아니요, 위대해지는데 필요하다는 그 어떤 쓰디쓴 철학을 구하는 것도 아니다. 태양과 입맞춤과 야성의 향기 외에는 모든 것이 헛된 것으로 여겨진다.

– 알베르 카뮈 〈티파사에서의 결혼〉 부분

구스타프 클림트(Gustav Klimt), 꽃이 없어서 이것으로 대신합니다

가지가 휘도록 매달린 사랑들,
사랑 때문에 가지가 휘어버린 나무

    사랑은 한 번만 오는 것이 아니다. 그러나 사랑의 본질은 같지만 사랑의 방식과 농도는 늘 같지 않아서 삶처럼 겪고 지나가고 난 뒤에야 그것이 무엇이었는지, 또 그것이 어떠했는지 그것의 형상과 정도를 알아볼 수 있는 것이다. 그때가 내 인생에서 가장 행복한 순간이었다는 것을 알았더라면 그 행복을 지킬 수 있었고 모든 것이 완전히 다르게 전개될 수 있었을까?

— 오르한 파묵 『순수박물관』 부분

    1918년 2월 6일 뇌졸중으로 쓰러지면서 클림트가 마지막으로 내뱉은 말은 "에밀리를 불러주오"였다고 한다. 에밀리 플뢰게는 클림트의 동생 에른스트의 처제로 처음 만났을 때 클림트는 29살, 플뢰게는 17살이었다. 30년 동안 연인이면서 예술적 동지였기에 클림트의 작품에는 플뢰게의 향기가 짙게 스며있다. 플뢰게는 훗날 디자이너로 성공하는데 사진 속 클림트가 입은 아프리카 스타일의 옷은 모두 그녀의 작품이라 한다.

    평생동안 400여 통의 편지를 플뢰게에게 보냈는데 클림트 사후 플뢰게는 단 한 통만 남기고 나머지는 불태워버렸다. 마지막 남은 한 통의 엽서가 바로 잎사귀 대신 빨간 하트가 주렁주렁 매달린 작품이다. 클림트가 가난했던 시절 플뢰게에게 '꽃이 없어서 이것으로 대신합니다'라는 글을 써서 보낸 엽서에 그린 그

사랑하는 사람들은 시간의 흐름에서 빠져나와 있다.

림이다. 클림트 사후 모델이었던 여인들이 나타나 생활비와 양육비를 요구하고 나설 정도로 사생활이 문란했던 그에게 플뢰게는 어떤 존재였을까? 연인 이상의 존재, 정신적, 영적인 동지였던 클림트와 플뢰게는 여름이면 오스트리아 아터 호수에서 여유롭고 충만한 시간을 보내며 활발한 작품 활동을 해나갔다.

> 두 사람이 노를 젓는다
> 한 척의 배를
> …
> 한 사람은 별을 통과해
> 배를 안내하고
> 한 사람은 폭풍을 통과해
> 배를 안내한다.
>
> — 라이너 쿤체 〈두 사람〉 부분

독일 최고의 서정시인 라이너 쿤체(Reiner Kunze)의 대표시 〈두 사람〉에서 한 사람은 별을 알고, 한 사람은 폭풍을 안다. 별을 통과해 배를 안내하고, 폭풍을 통과해 배를 안내한다. 플뢰게가 디자인한 옷을 입은 클림트는 아터 호수의 물결을 바라보며 노를 젓는다. 일어서 있는 플뢰게는 별을 좇고 있는 것일까? 마침내 끝에 이르렀을 때 두 사람의 기억 속 바다는 파란색이리라.

몸에 딱 맞는 초록과 파랑이 섞인 드레스를 입은 에밀리가 왼손을 허리에 얹고 당당하게 서 있다. 푸른 눈과 불그스레한 뺨에 얇은 입술, 풍성하게 부풀려진 갈색 곱슬머리, 클림트의 눈에 비친 에밀리의 모습이다.

에밀리는 어떤 이유에서인지 이 초상화를 별로 마음에 들어 하지 않았다고 한다. 클림트는 그녀에게 "초상화를 다시 그려 주겠다"라고 약속하며 그림을 1903년 전시회에 출품했다. 적당한 도도함이 서린 표정으로 정면 혹은 클림트를 바라보는 그녀의 시선이 강렬하다.

> 연인들은 두 사람의 공모자, 침묵의 공모자들이다. 사랑하는 사람들은 시간의 흐름에서 빠져나와 있다. 아무 일도 아직 생기지 않았으나, 모든 일이 생길 수도 있다. 미래에 있을 일이 이미 거기에 존재해 있고, 과거에 있었던 일은, 말하자면 어떤 영원한 현재 속에 존재해 있다. 사랑하는 사람들에게 시간은 정지해 있다.
>
> ― 막스 피카르트 〈사랑과 침묵〉 부분

구스타프 클림트(Gustav Klimt), **에밀리 플뢰게**(Emilie Floege), 유화, 캔버스에 유채, 181×84㎝, 1902년

앙리 마티스(Henri Matisse), **마음**(The heart), 1947년

어떤 규영과 어떤 현수를 본다

　잘 가꿔진 산책로를 따라 걷는 시간은 몸과 마음이 힐링되는 시간이다. 연초록 풀밭에 노랑, 빨강, 분홍 꽃들이 피어있다. 붕붕거리는 벌들과 나비의 날갯짓, 새들의 지저귐이 어울린 산책은 눈과 귀를 즐겁게 한다. 노부부가 자신들이 정성껏 만든 정원에서 수선화를 심고 화단에 물을 주고 있다. 무언가를 키우는 일에 마음을 다하는 이들은 눈빛마저도 선해 보인다.

　산책로를 따라 걸으며 마주치는 사람들, 마스크에 가려진 얼굴에서 서로가 서로에게 익명이다. 개를 산책시키는 젊은 부부가 앞서 걷고 있다. 간혹 베란다 창문을 통해 웃음소리가 들려올 때는 웃음의 근원을 찾아 나도 모르게 고개를 돌려본다. 누

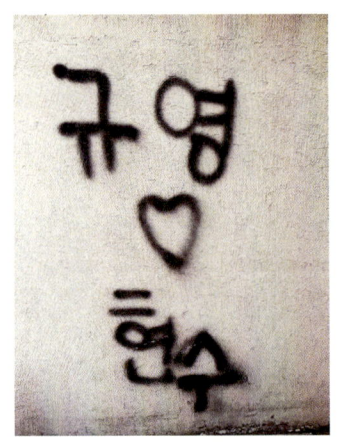

군가의 웃음소리마저 덤으로 듣는 날은 저절로 미소가 지어진다. 산책로 끝에 이르러 지나온 꽃길을 다시 복기하면서 천천히 걸을 때 어디선가 날카로운 목소리가 들려온다.

"내가 무슨 철인인 줄 아냐?"

"뭐! 그럼 나는 철인이냐?"

서로 철인이 되기를 원했을까? 가만히 생각하면 누구에게나 인생은 철인 3종 경기만큼 혹독한 과정인지도 모른다. 정도의 차이일 뿐, 받아들이느냐 받아들이지 못하느냐의 차이일 뿐. 누구나 그런 시절이 있었고 있으며 있을 것이다. 누구든 거쳐 왔고, 거쳐 가고 있고, 거쳐 갈 것이다. 세상에 존재하는 수많은 남자와 여자, 어떤 인연으로든 맺어져 있지만 서로 완벽한 퍼즐인 것은 아니다. 퍼즐 조각의 한 귀퉁이를 애써 맞추며 살아왔으며 현재도 그렇게 살고 있고 앞으로도 그렇게 살아갈 것이다.

회색 빌딩 벽에 누군가 '규영 ♡ 현수'라고 검은 페인트로 적

앙리 마르탱(Henri Martin), **연인들**(The Lovers)

어놓았다. 규영과 현수라는 이름이 골목 벽돌담에 박제되어 있다. 이 세상에 존재하는 수많은 규영과 수많은 현수, 그들 중 어떤 규영과 어떤 현수가 사랑 선언을 해놓은 것이다. 젊고 어린 그들은 회색 시멘트 빌딩 벽이 불멸한 사랑의 최초 증인이 되어 줄 것이라 믿었는지도 모른다.

하지만 그 빌딩은 불멸하지 않다. 마찬가지로 어떤 현수와 어떤 규영의 사랑도 불멸할 리 없다. 어느 순간 금이 가고 무너

앙리 마르탱(Henri Martin), **연인들**(The Lovers)
또 다른 규영과 또다른 현수

져 내리며, 어느 순간 사라져 버릴 건물의 운명과 사랑도 다르지 않다. 철인인 줄 아냐고 목소리 높인 남자가 현수일 수도 있다. 해준 게 뭐냐고 뾰족한 목소리로 대꾸하는 여자가 규영일 수 있다.

오래전 언젠가 서로에게 눈 멀어 있던 저녁, 그들은 검은색 스프레이를 사서 100일 기념으로 건물 벽에 스프레이를 뿌려 이름을 새겼을지도 모른다. 그들은 사랑이라는 범죄의 공범이었다. 허름해진 건물 벽에 새겨진 규영 ♡ 현수의 사랑 표식은 여전히 존재한다. 건물 벽에 남은 ♡가 그들이 사랑한 죄를 입증한다.

이 땅의 수많은 규영과 현수는 타자 속에서 죽을 수 있는 용기를 지녔을까? 자신을 잃어버리는 것 같지만 타자 속에 공존하며 그 안에서 자신을 되찾을 수 있을까? 서로를 위해 기꺼이 죽을 수 있는 사랑, 목숨을 버린다는 의미의 죽음이 아니라 자신을 버린다는 의미의 죽음, 타자의 몸 안에서 다시 새로운 나로 거듭나기 위한 죽음처럼.

수선화를 심고 물을 뿌리는 규영과 현수, 강아지를 산책시키며 나란히 팔짱을 끼고 걷는 규영과 현수, 철인 논쟁을 펴며 말로써 서로를 파괴하는 규영과 현수, 세상에는 내가 알지 못하는 또 다른 모습의 수많은 규영과 현수들이 살아간다. 어쩌면 빌딩 벽에 박제된 그들의 사랑 표식과는 별개로 남남이 되어버린 규영과 현수가 풋사랑의 흔적을 찾기 위해 낡은 회색 빌딩 벽을 슬그머니 더듬어볼지도 모를 일이다.

나도 한때는 규영이고 현수였다. 치기 어린 사랑, 유치함마저도 사랑의 표식으로 다가오던 시간이 있었다. 사랑은 가고 흔적으로만 남아있다. 그 사랑들은 책갈피 어딘가에, 낡은 앨범 속 어딘가에, 어디 있는지조차 기억나지 않는 구시대의 유물 같은 편지 더미 속에 존재한다. 내 안의 규영과 현수들은 여전히 남아 사랑을 만들어 갔던 시간을 떠올린다. 감히 사랑이라는 이름으로 죄를 범했던 그 오래된 골목을 더듬는다.

키에르 키고르는 '회상의 사랑'이 사랑을 시작할 때부터 사랑의 끝을 미리부터 걱정하는 멜랑꼴리의 상태라면 '반복의 사랑'은 죽음을 생명력으로 전환시킬 수 있는 행복의 상태라고 이야기했다. 규영과 현수의 사랑은 '회상의 사랑'으로 끝나서는 안 된다. 건물 벽에 박제된 그들의 사랑은 끝없이 생명을 지니고 반복되는 사랑으로 거듭나야 한다.

센강은 흘러가는데
빨강 자물쇠에 갇힌 사랑

여기 한 사람 있습니다
여기 한 사람이,
더 있습니다
우리가 되었습니다 우리는
사랑합니다 사랑해도,
괜찮지요 사랑해도
괜찮아요? 사랑할 수 있습니다

— 곽은영 〈무지개 판화〉 부분

우리의 사랑도 기억해야 하는가

    프랑스 파리를 가로지르는 센강 위에 놓인 '예술의 다리'(퐁데 자르)는 사랑을 꿈꾸는 전 세계 연인들의 성지와도 같은 곳이었다. 이제는 난간에 자물쇠를 걸며 영원한 사랑을 약속하던 자물쇠에 담긴 '사랑의 맹세'의 무게를 견디지 못하고 다리 난간이 무너져 내렸다. 사랑의 자물쇠가 안전상의 이유로 철거된 뒤 경매에 부쳐져 형편이 어려운 난민들에게 사랑을 전해주었는데 당시 수거된 자물쇠는 수십만 개에 달했으며 무게는 모두 47t이었다고 한다.

    빨간 자물쇠에 갇힌 빨간 사랑, 누군가의 열망과 맹세가 들어

있는 빨간 자물쇠를 보면 자물쇠를 매단 이의 사랑의 지속성이 궁금해진다.

기욤 아폴리네르의 시 〈미라보 다리〉는 마리 로랑생과의 이별을 토대로 지은 시다. 〈미라보 다리〉는 두 사람의 사랑을 환기하는 시이면서 이별을 예감하는 연인들에게 희망을 주는 시라고 할 수 있다. 이 시에 나오는 '희망'이란 단어는 프랑스 원문에서도 대문자로 적혀 있다.

> 미라보 다리 아래 센강은 흐르고
> 우리의 사랑도
> 기억해야 하는가
> …
> 세월은 가도 나는 머물러있네
> 사랑은 떠나가네 저 흐르는 물처럼
> 사랑은 떠나가네
> 인생은 얼마나 느린가
> '희망'은 얼마나 격렬한가
>
> — 기욤 아폴리네르 〈미라보 다리〉 부분

연녹색 몸체를 지닌 미라보 다리는 생각보다 수수한 철제 구조물이다. 기욤 아폴리네르도 이 다리에서 쉬지 않고 흐르는 센강의 물결을 바라보았으리라. 물결은 사랑과 시간을 싣고 흘러가는데 센강의 물결을 따라 흘러가지 못하는 자신은 다리 위에 머물러있다.

희망이란 격렬한 것이기도 하고 난폭한 것이기도 하다. 희망조차 꿈꿀 수 없는 자에게 희망을 이야기하는 것은 난폭한 일이지만 희망조차 꿈꿀 수 없는 자의 가슴에 아주 작은 희망이 자리를 잡는 날이 오면 격렬한 진동을 일으킬 것이다. 떠나는 사랑에 비하면 인생은 느린 것만 같은데 가슴속에는 여전히 희망이 불씨처럼 남아 있다. 밤이 오길 바라고 종이 울리길 바라며, 난폭한 희망이건 격렬한 희망이건 품을 수 있었던 때가 좋다는 것을 오랜 시간이 흐르고서야 알게 될 것이다. 아폴리네르도 마리 로랑생도 떠나고 없어도 미라보 다리 아래 센강은 유유히 흐르고 있다.

아폴리네르처럼 이별의 시를 쓰고 싶지 않아서일까? 사랑이란 여리고 흔들리고 왜곡되고 부서지기 쉬운 것이기에 철제 다리의 난간에 자물쇠를 매달고 열쇠를 센강에 던지는 것일까? 사랑을 증명하려는 사람들이 센강에 던진 수많은 열쇠 하나하나가 '시'라면 센강은 사랑의 시들이 가라앉은 강이다. 미라보 다리 아래 센강은 흐르고, 밤이여 오라 그리고 종이여 울려라.

화살나무들은 지난밤 홍등을 켰다

당신……, 당신이라는 말 참 좋지요. 그래서 불러봅니다. 킥킥거리며 한때 적요로움의 울음이 있었던 때, 한 슬픔이 문을 닫으면 또 한 슬픔이 문을 여는 것을 이만큼 살아옴의 상처에 기대.

— 허수경 〈혼자 가는 먼 집〉 부분

지난 겨울 아파트 화단에서 짙은 갈색 나무군락을 보았다. 날렵하게 뻗지 못하고 거칠거칠한 마디를 지닌 어쩌면 다시 보고 싶지 않은 나무의 이름은 '화살나무'였다.

화살나무(Eunoymus alatus)는 우리나라 토박이 나무로 줄기에 붙어있는 독특한 화살 모양의 날개 때문에 화살나무라 부른다고 한다. 숲에서 살아남기 위한 방법으로 줄기에 날개를 붙여 더 크게 보임으로써 초식동물들이 기피하게 만드는 전략이다.

거센 바람이 가지를 마구 뒤흔들어도 화살촉 하나로 겨울을 났다. 이른 봄, 거친 마디에도 연초록 잎이 돋았다. 연초록 잎으로 뒤덮인 화살나무는 싱그럽고 찬란하고 아름답게 보였다. 날카로운 화살에 은밀하게 내려앉은 연둣빛 꿈은 화살나무의 꿈이다.

긴 여름을 지나 가을로 접어든 화살나무는 어느새 붉은 깃을 달아 놓았다. 누구를 향해 쏘려는 붉음인가, 빨갛게 달궈진 화살로 누구의 마음을 겨냥하려는 것인가. 달궈진 화살촉에 뜨거운 빨강이 묻어있다. 온통 새빨간 것들 사이를 서성이면서 이대흠의 시 〈나는 당신을 빨강합니다〉를 떠올린다.

　　나는 당신에게 할 말이 있습니다… 보고 싶다는 말이나 사랑한다는 말은 저온 창고의 과일들처럼 이미 죽은 말입니다 나는 당신께 살아 있는 말을 건네러 왔습니다 나는 처음을 꺼냅니다 나는 당신을 빨강합니다.

　　　　　　　　　　─ 이대흠 〈나는 당신을 빨강합니다〉 부분

화살나무는 지금 온몸으로 '빨강'을 하는 중이다. 달궈진 화살촉이 누구를, 어디를 향하고 있는지 모르지만 오래전부터 키워온 말, 아직 하지 못한 말을 차곡차곡 화살촉에 얹어 놓았다.

밤새 가을비 내렸다. 세상에 없는 말을 전하기 위해 화살촉에 붉게 물든 마음을 얹어두고 돌아온다. 저온 창고에 저장된 과일처럼 죽은 말을 하고 싶지 않다. 화살나무 가지, 거친 마디마다 홍등을 켰다. 바람이 거세어지더라도 저 불이 오래도록 타오르기를······.

> 당신을 부릅니다 단풍의 손바닥, 은행의 두 갈래 그리고
> 합침 저 개망초의 시름, 밟힌 풀의 흙으로 돌아감 당신······,
> 킥킥거리며 세월에 대해 혹은 사랑과 상처, 상처의 몸이 나
> 에게 기대와 저를 부빌 때 당신······,
>
> ― 허수경 〈혼자 가는 먼 집〉 부분

이미 고인이 된 허수경 시인은 '혼자 가는 먼 집'에 도착했을까? 그녀의 시 〈혼자 가는 먼 집〉은 '당신··· 당신이라는 말 참 좋지요.'로 시작해서 '당신이라는 말 참 좋지요, 내가 아니라서 끝내 버릴 수 없는, 무를 수도 없는 참혹···, 그러나 킥킥 당신'으로 끝난다. 따뜻함으로 부르던 당신은 어느새 가슴을 저미는 슬픔의 대상으로 바뀐다. 끝없이 '킥킥 당신'이란 말이 반복되지만 '킥킥'은 우리가 흔히 아는 그런 '킥킥'이 아니다. 어떤 형태로든 이별을 하고 혼자 먼 집을 향해 갈 때의 심정을 애써 '킥킥'에 감춰놓았다.

'상처에 기대', '나에게 기대와', '그 아름다움에 기대'라는 표현에서 홀로 설 수 없기에 누군가에 기대고 싶은 마음이 느껴진다. 마음의 무덤에 벌초하러 와 진설 음식 하나 없이 맨 술 한 병 차고, 치병과 환후는 각각 따로인데 킥킥 당신 이쁜 당신을 부르고 있다. 내가 아니라서 끝내 버릴 수 없는, 무를 수도 없는 참혹임을 알면서도….

누구나 수많은 '당신'을 건너왔으리라. 어떤 당신은 11월 은행나무 아래서, 또 어떤 당신은 3월의 목련나무 아래서, 또 어떤 당신은 4월 쌍계사 벚나무 아래서, 또 어떤 당신은 5월 장미 아래서, 또 어떤 당신은 끝내 지울 수 없고, 버릴 수 없고, 삭제가 불가능한 채로 존재한다.

또 어떤 당신은 마음의 무덤에 벌초까지 끝내고 이미 오랜 세월 건너와 각자의 '먼 집'에서 살아가고 있다. 아무렇지 않게 기억 저편에 킥킥 눌러두고, 킥킥 감춰두고, 킥킥 외면하며 그렇게 킥킥거리며… 끝내 당신을 만나지 않으리라는 전제하에 자유롭고, 끝내 당신을 만나지 않으리라는 전제하에 기억 속의 당신은 늘 아름답다.

부재와 이별 끝에 혼자 가는 먼 집, 혼자 가야만 하는 먼 집은 또 어디에 있을까? 킥킥거리며 끝없이 킥킥 이쁜 당신이라고 읊조리며 시인이 당도한 그곳은 어떤 곳일까? 시인은 붉은 화살나무 화살촉에 못다한 말 적어두고 활 시위를 당기기만 하면 언제든 당신에게로 날아갈 날렵한 화살을 고르고 있으리라.

당신 안의 성냥들에게 안부를 묻다

우리는 모두 몸 안에 성냥갑 하나씩을 가지고 태어나지만 혼자서는 그 성냥에 불을 댕길 수는 없다.

— 라우라 에스키벨 『달콤 쌉싸름한 초콜릿』 부분

삶은 끝없이 불을 끌어당겨 타오르게 하는 작업이다. 우리 안의 성냥을 발화되지 못한채 버려둘 수는 없지 않을까? 성냥의 존재 이유는 뜨겁게 타오르고 뜨겁게 소멸하는 데 있다.

라우라 에스키벨의 『달콤 쌉싸름한 초콜릿』은 부엌에서 매월 만들어지는 멕시코 전통 음식을 중심으로 여성의 억압과 착취, 사랑을 다룬 작품이다. 원제목은 초콜릿 음료가 부글거리며 끓는 소리였다고 한다. 티타와 페드로의 사랑을 생각하면 뜨거운 초콜릿이 끓어오르는 소리가 더 인상적인 제목이 아닐까? 음식의 재료를 다듬고 재료들끼리의 조화, 불의 강도, 만드는 이의 정성과 마음이 어우러지면 세상에 오직 하나뿐인 요리가 탄생한다. 티타는 가슴의 불로 요리를 만든다.

마마 엘레나는 막내딸은 무조건 어미의 노후를 책임져야 하는 운명이라며 티타의 결혼을 허락하지 않는다. 페드로는 같은 집에 살면서 티타를 지켜볼 수 있으리라는 생각에 로사우라와 결혼한다. 사랑하지만 함께 할 수 없는 페드로를 생각하며 만든 차벨라 웨딩케이크를 먹은 하객들은 걷잡을 수 없는 슬픔에 사로잡혀 구토를 한다.

페드로를 처음 보았을 때 티타가 느낀 감정은 팔팔 끓는 기름에 도넛 반죽을 집어넣었을 때의 느낌이었다. 수탉 200마리를 거세시키면서 티타는 거세할 상대는 수탉이 아니라 바로 자신이라며 울부짖는다. 집안의 요리를 책임지던 나차의 갑작스러운 죽음으로 부엌을 도맡게 된 티타는 페드로가 선물한 장미 꽃다발을 꽉 끌어안았다. 티타의 가슴에서 흐른 피로 붉게 물든 장미는 이루지 못한 사랑의 고통 때문인지 폭발적인 최음제가 된다. 장미 꽃잎을 곁들인 메추리 요리를 먹은 언니 헤르트루디스는 강렬한 감정에 휩싸여 밖으로 뛰쳐나간다. 혁명 대장 후안과 사랑에 빠지고 후일 멕시코 혁명 여전사가 되어 당당한 모습으로 귀향한다.

로사우라와 페드로 사이에 태어난 아들 로베르토의 죽음 때문에 반미치광이가 된 티타는 데라가르사 가문의 주치의인 브라운으로부터 존중과 사랑을 받으며 정서적 안정을 되찾는다. 브라운 박사의 마차를 타고 떠나는 티타의 어깨 위로 흘러내린 총천연색 담요가 웨딩드레스처럼 바닥에 끌려간다.

카카푸 인디언 출신 할머니는 티타에게 "우리는 모두 몸 안에 성냥갑 하나씩을 가지고 태어나지만 혼자서는 그 성냥에 불을 댕길 수는 없다."라고 말한다. 티타 안의 성냥에 불을 지펴 타오르게 해줄 사람은 브라운이 아닌 페드로였다. 아마도 온화하고 예의 바른 존 브라운이 성냥에 불을 붙인다면 그 불은 온화하고 예의 바를 것이다. 그러나 불길의 본성은 뜨겁고 돌발적이고, 예측 불가능한 것이어야 한다.

마마 엘레나의 장례식에서 티타는 일생 동안 자신을 억압하고 거세시켰던 여인으로서가 아니라 상대가 흑인이라는 이유로 호세 트료비뇨와의 사랑을 거부당했던 가엾은 여인이었다는 사실을 떠올린다. 언니들과 오래전 추억을 돌이켜 보고 싶어 주현절 빵을 만드는데 주현절 빵 속의 인형을 발견하고 소원을 빌면 이루어진다지만 이미 어른인 그녀가 정당하지 못한 희망을 바랄 수는 없었다. 티타는 자신의 운명을 결정하는 문제에 있어선 삶에서 수많은 대가를 치러야 한다는 사실을 깨닫는다.

브라운이 지닌 평화, 이성, 행복, 차분함만으로는 허기를 채울 수 없었다. 그의 청혼을 거절하고 마음의 불을 따라 페드로에게 돌아와 사회적으로는 용납되지 않는 연인으로 살아간다. 로사우라가 병으로 죽은 후 무려 20년의 기다림 끝에 맺어진 티타와 페드로 부부는 수많은 촛불이 밝혀진 방에서 아름다운 첫 밤을 보내던 중 페드로는 심장마비로 죽고 티타는 인을 집어삼킨다. 티타의 뜨거운 열정과 인이 반응하여 농장에 불꽃이 튀고 엄청난 규모의 불이 며칠째 꺼지지 않았다.

마마 엘레나는 어머니이면서도 같은 여인으로 티타에게 좌절된 사랑을 대물림하고 싶었는지 모르지만 티타는 음식을 정성껏 만들면서 어려움을 극복하고 페드로와의 사랑을 이룬다. 티타가 삶을 끓이던 성소에서 만들어진 어떤 음식은 사랑을 얻게 하고 또 어떤 음식은 자유를 쟁취하게 하고 추억을 소환하게 한다.

할머니는 우리 모두 몸 안에 성냥갑 하나씩을 가지고 태어나지만 혼자서는 그 성냥에 불을 당길 수 없다고 하셨죠. 산소와 촛불의 도움이 필요하다는 거예요. 산소는 사랑하는 사람의 입김이 될 수 있고 촛불은 음식이나 음악, 애무, 언어, 소리가 되겠지요. 사람들은 자신의 불꽃을 일으켜 줄 수 있는 것이 무엇인지 찾아야만 합니다. 불씨를 지펴줄 뭔가를 제때 찾아내지 못하면 성냥갑이 축축해져서 한 개비의 불도 지필 수 없게 됩니다. 이렇게 되면 영혼은 홀로 칠흑같이 어두운 곳을 헤매게 됩니다.

누구나 마음 안에 성냥갑 하나 품고 있으니 차가운 입김으로 성냥갑이 적셔지지 않도록 조심해야 한다고, 당신 안의 성냥들을 잘 지켜야 한다고 라우라 에스키벨은 말한다. 당신 안의 성냥들의 안부를 묻는다. 내 안의 성냥갑에는 몇 개의 성냥이 남아있을까? 너무 오래되어 발화 가능성을 상실해 버린 것은 아닐까?

『달콤 쌉싸름한 초콜릿』의 표지를 넘기면 '식탁과 침대로의 단 한 번의 초대'라는 기묘한 초대장이 나온다. 1월부터 12월까지 다양한 메뉴가 목차를 대신한다. 성性과 음식의 연결 고리, 티타와 페드로의 사랑은 멕시코 전통 요리의 냄새와 맛을 통해 은유적으로 표현된다.

장미 꽃잎을 곁들인 메추리 요리, 호두 소스를 끼얹은 칠레고추 요리는 강렬한 욕구를 표출하게 한다. 부엌은 억압적 가부장제를 고발하는 공간이면서 여성의 정체성을 회복하는 공간이다. 티타는 부엌에 갇힌 것이 아니라 부엌에서 요리를 통해 자유를 발산하고 전통과 인습에서 벗어나 존재 가치를 회복하고, 자기만의 목소리를 가질 수 있게 된다. 티타의 언니 헤르트루디스를 혁명전사로 설정함으로써 계층간, 인종간의 투쟁도 반영하고 있다.

> 메마른 나뭇가지 끝에 새가 앉아 있다
> …
> 일어나는 불꽃 타오르는 불길 검게 타들어가는
> 나무 위로 새가 날아간다 바닥에 떨어지는 재
>
> — 송승환 〈성냥〉 부분

가능한 한 빨간 장미 열두 송이가 필요하다

    시인은 메마른 나뭇가지 끝에 앉은 새, 무리를 잃고 부리도 발톱도 둥근 머리 속에 파묻은 붉은 새 한 마리가 어두워 가는 저녁을 응시한다고 표현한다. 불꽃이 타오르고 불길이 마른 가지를 타고 검게 타들어 갈 때 새는 날아간다. 우리 안의 성냥들, 불꽃 같은 새 한 마리… 혼자서는 절대 날아갈 수 없는 빨간 성냥 같은 새 한 마리가 산다. 새가 힘차게 날아갈 수 있도록 붉은 가슴을 열어야 한다.

우체국에 가면
잃어버린 사랑을 찾을 수 있을까?

우체국에서 편지 한 장 써보지 않고
인생을 다 안다고 말하는 사람들을 또 길에서 만난다면
나는 편지봉투의 귀퉁이처럼 슬퍼질 것이다
…
나는 바닷가 우체국에서
만년필로 잉크 냄새 나는 편지를 쓰고 싶어진다

― 안도현 〈바닷가 우체국〉 부분

우체국에 가면

잃어버린 사랑을 찾을 수 있을까

…

우체국에 오는 사람들은

가슴에 꽃을 달고 오는데

그 꽃들은 바람에

얼굴이 터져 웃고 있는데

어쩌면 나도 웃고 싶은 것일까

…

그곳에서 발견한 내 사랑의

기진한 발걸음이 다시

도어를 노크하면

그때 나는 어떤 미소를 띠어

돌아온 사랑을 맞이할까

— 이수익 〈우울한 샹송〉 부분

이수익의 시 '우울한 샹송'이 제목인데도 왜 나는 '우체국에 가면 잃어버린 사랑을 찾을 수 있을까?'가 제목처럼 생각되는 것일까?

오래전 시내 한복판에 있는 우체국은 만남의 장소였다. 삐삐가 유일한 연락 수단이었던 때 우체국 공중전화 앞에는 늘 긴 줄이 있었다. 우체국 앞에서 만나자는 약속을 하곤 했고 우체국 앞, 나지막한 4단 정도의 계단에 사람들은 층층이 자리 잡고 서서 멀리서 걸어오는 친구를 찾아 손을 흔들곤 했다.

가만히 서 있어도 등 떠밀리듯 걷게 되는 젊음의 거리였다.

빨간 시간의 봉인

  그 찬란함의 한복판에 우체국이 있었다. 갑자기 소나기라도 내리는 날은 계단에서 기다리던 사람들이 한꺼번에 우체국으로 들어가 비를 피하였다.

  창밖으로 보이는 하늘이 유난히 파랗다는 생각을 했다. 편지를 부치고 소포를 부치는 사람들의 표정. 우체국에 가면 잃어버린 사랑을 찾을 수 있을까? 우체국 유리창에 엽서를 대고 글씨를 쓴다. 기억나는 사람들, 유난히 그리운 얼굴들을 떠올린다.

  '잘 있다고, 너와 함께 본 태종대 앞바다가 그립다고, 우리 언제 다시 볼 수 있을까?'라고 아주 오래전 기억 속의 한 친구를 생각한다. 태종대 앞바다의 파도치는 모습을 사진으로 보내주던 그녀는 지금 어디에서 어떤 모습으로 살고 있을까?

길거리 어디서나 새빨간 우체통을 볼 수 있었고 우체부 아저씨의 불룩한 갈색 가방은 항상 입을 벌리고 있었다. 봄, 여름, 가을, 겨울 아저씨의 경쾌한 발걸음 소리가 들려올 때면 대문 앞으로 달려가곤 했다. 아날로그적 시대에 예쁜 편지지를 사고 만년필에 푸른 잉크를 가득 채워 한 자 한 자 적어가던 정성스러움은 어디로 갔을까? 가끔 마른 잎사귀와 꽃이 편지지에 동봉되어 있기도 하던 그 순수한 시간의 봉인. 그립고 아쉬운 흔적들이다.

빨간 우체통 같은 집, 작은 네모 창문, 저 붉은 집 안에는 누가 살까? 편지가 쌓여있을지도 모른다. 어쩌면 필경사 바틀비를 슬프게 했던 수취인 불명의 편지들이 가득 들어있는 것은 아닐까? 전하지 못한 말들, 가슴 속에 묻으려 했던 말의 무덤, 빨간 벽을 타고 초록이 자란다. 유리창 안 봉인된 편지들을 들여다보려고….

> 내 그대를 생각함은 항상 그대가 앉아 있는 배경에서 해가 지고 바람이 부는 일처럼 사소한 일일 것이나 언젠가 그대가 한없이 괴로움 속을 헤매일 때에 오랫동안 전해 오던 그 사소함으로 그대를 불러 보리라…
>
> ― 황동규 〈즐거운 편지〉 부분

황동규 시인의 〈즐거운 편지〉는 고등학생시절 짝사랑하던 여대생을 생각하고 쓴 절절한 사랑의 시로 알려져 있다.
특별함이 아닌 사소함으로 친구를 기다리던 아담한 우체국,

그곳에서 팔을 괴고 하늘을 바라보곤 했다. 사람들은 생각이 가득한 얼굴로 들어와 편지를 부치고, 택배를 부치고 총총히 사라진다. 그곳에 가면 잃어버린 사랑을, 잃어버린 추억들을, 잃어버린 젊음들을 되찾을 수 있을까? 문득 너무 많은 세월이 흘러버렸다는 생각을 한다.

　부산 흰여울 문화 마을 우체통은 입이 두 개다. 일 년 후와 내 마음대로 받고 싶은 날짜를 구분하여 넣을 수 있게 되어있다. 아직 사라지지 않은 빨간 우체통을 그곳에서 발견하다니… 동그란 머리, 성격 좋아보이는 통통하고 붉은 얼굴, 무엇이든 받아들일 것 같은 표정으로 서 있는 우체통을 보니 마음이 따뜻했다. 구름이 짙게 깔린 날, 습기 가득한 바닷바람이 볼에 와닿았다. 일 년 후 나에게 보낼 편지를 썼다. 무슨 내용을 적었는지 기억조차 나지 않지만 보내는 이도, 받는 이도 나라는 사실이

빨간 벽을 타고 초록이 자란다

흰여울에 불던 바람과 바닷새 소리를 동봉했다

설렌다. 흰여울에 불던 바람과 바닷새 소리를 동봉했다. 편지를 열면 흰여울의 바람 소리가 들려올 것이다. 그 여름의 내가 편지 안에 오롯이 남아있을 것이다.

세상의 어떤 사랑도
사랑을 대신할 수 없다

전 당신을 원망하지 않습니다. 전 당신을 그 모습 그대로 사랑합니다.
뜨겁게 달아오르는 동시에 금방 망각하고,
열중하는 동시에 이내 불성실한 모습 그대로 전 당신을 사랑합니다.
늘 그래왔고 지금도 그런 당신을 있는 그대로 사랑합니다.
― 슈테판 츠바이크 〈낯선 여인의 편지〉 부분

파울 클레Paul Klee, **하트의 여왕**, 29.5×16.4cm, 1922년

    어린아이 같은 순수함처럼 작품 제목도 '하트의 여왕'이다.
    네모 배경 속 하트 얼굴을 한 붉은 머리 여인의 가슴엔 연노랑빛 캔버스가 있고 그 곳에 강렬한 빨강 하트가 있다. 이 세상 어딘가 아이처럼 천진한 표정의 하트 여왕이 있어 세상에 하트가 고갈될 만하면 가슴 깊은 곳에서 수없이 많은 하트를 찍어내는지 모른다.

세상의 어떤 사랑도 사랑을 대신할 수 없다.

"사랑엔 휴가가 없어. 사랑은 권태를 포함한 모든 것까지 온전히 감당하는 거야. 삶이 아름다움과 구질구질함과 권태를 끌어안듯 사랑도 거기서 벗어날 수 없어."

— 마르그리트 뒤라스 『타키니아의 작은 말들』 부분

사라는 느지막이 잠에서 깨어났다. 오전 열 시가 조금 지나 있었다. 조금도 누그러들지 않은 한결같은 무더위가 느껴졌다. 휴가를 보내려고 이곳에 와 있다는 걸 떠올리는 데는 늘 얼마간의 시간이 필요했다. (…) 그녀는 아이에게 다시 한번, 바람이 불고 시원한 밤을 누릴 수 있는 다른 휴가에 대해 속삭이기 시작했다. 이 밤에는 비가 내리기를 바랐다. 그녀는 그 희망을 간직한 채, 매우 늦게 잠이 들었다.

마르그리트 뒤라스의 『타키니아의 작은 말들』은 '느지막이 깨어나서'로 시작해서 '매우 늦게 잠이 들었다'로 끝나는 소설이다. 잠에서 깨어나 다시 잠이 들기까지의 시간, 그 시간은 하루이기도 하고 며칠이기도 하고 몇 달, 혹은 전 생애이기도 하다.

자크와 사라, 루디와 지나 그리고 독신인 다이아나는 이탈리아 바닷가 마을로 휴가를 떠났다. 느지막이 일어나 식사를 하고, 캄파리를 마시고, 수영을 하거나 공놀이를 하고, 내일은 비가 내리리라는 희망 속에서 잠에 빠져드는 일상을 반복한다. 책들도 손에서 녹아내릴 정도로 뜨거운 날씨 속에 권태가 이어지는데 권태에 균열이 일어날 몇 가지 사건들이 발생한다. 뒷산에서 지뢰 제거 작업을 하던 청년이 폭발로 사망하고, 청년의 부모는 서명을 거부한 채 무언의 시위를 계속한다.

『타키니아의 작은 말들』은 사라 일행과 장이라는 낯선 남자, 식료품상, 사고로 죽은 청년의 부모가 나누는 대화가 주를 이루는데 사랑, 우정, 인류애, 모성애 등의 다양한 형태의 사랑이 제시된다. 소진된 사랑을 이어가는 자크와 사라, 사라에게 욕망을 불어넣은 장의 출현에 자크는 느닷없이 타키니아로 여행을 가서 에트루리아 고분의 작은 말들을 보자고 한다. 일상이 권태로워서 이탈리아 바닷가 마을로 여행을 왔고 이어지는 권태에서 벗어나기 위해 또 타키니아로 가기를 원한다. 타키니아로 간들 다시 권태로운 바닷가 마을로 돌아와야 하고 휴가가 끝나면 다시 파리로 돌아가야 한다.

타키니아로 떠나자는 자크의 제안에 사라는 응하지 않는다. 어쩌면 사라를 이곳에 붙잡는 것은 박제가 된 그녀의 사랑에 숨을 불어넣은 장 때문인지도 모른다. 타키니아에 가서 꼭 보자고 했던 작은 말들은 여행의 권태를 잊게 해 줄 것이다. 그들이 함께 타키니아로 떠났는지는 나오지 않고 사라가 강 건너 무도회장에서 만나기로 한 장과의 약속을 지키지 않고 깊은 잠에 빠져드는 것으로 소설은 끝난다.

『타키니아의 작은 말들』은 관광지 타키니아에서 볼 수 있는 '작은 말들'이면서도 권태를 깨트릴 일상의 작은 '말'들을 상징한다. 타키니아에 가지 않더라도 일상에서 나누는 말들, 지극히 사소한 말들 혹은 침묵들, 말하고 싶으나 발화해서는 안 될 말에 대한 이야기다. 특별한 서사 없이 등장인물들이 나누는 대화를 중심으로 전개된다. 책을 읽는 우리는 이탈리아 작은 바닷가 마을에서 그들이 나누는 대화에 끼어들기도 하고, 그들의 마음과 상황을 짐작해보면서 공감하기도 하고 공감하지 않기도 한다.

세상을 살아가는 데 있어 사랑만큼 우리를 뒤흔들고 참혹하게 하고 아프게 하면서도 설레게 하는 것이 또 있을까? 우리를 쓰러질 듯 힘들게 하는데도 그 사랑 때문에 쓰러져서는 안되는 모순 속에 살아간다. 연인, 부부, 부모와 자식, 동료, 친구와의 사랑, 수많은 표정을 지닌 사랑들 앞에서 우리는 사랑을 지키기 위해 안간힘을 쓰고 있다. 생각은 있으나 말하지 않음으로써 사랑을 지키고, 한편 끝없이 무언가를 말함으로써 사랑을 지키기도 한다.

어떤 것들을 접하기 전 우리는 어떤 열망에 들뜬다. 설령 그것이 생각하는 것보다 훨씬 가치 없는 것일지라도 열망했던 열망들이 아까워 그것을 다시 열망하려 한다. 사랑 안에 자신의 열망을 집어넣어 본래의 사랑과는 다른 사랑이 될 수밖에 없으니 체험된 사랑은 변질된 사랑이다.

기를 쓰고 침묵을 고수하는 사람들보다 그 경계에 부딪혀 보려는 사람들, 경계를 허물어 보려는 사람들 때문에 세상의 사랑은 유지되는 것인지도 모른다. 무엇의 경계일까? 권태의 경계인가 사랑의 경계인가?

비트겐 슈타인은 『논리철학 논고』에서 '말할 수 없는 것에 대해선 침묵하라'고 이야기한다. 말할 수 없는 것들, 사랑이든 권태든, 보이지 않는 무엇이든, 말할 수 없는 것들에 대해서는 침묵하라는 비트겐 슈타인과 침묵을 고수하는 것보다 끝없이 경계를 부수어야 한다는 루디(실은 마르그리트 뒤라스)의 주장은 극과 극처럼 보인다.

사랑에 대해 우리는 무엇을 안다고 할 수 있을까? 과학적 지식으로는 설명 불가능하고 안다고 할 수 없기에 침묵해야 하는 것일까? 안다고 할 수 없기에 더 적극적으로 답을 찾아 나서야 하는 것일까?

타키니아에 가면 조각품으로서의 작은 말馬들을 볼 수 있고 타키니아에 가면 가슴 안에서 속삭이는 작은 말들을 해독할 수 있을 것이다. 그러나 굳이 타키니아에 가야 할 필요는 없다. 어떤 지루함, 권태, 익숙함과 단조로움, 끝없이 밀려오고 밀려가는 사랑, 쓰러지고 다시 일어서는 반복, 익숙함 속에 스스로를 매몰시키지만 않는다면 우리가 살고 있는 이곳이 타키니아가 될 것이니까.

브람스를 좋아하나요…

우리가 우리에게
발각되지 않는 곳으로 가자

더 많은 공기를 정화할
더 많은 허파가 필요한
오래된 세계에서
…
내가 너에게 발각되지 않는 곳에서
울지 않고 기다릴게

– 육호수 〈희망의 내용 없음〉 부분

마르크 샤갈 〈생일〉은 검은 원피스를 입은 벨라에게 공중부양하듯 날아온 샤갈의 애정 어린 모습을 그린 작품이다. 보이지 않는 사랑이 눈에 보이는 듯하다. 침대와 의자와 테이블은 모두 제자리에서 제 역할을 담당하고 있고 붉은 카펫이 깔린 바닥도 바닥으로서의 기능에 충실하다. 오직 사랑에 빠진 두 사람만 언제든 기꺼이 날아오를 준비가 되어있다.

꽃다발을 든 여인과 사랑의 부력으로 떠오르는 남자에게 사랑은 두 사람 안에 숨어있는 날개를 돋게 하는 열망이면서 그들을 짓누르고 억압하는 중력으로부터의 자유를 상징한다. 눈을 감은 남자와 직시하는 여자, 아직 여자는 풍선처럼 부풀어 오르지 않았다. 작품의 남녀는 샤갈과 벨라지만 프랑스와즈 사강의 작품 『브람스를 좋아하세요…』에 등장하는 폴과 시몽을 연상시킨다.

시몽에게 폴은 삶의 중력장을 벗어나게 할 수 있는 존재다. 스물다섯 살 시몽과 서른아홉 살의 폴, 14년 차이는 사랑에 있어 아무런 장애가 되지 않는다. 이미 날아오르고 있는 시몽은 폴이 날아오를 수 있도록 공기를 불어 넣고 있지만 폴의 검은 구두는 아직 빨간 바닥에 닿아 있다. 날아오르려는 열망과 벗어날 수 없는 현실 사이에서 폴은 방황한다. 빨강 카펫은 어서 날아오르라 부추기지만 뾰족한 구두의 끝은 아직 신중하다. 모든 것을 다 걸어도 좋은 사랑이 존재할까? 판단하지 않는 사랑은 순도 높은 사랑일 것이다. 그런데도 우리는 늘 사랑을 재단하고 판단하려 한다.

사강의 나이 24살 때 쓴 『브람스를 좋아하세요…』는 물음표

가 아닌 줄임표로 표현되어있다. 머뭇거림 같은 줄임표에는 약간의 이유가 있다. 프랑스인들에게 14살 연상의 클라라 슈만을 평생 마음에 품었던 요하네스 브람스는 비호감이라 한다. 따라서 프랑스에서 브람스 연주회에 상대를 초대할 때는 "브람스를 좋아하세요…"라는 질문이 필수라는 말도 있었다. 물론 지금과는 다르겠지만 사강이 이 작품을 구상하였을 때는 아마도 그러하지 않았을까?

『브람스를 좋아하세요…』는 사랑의 영원성이 아닌 덧없음을 이야기 하는 소설이다. '사랑에 대해 세월이 할 수 있는 일은 그것을 견디게 해주는 것뿐이다.'라는 사강의 말 때문에 우리는 여전히 사강을 읽는 것인지 모른다.

덧없음을 알면서 폴은 왜 로제와의 사랑을 견디는 것인가?

폴과 시몽, 로제의 사랑은 모두 정상적이지 않다. 로제는 끝없이 육체적 욕망을 충족할 데이트 상대를 찾아 헤매면서도 폴과의 관계를 정리하지 못한다. 육체적 만족은 다른 여자에게서 정신적 교감은 폴에게서 그러면서도 세상 모든 여자로부터 자유롭고 싶어하는 이기적 사랑이다. 모든 것을 사랑에 쏟아붓는 시몽의 사랑은 자신을 잃어버리는 사랑이고 어쩌면 순간적인 열망이고 집착이고 헌신이고 맹목이다. 폴의 사랑은 아무리 옷장에 새롭고 멋진 옷이 가득해도 늘 입던 옷이 편해서 낡은 옷을 다시 입으려는 익숙함의 사랑이다.

사랑에 대해 진지하게 생각해 본 적이 있었던가? 공중전화기를 붙잡고 동전 떨어지는 소리에 가슴 절절하던 밤도 있었지만 어떤 사랑도 끝까지 지속되리라 생각하지 않았던 것 같다. 손익계산서를 정리하듯 재빨리 마음을 닫아버리곤 하였다. 무언가에 쉽게 빠져들지도 않지만 어떤 열정에 휩싸이는 무모함이란 없는 사람이고, 마음이 흔들리는 것을 견디지 못하는 사람이다. 어찌 보면 회색 같은데 그 안에 여전히 타오르는 빨강이 존재한다. 그렇다고 하여 빨강이 스스로를 태우는 것을 결코 허락하지 않는 사람이라고 해야할까?

누군가 내게 "브람스를 좋아하나요…?"라고 묻는다면 무엇이라 대답할 것인가. 돌아보면 어떤 만남은 아주 사소한 그러나 심장을 자극하는 질문에서 시작되지 않았던가. 물음표가 아닌 줄임표, 그 신선한 머뭇거림이 마음에 든다. 어쨌든 브람스를 좋아한다고 당연히 대답할 것이다.

나와 함께 내 얼굴로 들어와요

너를 떠나 나를 떠나 항상 지평선으로 남아있는 것
우리의 삶을 앗아가고 우리를 타인으로 남겨놓는 삶
우리에게 얼굴을 만들어주고 그 얼굴을 마모시키는 삶

— 옥따비오 빠스 〈태양의 돌〉 부분

당신의 눈물, 당신의 웃음, 당신의 좌절로 나를 데려가 주세요. 나와 함께 내 얼굴로 들어와요. 당신은 있는 그대로의 당신일 뿐이죠. 서둘러요. 어서 와서 당신의 힘을 나눠주세요. 내 얼굴로 들어오세요. 모든 것은 당신이, 당신의 것인 이 육체가 쓴 거예요. 내 삶은 끝났어요. 조각이 나서 더 이상 하나로 모일 수 없어요. 서둘러요. 나는 이제 입이 없어요, 얼굴도 없어요.

— 마르그리트 뒤라스 『이게 다예요』 부분

"나와 함께 내 얼굴로 들어와요."

1995년 8월 1일, 마그리트 뒤라스가 작가로서 남긴 마지막 말이다. 연인 얀 안드레안에게 하는 말인지, 상상 속 인물에게 하는 말인지, 죽음을 앞두고 절대자에게 하는 말인지 알 수 없다. 글을 쓸 수도 사랑을 나눌 수도 없는 몸의 붕괴, 몸의 상실 앞에 마르그리트 뒤라스는 "내 얼굴로 들어오세요."라는 말을 반복한다. 작가에게 죽음이란 세상과 소통하는 입을 상실하고, 자아의 토대인 얼굴을 잃는 일이다. 나와 함께 내 얼굴로 들어와 달라는 말의 의미는 무엇일까?

"나와 함께 내 얼굴로 들어오세요. 내 얼굴로 오세요."

생의 마지막 순간, 얼굴로 들어오라고 그토록 절절하게 말한 마르그리트 뒤라스의 얼굴은 우리가 흔히 생각하는 육체의 한 부분으로서의 얼굴만을 의미하는 것은 아닐 것이다. 그녀의 책 『이게 다예요』는 육체적 죽음을 앞두고 자신이 보여줄 수 있는 열정, 사랑, 언어의 광기, 아직 너머의 세계로 건너가지 않음에 대한 안도를 담고 있다. 얀 안드레안을 염두에 두고 썼다하더라

앙리 마티스(Henri Matisse), **붉은 얼굴들**
얼굴은 타자이면서 동시에 얼굴들의 얼굴이다.

도 세상의 모든 독자들에게 남기고 싶은 말들의 기록이다.

앙리 마티스의 작품 붉은 바탕에 아주 간단히 그려진 얼굴들을 본다. 최소한의 흔적만으로 우리는 얼굴의 의미를 해석할 수 있다. 빨간 바탕에 검은 선에 불과한 기호들을 보고 웃는, 찡그린, 비웃는, 냉소적인, 부드러운, 담담한 얼굴로 제각각 상상한다.

얼굴은 개인으로서의 나를 두드러지게 해주는 내 몸의 출발점이자 존재를 부각하는 육체적 서명이다. 사회적 환경이 내게 부여하는 역할과 표지가 얼굴에 새겨지는 것을 생각하면 얼굴은 일종의 사회적 가면이다. 태생적으로 주어진 얼굴이면서도 자신의 얼굴은 거울을 통하지 않고서는 볼 수 없다. 내가 도달할 수 없는 것, 여기 있으면서 동시에 멀리 있는 것, 내 것이면서 온전히 내 것은 아니다. 결코 남들의 눈에 비치는 내 얼굴의 이미지를 소유할 수 없다는 점에서 얼굴은 나를 위한 것이 아니라 본질적으로 다른 이를 위한 것이기도 하다.

사회적 가면 혹은 화장이나 장식, 치장, 성형을 할 수도 있지만 얼굴은 기본적으로 날 것이다. 언제나 노출되어있기에 취약하면서도 풍요롭고 다양하고 다채로운 표정이 머무는 곳이다. 에마뉘엘 레비나스는 '얼굴은 말한다'라고 이야기한다. 얼굴이 비로소 얼굴이 되는 것은 무언가 메시지를 담고 있고, 바라보는 이에게 발화를 유도하기 때문일 것이다. 마주하는 이의 얼굴에서 무언가를 읽어내고 상대방은 어떤 형태로든 반응한다.

마르셀 프루스트의 『잃어버린 시간을 찾아서』에서 병에 걸린 할머니를 보기 위해 고향으로 돌아온 화자가 마주한 것은 기억 속에 저장된 할머니의 얼굴이 아닌 늙고 병든 여인의 얼굴이었다고 적고 있다. 우리가 익히 알고 있는 주변 사람들의 얼굴은 진짜 얼굴이라기보다는 기억에 의해 왜곡된 얼굴이다. 결국 '모든 사랑받는 얼굴 하나하나는 과거의 거울이다.'는 말처럼 감출 수 없는 세월이 새겨진 얼굴에서 우리는 날마다 메멘토 모리를 확인하며 살아간다.

"내 얼굴로 들어오라"고 외치는 붉은 얼굴의 여인들, 얼굴은 날 것이고, 얼굴은 감출 수 없는 것이고, 본질적으로 바라보는 이를 향하고 있다. 그녀들의 얼굴이 나의 얼굴을 향한다. 서로의 얼굴이 멀거나 가깝게, 익숙하거나 낯설게, 친밀하거나 친밀하지 않게 마주보고 있다.

얼굴로 들어오라는 말은 영혼의 교감이 가능한 자에게만 주어지는 초대장이 아닐까?

"그래요. 내 얼굴로 들어오세요."

마법의 주문 같은 말을 중얼거린다.

제 5 부

빨강의 ♥ 목소리

빨강이 거침없이 지던 날,
툭!

나는 보네, 꽃이 지고 떨어지는 것을
내가 가는 길에 눈이 떨어지듯,
…
세상은 늙고 텅 비었네.
…
꽃이 지네, 떨어지네
슬픔의 나무에서.

— 헤르만 헤세 〈슬픔〉 부분

동백은 죽어 제 그늘 위에서 다시 피어나는 꽃이다.

봄에 피는 꽃들은 세 번씩 핀다. 필 때, 흩날릴 때, 떨어져서, 나뭇가지에서, 허공에서, 밑바닥에서 새빨간 동백은 흩날리지 않는다. 장렬한 추락이다.

강력한 외마디 '툭', 동백꽃이 지고 있었다. 아무렇지 않게 해체된 꿈 아래, 개미들만 분주하다. 붉음이 땅을 물들이고 길 위에 동백의 흔적이 문신처럼 남는다. 가슴이 죄어오던 젊은 날, 오동도를 향했던 기억이 난다. 미로 같은 산책길을 따라 만개한 핏빛 울음, 한 무더기의 통곡 같은 꽃무더기가 떨어져 있었다.

경칩 지나서야 피는 다른 꽃들과 달리 11월 말부터 꽃피우기 시작해 2, 3월이면 만발한 동백은 수정을 새에게 의존하는 조매화鳥媒花다. 향기가 나지 않는 대신 동박새나 직박구리 같은 새를 유인하기 위해선 충분한 양의 꿀이 필요하다. 진초록으로 반들거리는 잎사귀, 빨간 꽃, 동그란 열매 모두가 귀하고 아름답다.

　동양의 상징적인 나무가 은행나무라면 동양의 상징적인 꽃은 동백꽃이 아닐까? 한겨울 눈 사이로 빨간 동백이 피어있는 모습은 거룩하고 경이롭다. 사찰 주변에 동백꽃을 많이 심은 이유는 한 번에 지는 동백꽃의 모습이 인생무상이나 허무를 상징하기 때문이라고도 한다.

　리처드 플래너건의 소설 『먼 북으로 가는 좁은 길』은 2차 세계대전 당시 일본군의 타이-미얀마 간 '죽음의 철도' 라인에서 살아남은 전쟁 영웅 도리고 에번스의 이야기다. 도리고 에번스가 전쟁에 출정하기 전 낡은 서점에서 우연히 만난 에이미와 이루어지지 못한 사랑, 철도 건설 현장에서 전쟁 포로로 겪어야 했던 비참한 삶에 대해 다루고 있다.

　그는 빛 속에서 책을 들고 그 책과 빛과 먼지를 바라보았다. 마치 두 개의 세계가 존재하는 것 같았다. 그가 있는 이 세상과 늦은 오후의 햇빛이 순간적으로 형성한 빛줄기가 있어야만 실제 세계처럼 모습을 드러내는 숨은 세계. 정신없이 빙글빙글 돌고, 은은한 빛을 발하고 서로 아무렇게나 부딪쳐서 완전히 새로운 방향으로 날아가는 입자들로 이루어진 세계였다. 빨간 동백꽃을 꽂은 여자가 어둠과 빛의 줄무늬 속에서 도리고 앞에 서 있었다. 파란 불꽃이 사납게 타오르는 여자, 두 사람 사이 창문을 통해 빛줄기가 들어오

지금은 심장처럼 바닥에 떨어진 붉은 동백만이 남아있다

고 그 안에서 먼지들이 솟아올랐다.
　　　　　　― 리처드 플래너건 『먼 북으로 가는 좁은 길』 부분

　먼 북(deep north)은 저마다 다르겠지만 누구에게나 먼 북이 있으리라. 저자는 '멀다'는 개념을 '깊다'라는 언어로 적고 있다. 전쟁 포로로 언제 죽을지 모르는 절체절명의 순간 생은 멀고 깊은 북쪽처럼 아득하다.
　도리고 에번스를 끝내 살게 하는 힘은 낡은 서점 책꽂이 앞에 서 있던 여자, 빨간 동백꽃을 머리에 꽂은 에이미였을 것이다. 멀고 깊은 북쪽 어딘가에 에이미가 기다리고 있으리라는 희망을 품지만 결국은 연인도 아내도 아닌 숙모가 되어 그의 곁에 나타난다. 소설의 어떤 내용보다도 머리에 빨간 동백꽃을 꽂은 에이미의 모습이 오래도록 여운이 남았다. 낡은 서가 앞, 빛과 먼지들이 만들어내는 이중주 앞에 푸른 불꽃 눈을 지닌 빨간 동백의 여인이라니.

아버지는 꽃을 유난히 좋아하셨다. 유년 시절 붉은 벽돌담엔 연분홍 장미 넝쿨이 흐드러졌고 화단 한가운데는 거대한 동백나무가 있었다. 눈 내리던 날도 꽃봉오리 맺혀있던 그 선연한 아름다움을 기억한다. 이른 새벽, 경보음을 울리지 않은 채 앰뷸런스가 집 앞에 멈추었다. 임종을 집에서 맞이하고 싶다는 본인의 뜻이었으리라. 20대의 어느 새벽의 일이다. 들것에 실려 방 안으로 옮겨질 때 아버지 몸에 꽂힌 주삿바늘이 거세게 흔들렸다. 검붉은 피가 역류했다. 빨간 동백 한 송이 툭 떨어졌다. 기다렸다는 듯이 무심하게, 평소 아무렇지 않게 듣던 동백꽃 지는 소리가 그 순간 몇 십배나 증폭되어 들려왔다. 대지를 두드리는 둔탁한 절규처럼, 생의 마지막 노크소리처럼.

아버지의 유언을 들었는지 듣지 못했는지 기억나지 않는다. 어쩌면 나는 빨간 동백이 지던 그 둔탁한 소리를 아버지의 마지막 목소리로 기억하고 있는지 모른다. 그때부터였을까. 동백 군락지를 찾을 때마다 습관적으로 동백꽃이 지는 소리를 듣기 위해 나도 모르게 귀를 기울이곤 한다.

빨갛게 핀 동백 무리를 보면 가슴이 저며온다. 유년의 흔적이 남아있던 붉은 벽돌집을 떠나면서 화단의 동백나무를 아버지 묘소로 옮겨 심었다. 지금도 여전히 아버지 곁에 있지만 늙은 동백나무는 해마다 왜소해진다. 유년의 뜰, 하늘을 향해 있던 변치 않은 붉음, 이미 다 자란 동백나무 아래 어린 동백나무가 자라고 있다. 연초록 어린 잎이 땅을 뚫고 나와 멀고 깊은 저마다의 북쪽으로 떠나는 늙은 나무의 시간을 배웅한다.

먼 북으로 가는 좁은 길을 우리는 걷고 있다. 먼지 날리는 서점의 책꽂이 앞에서 마주친 인연을 마음에 품으며 고통을 견디어내듯 오늘을 사는 우리도 잇샤의 하이쿠 '이슬의 세상은 이슬의 세상일 뿐, 그래도'를 품고 저마다의 길을 걷게 될 것이다. 모든 이슬방울 안에는 투쟁의 세계가 존재한다. 그러나 이슬의 세상은 이슬의 세상일 뿐이다.

동백(camellia)의 꽃말은 사랑이다. 특히 빨간 동백꽃의 꽃말은 '당신을 열렬히 사랑합니다.'라고 한다. 아버지 살아계실 때 단 한 번도 표현하지 못한 말, '당신을 열렬히 사랑합니다'를 중

시들기 전에 떨어진 동백이어서, 떨어져서 더 붉은 동백이어서

얼거리고 있다. 뒤늦은 고백이 너머의 세계로 날아가 아버지의 마음에 가 닿기를 바란다. 유년의 새빨간 동백나무 아래로 돌아가 '툭' 장렬히 지고 말던 강렬한 외침을 또다시 듣고 싶은 봄날이다.

거울에 비치는 눈동자 속에 아버지가 산다
― 시들기 전에 떨어진 동백이어서 떨어져서 더 붉게 아름다운 사람이어서

거울을 볼 때마다 습관적으로 눈을 바라본다. 눈동자 안에 무엇이 들어있을까? 검고 깊은 홍채 안에 피사체가 된 내가 들어있고 오래도록, 천천히, 집요하게 들여다보면 깊은 곳, 검은 파도로 물결치는 곳에 아버지가 살고 있다. 내 몸 어딘가에 여전히 살아있기에 그는 부재하지 않다. 아버지의 생물학적 유전자 gene과 문화적 유전사 meme을 모두 품고 있는 나는 날마다 검은 눈동자를 통해 뿌리를 더듬는다.

동백이 피던 때, 여전히 그날의 기억으로 돌아가고 마는 것은 연어의 회귀본능처럼 당연한 것이다. 어떤 이루지 못한 소망을 그곳에 남겨둔 것처럼 늘 허기진다.

아마도 아버지가 바라던 대로 자라지 못한 죄스러움과 미안함을 품고 사는 것이리라. 대학 졸업을 앞두고 대학원 진학을 당부하셨지만 원서 마감일까지도 거부했던 기억이 난다. 아버지가 갑자기 세상을 떠나고 직장에 다니면서 비로소 대학원에 입학한 나를 생각하면 어리석었다. 항상 나로 살겠다고, 나답게

살겠다고 외쳤지만 그리 살지 못했다는 안타까움 때문인지 거울에 비친 눈을 바라보면 참혹한 봄의 슬픔이 전해온다.

내 속에서 솟아 나오려는 것, 바로 그것을 살아보려고 했지만 늘 어려웠다. 아버지의 딸이 아닌 나로 살겠다는 외침보다 아버지의 딸이면서, 온전한 나로도 살 수 있었으리라는 생각을 이제야 한다. 눈동자 안에 여전히 젊은 아버지가 살고 계시기에 거울을 마주할 때마다 늘 부끄럽다. 여전히 내 안에 살고 있는 그가 아름다운 삶을 살고 있는가를 묻는다. 아버지가 미처 살지 못한 생까지 제대로 살아야 하지 않느냐고 말한다.

> 내가 아는 그는
> 가슴에 멍 자국 같은 새 발자국 가득한 사람이어서
> 누구와 부딪혀도 저 혼자 피 흘리는 사람이어서
> ……
> 시들기 전에 떨어진 동백이어서
> 떨어져서 더 붉게 아름다운 사람이어서
> 죽어도 죽지 않는 노래 같은 사람이어서
>
> ― 류시화 〈내가 아는 그는〉 부분

지금 이 시간 자판을 두드리며 눈동자 안의 아버지를 그리워하는 것은 오래전 아버지의 책꽂이를 더듬던 손의 기억 때문이다. 오래전 아침을 깨우던 아버지의 경쾌하고 날렵한 타자소리 때문이다. 아버지의 서재에서 맡던 낡은 책 내음, 아버지가 웅크리고 앉아 글을 쓰던 책상의 온기 때문이다. 어딘지 고독하고 쓸쓸했던 아버지의 등 때문이다. 무언가를 수없이 적어놓은 아버지의 푸른 잉크빛 글씨 때문이다. 여전히 놓지 못하는 부재, 꼭 이맘때 동백이 피는 날이면 찾아오는 붉은 그리움 때문이다.

  오늘 비 내리고, 시들기 전에 떨어져서 더 붉게 물든 동백같은 아버지를 눈동자 안에서 발견한다.

**이 황홀한 규칙을 어긴 꽃은
아직 한 송이도 없다**

내게 보여 달라.
아픔 속 아픔으로 나선형을 그리며 떨어지면서도
당신이 당신의 가장 깊은 바람을 어떻게 따르고 있는가를.

— 오리아 마운틴 드리머 〈춤〉 부분

어느 땅에 늙은 꽃이 있으랴
...
아름다움이 무엇인가를 아는 종족의 자존심으로
꽃은 어떤 색으로 피든
필 때 다 써버린다

- 문정희 〈늙은 꽃〉 부분

꽃은 항상 젊다. 필 때도 질 때도 순간임을 알기에 꽃은 어떤 색으로 피든 어디에 피든 필 때 자기 안의 모든 것을 다 써버린다. 꽃의 달력에는 피는 순간과 지는 순간만 존재하기에 내일, 혹은 며칠 뒤, 몇 달 뒤 그리고 몇 년 뒤라는 인간의 달력은 꽃에게는 무의미하다. 모든 것을 다 써버린 자의 울림으로 빛과 바람과 비에 반응한다. 이미 자기 안의 것을 다 써버렸기에 남은 생, 그리고 다음 생에 대한 미련은 없다. 황홀한 규칙이다. 이 황홀한 규칙을 사람들은 얼마나 지키며 살고 있을까?

빨강 수집가의 시간

꽃은 필 때 다 써버린다. 황홀한 규칙을 어긴 꽃은 없다.

 오늘을 제대로 살지도 못하면서 내일을 걱정하고 염려하며 살아간다. 오지 않은 언젠가의 날을 대비해야 한다는 강박에 나의 오늘도, 내일도 어정쩡하다. 제대로 피어보지도 못한 시간을 언제까지 외면할 수 있을까?

 꽃의 피 속에는 주름과 장수의 유전자가 없는 대신 열정, 아름다움, 찬란함, 지금, 순간의 유전자만 있는 것일까? 입안의 길고 보드라운 핑크빛 혀의 몸짓을 빌리는 대신 분별 대신 향기로 존재감을 드러내는 힘은 어디서 기원한 것일까?

 제대로 다 피어버린, 온전히 모든 것을 소모해버린 꽃은 있어도 늙은 꽃은 단 한 송이도 없다. 어떤 색으로 피든 필 때 다 써버리는 황홀한 규칙을 지닌 꽃이 내부로부터 솟아 나온 빨강의 함성을 묵묵히 듣고 있다. 내 안에 제대로 타지 않은 빨강이 남아있다면, 아직 점화되지 않은 빨강의 불씨가 조금이라도 남아있다면 지금이라도 황홀한 규칙을 기꺼이 따르고 싶다.

인생이여
영원하라

이게 나의 전부거든요, 내게 도망가지 않는.
이 말들은 내 안에서 자라나요, 나의 혀나 모국어처럼.
— 리까르도 몰리나리 〈엘레지 4〉 부분

> 무릎, 광택없는 장딴지가 빛을 빨아들인다면 무릎은 빛
> 을 낸다. 셰르기는 푸른 주랑과 오렌지 나무들과 부겐빌레
> 아꽃들 위로 지나간다. 처음엔 서곡序曲과 약속을 사랑했
> 으나, 이제는 현실 속으로 들어가야 한다. 색들을 소생시키
> 기 위해.
>
> ― 베르나르 포콩

 셰르기* 가 얼굴에 닿는 느낌은 어떠할까? 남도의 바닷가에 가면 새우젓 짠 내 같은 바다 내음이 얼굴에 와 닿곤 했다. 어쩌면 모로코의 셰르기는 달콤한 수박 내음을 품고 있는 지도 모른다.

 셰르기가 지나는 정오, 푸른 주랑과 오렌지 나무들과 부겐빌레아꽃들 위로 셰르기의 흔적이 남는다. 진분홍색 포엽이 감싸고 있는 보잘 것 없을 정도로 왜소한 부겐빌레아 꽃말은 정열이다. 진분홍 포엽에 속아 끝없이 날아오는 곤충들의 붕붕거림이 있는 소란스러움과는 별개로 닫힌 문이 있고 다 자란 사내아이 머리통보다 굵은 수박이 뒹구는 방이 있다. 방 안 초록 수박들 사이, 벌거벗은 소년이 구석에 누워있다. 절반 잘린 수박, 부서진 수박, 동그란 구슬 같은 수박. 빨간 속마음을 드러낸 수박이 뒹굴고 있다.

 창문도 없는 방에 어울리지 않는 액자 하나가 벽에 붙어있다. 침대도 이불도 제대로 된 가구 하나 없는 방, 초록 수박덩이와 부서진 수박 사이 양팔을 엑스자로 가슴에 모은 소년이 잠들어

---

* 셰르기 : 모로코 지방에 부는 따스하고 건조한 남동풍

있다. 아직 먹지도 못한 수박, 먹어야 할 수박은 소년이 자라면서 감당해야 할 것들인가. 빨갛게 부서진 속살이 바닥을 수박빛으로 물들이고 있다.

세르기가 지나는 모로코에 갈 수 있을까? 부겐빌레아꽃 향기를 맡을 수 있을까? 새빨간 수박의 절반을 가르면 단물이 흐르듯 삶이 달콤해질 수만 있다면 양팔을 엑스자로 가슴에 모으고 자궁 속 태아처럼 잠들고 싶다.

인생 만세(VIVA LA VIDA)

아직도 둥근 것을 보면 아파요
둥근 적이 없었던 청춘이 문득 돌아오다 길 잃은 것처럼
……
저물어가는 저녁이었어요
수박 한 통 사들고 돌아오는
그대도 내 눈동자, 가장 깊숙한 곳에
들어와 있었지요

— 허수경 〈수박〉 부분

수박은 멕시코인들이 가장 좋아하는 과일로 '죽은자들의 날'이면 상징적으로 수박을 상에 올린다고 한다. 한가운데 진한 녹색 수박이 통째로 놓여있고 그 주위로 제각각 다른 형태의 수박 여섯 덩어리가 놓여있다. 짙은 초록, 노란빛이 돌거나 주홍색이 감도는 수박, 색깔도 모양도 다양하다. 온전한 수박, 절반, 1/4, 뾰

프리다 칼로(Frieda Kahlo), **비바 라 비다**(Viva La Vida): **인생 만세**, 섬유판에 유채, 59.5×50.8cm, 1954, 프리다 칼로 미술관

    내 심장을 위해서는 네 가슴으로 충분하다.
    그리고 네 자유를 위해서는 내 날개면 되고.
    네 영혼 위에서 잠들어 있던 것이
    내 입에서 나와 하늘로 솟아오를 것이다.

― 파블로 네루다 〈네 가슴으로 충분하다〉부분

족뾰족 모양을 낸, 뒷모습과 옆모습의 수박은 사람의 인생처럼 보인다. 동그란 진초록 수박을 한 가운데 두고, 살아온 길이 다른 수박들이 모여 '비바 라 비다'를 외친다. 프리다 칼로가 47세로 사망하기 8일 전에 그린 그림으로 알려져 있는데 수박에 새긴 메시지는 'Viva La Vida(인생이여 영원하라)'다. 죽음을 앞두고 그녀가 외친 "비바 라 비다"는 환호인가? 절규인가? 대견함인가? 한 번도 둥근 적이 없었던 지난 날에 대한 안타까움인가?

어릴 적 소아마비로 생긴 장애와 18세 때 버스와 경전철 교통사고로 인해 30번 이상의 수술을 한 프리다 칼로에게는 육체적, 정신적 고통이 항상 따라다녔다. 멕시코의 국민화가 디에고 리베라와의 결혼을 두 번째 교통사고에 비유할 정도로 불화와 불행의 연속이었지만 애증 관계를 이어갔다.

"짊어지고 간 육체의 고통과 리베라의 사랑 앞에서 늘 무너져 내리는 자신을 표현하기 위해 그렸다."

무너져 내리는 자신을 표현하기 위해 그림을 그렸다는 말은 그림을 그려야만 견뎌낼 수 있었다는 뜻이리라. 그녀가 겪었던 모든 고통이 작품에 투영되어있다. 프리다의 평생 소원은 단 세 가지. 디에고와 함께 사는 것, 그림을 계속 그리는 것, 혁명가가 되는 것이었다고 한다. 수많은 갈등 속에서도 디에고와 여전히 살았으며, 끝없이 그림을 그렸으며 또한 자기 삶의 혁명가처럼 견디어왔다. 모두 이루어졌다. 그러하기에 마지막 순간에 '인생 만세, 인생이여 영원하라'를 외친 것이었을까?

1953년 멕시코에서 첫 개인전을 열었을 때 칼로는 침대에 누운 채 전시에 참석할 정도로 건강이 좋지 않았고 그로부터 1

디에고 리베라(Diego Rivera), **수박**(The Watermelons), 1957년

내 가슴을 베어 조각내는 갈망,

다른 길을 가야 할 시간이다, 그녀가 웃지 않는 길.

…

오, 모든 것으로부터 멀어지는 길을 가는 것,

고통도 죽음도 없이, 겨울이 이슬을 통해

그 눈을 뜨고 기다리고 있는 거기로.

— 파블로 네루다 〈거의 하늘을 떠나〉 부분

년 뒤 세상을 떠난다. 칼로가 쓴 마지막 일기에는 '이 외출이 행복하기를, 그리고 다시는 돌아오지 않기를'이라고 적혀있다. '인생이여 영원하라'와 '다시는 돌아오지 않기를' 중 어느 것이 프리다 칼로의 진심이었을까? 아마도 '인생이여 영원하라!(인생 만세)'는 마음의 반어적 표현이었을지 모른다. 세상에서 누군가 사라지고 없어도 여전히 누군가의 인생은 영원할 것이니까….

디에고 리베라의 수박은 프리다 칼로의 수박과는 다른 느낌을 준다. 중앙에 온전한 한 덩이의 작고 동그란 수박이 있고 그 주위에 절단된 수박들이 있다. 길쭉한 수박, 누군가 먹다 남긴 수박, 빨간 속살에 촘촘히 박힌 검은 씨앗들, 두꺼운 초록 껍질 안에 혁명의 피처럼 붉은 것들이 존재한다. 디에고의 수박은 전체적으로 모양이 길쭉하고 빨갛게 잘 익었다. 어딘지 모르게 여유가 느껴지는 것은 수박들이 제각각 자유롭게 분산되어 있기 때문인지도 모른다. 중앙의 동그란 수박을 여섯 개의 모양과 크기가 다른 덩어리가 에워싸고 있는 프리다 칼로의 작품과는 달리 상 옆에 앉은 누군가를 위해 잘라놓은 것처럼 보이는 디에고의 수박은 뾰족하지 않은, 굴곡 없는 삶에 대한 투영일까?

그림 속 수박에 디에고의 삶이 투영되어 있다면 어떤 것일까? 먹다 만, 온전히 동그란, 정확한 반절, 1/4쪽… 디에고 리베라가 프리다 칼로처럼 수박에 글씨를 새겨놓는다면 어떤 말을 새겨놓을지 궁금해진다.

멕시코의 국민화가이자 민중화가인 그는 '멕시코여 영원하라 혹은 민중이여 영원하라'를 적어놓을 수도 있지만 인생에 대한, 프리다 칼로에 대한 진심 어린 목소리를 듣고 싶다. 빨간 피 혹은 빨간 눈물 흘리는 수박 같은 삶을 살아온 프리다가 디에고 리베라에게는 어떤 존재였을까? 가슴을 베어 조각내는 갈망 같은 그녀는 그보다 먼저 세상을 떠났고 비로소 고통으로부터 벗어날 수 있었다.

붉은 장미를 끝없이 피워내는 밤

이제- 불가능한 장미-너의 시간이 시작된다.
대기의 바늘로 얽어짠
손 닿지 않는 쾌감의 바다,
거기 모든 장미들은
장미라기보다
아름다움의 감옥 없는 아름다움

— 마리아노 브룰 〈장미에 바치는 비명〉 부분

철의 심장 같은 아마벨의 시간

회색 도시, 이미 죽어버린 고철, 그 안에 누군가의 심장이 있어 깊은 밤, 붉은 장미를 끝없이 피워내는 것일까?

한국 벤처산업의 상징인 테헤란로, 세계적 철강회사 포스코(POSCO) 본사 사옥 앞에는 프랭크 스텔라의 작품 〈꽃이 피는 구조물(Flowering Structure : 아마벨)〉이 자리 잡고 있다. 철골과 유리로만 지어진 최첨단 건물 앞에 가로 세로 높이가 9m, 무게 30톤의 장미 모양 고철 덩어리가 놓여있다.

프랭크 스텔라는 비행기 사고로 죽은 소녀의 이름 '아마벨'을 작품명으로 정하고 실제 비행기 잔해를 작품에 사용하였다고 한다. 녹슬지 않는 스테인리스 스틸로 주물을 만들고 사고 비행기 고철을 이용한 작품은 파리의 에펠탑처럼 호불호가 극명한 작품이다. 흉물스러운 고철 덩어리로 예산 낭비라는 비난과 함께 이보다 더 상징적인 현대 미술은 없다는 극찬을 받는 〈아마벨〉은 여전히 테헤란로를 지키고 있다. 최근 공공예술에 대한 인식이 점점 확산되면서 상징적 메시지를 담은 걸작으로 받아들여지고 있다.

인류 문명에 있어서 철만큼 강력하고 유용한 재료가 있을까? 포스코 사옥 앞에 놓인 고철은 문명과 반문명의 상징처럼 보이기도 하고 급조된 문명의 서글픈 미래를 보여주는 것 같다. 〈아마벨〉은 테헤란로에 어둠이 내리기 시작하고 조명이 켜질 때 다양한 색상의 장미로 피어나기 시작한다. 불 밝힌 도시 건물의 윤곽만이 드러나는 밤, 철의 심장 같은 아마벨은 밤새 피고 또

프랭크 스텔라(Stella, Frank/1936~/ 미국), **아마벨** (스테인리스 스틸, 1996년작)

철의 심장 같은 아마벨이 피어있다

핀다.

  날카로운 문명의 도시에서 거대한 붉은 꽃은 비바람, 눈보라에도 흩날리지 않고 흔들림 없이 자리를 지킨다. 끝없이 피어나기만 할 뿐 소멸하지 않는 꽃에는 한때 하늘을 날았던 날개, 이루지 못한 소녀의 꿈이 담겨있다. 〈아마벨〉은 단조롭지만 맹렬하게 피어나는 꽃. 오래오래 피 흘리듯 붉게 핀 꽃이다.

> 여름의 마지막 장미가 피어 있는 것을 나는 보았다
> 그것은 마치 피를 흘릴 듯 붉은 빛깔이었다
> 그 옆을 지나가면서 나는 몸서리치며 말했다
> 삶에서 이렇게 멀리 왔으니 이토록 죽음에 가까이 왔구나
>   — 프리드리히 헤벨 〈여름 소묘〉 부분

아름다움이란 덧없는 영혼들의 춤

오래전 장미를 보러 달려가던 시절이 있었다. 호스피스 병동의 5월, 장미가 마른 잎들을 떨구어내듯 어머니는 날마다 왜소해지고 있었다. 마지막 잎을 떨구게 될 그 날이 어떤 날은 병원 입구까지, 또 어떤 날은 엘리베이터 앞까지, 또 어떤 날은 병실 문 앞까지 다가오고 있었다. 형체를 알 수 없는 무언가가 다가오는 것 같았다. 병실을 뛰쳐나와 장미를 보러 달렸다. 오늘이 지구상에서 마지막으로 장미를 볼 수 있는 날인 것처럼. 하지만 장미는 여전히 그곳에 피어있었다. 정오의 태양 아래 반쯤 목이 꺾인 장미들이 한숨 같은 메마른 향기를 발산하고 있었다.

어머니의 가는 팔뚝 위로 구불구불한 혈관들이 아주 좁은 골목길처럼 이어져 있었다. 골목길 모퉁이 어딘가에 단 하루도 당신 자신으로 살아본 적 없었던 어머니의 삶이 있었다. 어머니는 지금 어느 길 위를 걷고 있을까?

곡소리가 터져 나왔다. 어김없이 '평화의 방' 앞에 촛불이 켜졌다. 저승으로 건너기 위한 이승에서의 마지막 의식이었다. 염 하는 사내가 울긋불긋한 담요로 둘둘 만 무엇인가를 싣고 있었다. 바퀴소리와 울음소리가 병실 복도에 기묘한 화음을 만들어 냈다. 잠든 척 눈을 감고 계시던 어머니가 몸을 뒤척이며 이불을 끌어당겼다. 병실에서 누군가 실려 나가면 그날 내내 병실 분위기는 가라앉았다. 눈을 감으면 오열하는 소리와 염하는 사내가 끌던 이동 침대 바퀴소리가 들려왔다. 이미 영혼은 빠져나가고 세월의 껍데기만 남은 몸을 정갈히 씻기고 입관 준비를 할 것이다. 번데기를 찢어버린 나비는 너머의 세계로 날아갔으리라.

입술이 바짝 마른 어머니가 "어쩐지 오늘이나 낼 집에 한 번 가야할 것 같아. 집안 단속해 둔 것들을 일러주어야 할 텐데." 차로 이동하면 불과 15분 정도 거리였지만 외출 허가는 끝내 나지 않았다. 깊은 숨이 공중 분해되고 있었다.

잠재된 죽음이 침묵처럼 내려앉은 병실에 단 한 순간도 머무르고 싶지 않았다. 살아있는 장미를 보아야겠다고 생각했다. 병실을 나와 장미정원을 향해 달렸다. 오천 송이 장미보다 별에 두고 온 단 한 송이 장미가 소중한 까닭은 정성을 다한 시간 때문이라고 『어린왕자』에서 여우가 말했다. 장미정원의 장미들이 아름다운 것은 정성을 다한 시간 때문일 것이다. 어머니의 장미는 어디에 있을까? 누가 어머니의 이름을 불러주었을까? 어머니가 거쳐 온 시간이 꽃 속에 들어있을 것이다.

목 꺾인 장미들의 암술과 수술이 드러나 보였다. 최후의 순간을 기다리고 있었다. 멀리서 보았을 땐 한 덩어리의 아름다움으로 보였는데 낱낱이 들여다보니 개별화된 죽음이 보일 뿐이었다. 회색 병실을 뛰쳐나와 보고자 했던 것은 말라비틀어진 마지막 몸부림이 아니었다. 눈을 감고 곧바로 뒤돌아섰다. 목이 반쯤 꺾인 장미들이 일제히 고개를 들고 바라보았다. 가시가 곤두선 것처럼 느껴졌다. 모든 것은 소멸할 운명이라는 것을, 언젠가는 이별할 때가 다가온다는 것을, 아름다움이란 덧없는 영혼들의 춤이라는 것을 말하려는 것 같았다. 누군가에게 눈짓이 되고 의미가 되는 것은 소멸의 또 다른 표정일 뿐이라고, 누군가의 무엇으로 살아온 지난 날들은 목이 꺾여도 소멸하지 않는다고 바락바락 외치고 있었다.

  새벽 3시. 전화벨이 울렸다. 어둠 속에서 주섬주섬 검은 옷을 찾아 입었다. 절박한 숨을 토해내던 목 꺾인 장미들의 거친 숨소리가 느껴졌다. 캄캄한 밤, 별들이 유난히 반짝였다. 삶은 죽음을 피해 달아나고 죽음은 삶을 쫓아 달리고 있었다. 누구나 삶과 죽음의 숨바꼭질로부터 자유롭지 못하리라는 것을, 죽음과 삶은 분리된 것이 아니라는 것을, 아무리 멀리 달아나려 해도 예외 없이 죽음이 어디선가 다가오리라는 것을 안다. 소멸과 부재의 고통을 견디기 어려워 장미정원을 향해 달려도 결국은 소멸과 부재를 확인하게 되리라는 것을 안다.

  모든 살아있는 것들이 그러하듯 언젠가는 나도 장미정원의 목 꺾인 장미가 되고 말 것이다. 하지만 누군가 나의 이름을 끝없이 불러주는 한 나의 눈짓은 여전히 남아있을 것이다. 장미정원의 어머니는 구부러진 골목길 모퉁이에 서 있었다. 어머니의 이름을 가만히 불러보았다. 목 꺾인 장미 한 송이가 툭 떨어졌다. 삶이 지고 있었다.

모든 것의 본질에 다다르고 싶다

상자 속에서 바람이 불고 눈이 내리고 밤이 오고 밤이 가고
바람이 몰아치고 눈이 뒤집히고 밤이 밤을 놓치고
가장 아픈 형식으로
세상의 모든 창이 부서질 때
가장 아름다운 형식으로

— 백은선 〈어느 푸른 저녁〉 부분

보리스 레오니도비치 빠스쩨르나끄(Boris Leonido Pasternak)의 시 〈모든 것에서 나는〉을 읽는 여름, 변덕스러운 날씨다. 며칠째 장마가 이어지더니 불볕더위가 시작인 듯싶더니 마른 하늘에 뇌성이 치고 순식간에 장대비가 내린다. 인간의 일조차 알 수 없는 인간이 하늘의 일을 알 리 없다.

인간에게 불을 가져다준 신화 속 인물 프로메테우스는 어원상 '선지자, 앞을 내다보는 자'라는 의미를 품고 있다고 한다. 인간에게 불을 가져다줌으로써 자신에게 일어날 일을 예측할 수 있음에도 불구하고 인간을 도왔다. 불을 가져다준 죄로 평생 독수리에게 간을 쪼이는 벌을 받으면서도 한 치 앞도 내다볼 수 없는 인간이 연민으로 다가왔으리라.

『닥터 지바고』로 유명한 작가이자 시인이기도 했던 그는 〈모든 것에서 나는〉에서 삶의 본질, 열정의 기원에 대하여 이야기한다. 첫 구절이 강렬하게 다가왔다.

> 모든 것에서 나는
> 본질에 다다르고 싶다.
> 일을 할 때나 길을 찾을 때,
> 마음이 뒤숭숭할 때도

세상의 본질, 사람의 본질, 자연의 본질. 나의 본질, 인생의 본질. 늘 본질에 대해 묻지만 답을 찾지 못한다. 흘러간 세월의 실체와 원인, 토대와 근원, 고갱이를 더듬는 시인도 나와 같은 생각이었을까?

모든 것에서 나는

본질에 다다르고 싶다.

일을 할 때나 길을 찾을 때,

마음이 뒤숭숭할 때도.

흘러간 세월의 실체와

그것의 원인,

토대와 근원,

고갱이까지.

……

열정의 법칙과

기원을 도출해 내고,

그 이름의 이니셜을

되뇔 텐데.

― 보리스 빠스쩨르나끄 〈모든 것에서 나는〉 부분

'언제나 운명과 사건의 실마리를 늘 부여잡은 채, 살고, 생각하고, 느끼고, 사랑하며 계시를 실현하고 싶다.'는 그의 바람은 이루어졌을까? 살고, 생각하고, 느끼고, 사랑하기는 쉽지 않은 일이다. 여름은 온통 맹렬한 것들의 계절이다. 맹렬하지 않으면 살 수 없는 계절이기도 하다. 본질에 다가가지 못한 나는 자꾸만 뒤로 물러선다. 뒷걸음질 치지 말자고 다짐한다. 시간이, 계절이, 마음이, 생각이 껍데기가 아닌 본질로 다가올 수 있기를 바란다.

 열정의 법칙과 기원을 도출해 내고 그것의 이니셜을 가슴에 새길 수 있다면, 달성된 결정의 유희와 고뇌, 팽팽한 활의 긴장된 시위를 힘껏 당길 수만 있다면 여름이 그렇게 무기력하지는 않을 텐데 아무것도 하지 못하고 장마와 태양과 천둥 번개에 이끌려가고 말았다. 비겁하게 때로는 비굴하게.

꽃의 본질, 나의 본질을 읽는 일

　　나는 시방 위험危險한 짐승이다.
　　나의 손이 닿으면 너는
　　미지未知의 까마득한 어둠이 된다.

　　존재의 흔들리는 가지 끝에서
　　너는 이름도 없이 피었다 진다.

　　　　　　　― 김춘수 〈꽃을 위한 서시〉 부분

 본질을 인식한다는 것은 늘 어렵다. 삶에서 본질은 어딘가에 감추어져 있게 마련이다. 불어오는 바람에 꽃잎이 거침없이 날렸다. 빨간 꽃잎들 사이 감추어진 화사한 노랑은 사라지고 칙칙한 갈색, 커피 빛으로 말라버린 암술과 수술만 남았다. 벌도, 나비도 더 이상 찾아오지 않는다. 바닥에 날린 빨강 꽃잎들. 바람이 가지를 흔들 때마다 흩날리는 것들은 장미의 꿈이었을까, 덧없는 한숨이었을까, 독백이었을까? 겹겹이 싸인 눈꺼풀 속

모든 것의 본질에 다다르고 싶다

익명의 잠에 빠진 장미에게 묻고 싶다.

본질을 은폐하던 빨강은 사라지고 본질만 남아 단단히 가지를 붙잡고 있다. 꽃이 사라진 가지, 화석이 된 꽃받침은 뒤로 젖혀져 있다. 그 마른 것들 사이에 지난 겨울과 봄의 흔적들이 묻어있다.

박제된 꽃을 바라보는 나는 시방 위험한 짐승이다. 미지의 까마득한 어둠에서 존재의 본질에도 다가가지 못하고 일상에 매몰된 채 무명의 어둠 속에서 시의 화자처럼 한밤내 운다. 쉼 없이 흔들리는 가지 끝에서 존재를, 존재의 본질을 보여주는 한여름 새빨간 장미 앞에서.

이미 모든 것을 벗어던지고 비로소 자유로워진 장미 앞에서 무엇을 바라 웅크리고 있는 것일까? 생각해보면 고독과 우울의 유전자를 지닌 나는 날마다 내재된 고독과 우울 사이를 거닌다. 〈꽃을 위한 서시〉 속 화자는 존재의 어둠으로 가득 찬 세계를 돌개바람처럼 떠돌다가 견고해 보이는 탑을 흔들고 그 흔들림이 돌에까지 스미면 금이 될 것이라고 기대한다. 여기서 그치지 않고 시인은 마지막 한 줄을 덧붙였다. '얼굴을 가리운 나의 신부여'라고… 존재의 본질을 찾는 일이, 그 본질에 다가서는 일이 결국은 얼굴을 가리운 신부 앞에 서 있는 듯한 막막함으로 다가온다는 것일까?

  향기도 보드라운 잎사귀도 화사한 색도 모두 내려놓은 것들의 본질을 읽으려 한다. 책을 읽듯 활자화된 꽃의 본질을 읽어내려 한다. 멀리서 새들이 운다.

침묵의 체에서 걸러진 꽃들

봄의 사물들은 몹시도 연해서 큰 소리를 내며 시간의 단단한 벽을 부수고 나올 필요가 없었다. 알지 못하는 사이에 봄의 사물들은 시간의 갈라진 틈으로 스며나와 돌연히 거기서 나타난다.

— 막스 피카르트 〈시간과 침묵〉 부분

빈센트 반 고흐(Vincent van Gogh), 꽃피는 아몬드 나무(Almond Blossom), 1890, 암스테르담 반 고흐 미술관

평생동안 인생의 빛을 찾아 헤매던 빈센트 반 고흐가 프랑스 남부 도시 아를과 생레미에서 처음으로 마주한 풍경은 추운 겨울을 지나고 막 꽃이 피어나기 시작한 아몬드 나무였다. 〈꽃피는 아몬드 나무〉는 1890년 동생 테오의 아들, 빈센트라는 이름을 지닌 조카를 위해 그린 작품이다.

"희망이란 특별한 게 아니야. 풀처럼, 꽃처럼, 흙처럼 자연을 느끼는 일이지."

빈센트 반 고흐(Vincent van Gogh), **Tree in red background : Red almond blossoms**, 1890년

　〈붉은 바탕 아몬드 나무꽃〉은 일본풍 우키요에에 매료되어 그린 작품으로 동양에서 부를 상징하는 빨강을 배경으로 하고 있다. 일본 에도시대(1603~1867) 풍속화 우키요에의 뜻은 '뜬 세상' 즉 덧없는 세상이라는 의미를 담고 있다. 유럽에 우키요에가 처음 소개된 것은 1854년 무렵인데 1867년 파리만국 박람회에 '자포니즘'*을 유행시키는 계기가 되었다.

──────────

* 자포니즘(japonism): 19세기 중반 이후 서양 미술 전반에 나타난 일본 미술의 영향과 일본적인 취미, 일본풍을 즐기고 선호하는 현상

파리 엑스포를 통해 일본 민예품이 유럽으로 유입 시 도자기가 깨지지 않도록 완충제 역할을 하는 포장지로 우키요에 판화 그림이 사용되었는데 구겨진 우키요에를 펼쳐보던 화가이자 판화가 펠릭스 브라크몽은 동양의 생소한 아름다움에 매료되었다.

화려한 색채, 날렵하고 섬세한 묘사, 인간을 압도하는 자연의 모습이 강조된 우키요에는 인물이나 사물을 그릴 때 전체를 담아야 한다는 관습에서 벗어나 있었다. 바로 이런 점이 유럽 인상파 화가들에게 자극을 주었고 반 고흐는 판화가 우타가와 히로시게나 안도 히로시게의 작품을 주로 모사하기도 했다.

똑같은 구도의 아몬드 나무인데도 파란 하늘을 배경으로 한 것과 빨강을 배경으로 한 느낌은 상당히 다르다. 배경색의 변화만으로도 꽃피는 아몬드 나무가 불타는 아몬드 나무처럼 보인다. 가지마다 하얀 등을 켠 아몬드 나무는 평생 궁핍하고 고독했던 고흐에게 뜨거운 열망을 불러일으키고 조카의 여유롭고 충만한 삶에 대한 기원이 담겨 있다.

> 봄은 겨울로부터 오는 것이 아니다. 봄은 침묵으로부터 온다. 봄의 어느 아침, 꽃들을 가득 달고 벚나무가 서 있다. 하얀 꽃들은 그 가지에서 나온 것이 아니라 침묵의 체에서 떨어져 나온 것 같다. 아무 소리도 들리지 않게 그 꽃들은 침묵을 따라서 미끄러져 내려왔고 그래서 하얀 빛이 되었다.
>
> — 막스 피카르트 〈시간과 침묵〉 부분

추운 겨울 지나고 막 꽃이 피기 시작한 아몬드 나무, 새하얀 아몬드 꽃도 침묵의 체에서 떨어져 나온 것이리라. 연하고 보드라운 봄의 틈새를 뚫고 꿈틀거리는 가지 끝에서 나무의 침묵들이 결국 꽃을 피워냈다.

내가 제대로 꽃 피우지 못하는 것은 계절과 계절 사이 침묵의 체를 찾아내지 못하기 때문일까? 어딘가에 있을 침묵의 체, 아무 소리도 들리지 않게 미끄러져 내려와 아무도 모르게 피어날 인생의 꽃들, 내 인생의 아몬드 나무, 강렬한 꿈틀거림으로 하늘을 향해 뻗어 나가야 한다.

몬드리안의 저녁,
붉은 나무 아래에 서다

나무 한 그루 내 곁에 서 있기까지
꽃 지고 잎 피어 열매 맺는 순명의 사계가
나이테와 나이테 사이에 둥글게 새겨지고
또 얼마나 길고 긴 시간 걸어와
나무는 서 있는 것일까

— 정일근 〈나무 한 그루〉 부분

예술가의 사명은 보편적이고 객관적인 아름다움을 찾아내는 것이라고 생각했던 몬드리안은 나무 한 그루를 그릴 때도 나무 안의 본질을 찾고자 하였다.

뜨거운 추상의 대가라 불리는 칸딘스키와 대조적으로 몬드리안의 추상을 차가운 추상으로 부르지만 〈저녁, 빨간나무〉는 절제미와 엄숙미 대신 열망과 회한, 그리움, 계산되지 않은 질서, 원초적인 본능이 빨간 머리 여인의 헝크러진 머리칼 같은 붉은 가지에 가득 차 있다.

강렬한 선과 색의 조합으로 익숙한 몬드리안의 작품 〈저녁, 빨간나무〉 아래에 서 있다. 파란 하늘을 배경으로 석양 무렵, 겨울 나무가 빨갛게 타오르고 있다. 잎도 열매도 꽃도 없는 나목, 내부의 피가 끓어오르고 대지의 기운이 혈관처럼 나무의 온몸에 번져나간다. 굵은 줄기에서 가는 가지의 끝에 이르기까지 빨강으로 불탄다. 저녁의 빨간 나무 아래, 남겨진 생의 시간을 생각한다. 언젠가는 누구에게나 인생의 저녁이 다가올 것이다.

때로는 하루가 시작되어도 아무런 희망이 보이지 않는
날이 있습니다
모든 것이 점점 더 나빠지기만 합니다
어둠이 밀려오고
아무도 날 이해하지 않습니다
세상은 귀머거리 기계, 마음도 머리도 없는 기계
때로는 기다리고 기다리고 또 기다리고

그러나 달라지는 것은 아무 것도 없습니다

그리고 모든 일은 한꺼번에 터집니다

아름다운 것은 날 피해가고, 끔찍한 운명은 피할 수 없습니다

때로는 자신도 모릅니다. 무엇을 해야할지, 내가 누구인지, 내가 어디있는지

하루가 끝나가도 아무런 희망이 없는 것 같습니다

그러나 문득 바로 앞에

조용히 기다리고 있는 것이 있습니다

밝고 빛나는 모습, 내가 바라던 그 모습으로

— 숀탠 『빨간 나무』 부분

소녀는 알지 못했지만 처음부터 끝까지 작은 빨강 나뭇잎 하나가 소녀 곁에 있었다. 그리고 마침내 소녀의 눈에 거대한 빨간 나무 한 그루가 보인다.

하루가 시작되어도 희망이 없어 보일 때, 그날이 그날 같을 때 무엇을 해야할지, 어디로 가야할지 알 수 없을 때 오직 기다림만이 유일한 대안일 때의 막막함을 생각한다. 가끔 나는 인디언식 이름으로 '기다리는 여자'라고 스스로 생각할 때가 있다. 무엇을 기다리고 있는지, 기다려야 하는지 인생은 알려주지 않는다. 하지만 기다림의 시작도, 끝도 모두 내 선택이라는 것, 또한 그 기다림의 결과까지도 오롯이 내 몫이라는 것은 분명하다.

소녀는 견딜 수 없었던 순간들 때문에 정처 없이 어딘가로 배회하였지만 빨간 나무는 줄곧 소녀의 방, 질리도록 익숙한 그

피에트 몬드리안(Piet Mondrian), **저녁: 빨간 나무**(Evening: Red Tree, 1908~1910년)

방에서 소리 없이 자라고 있었다. 마음이 어디에 있든, 발걸음이 어디로 향하든 마음 밭에 빨간 나무 한 그루 자라고 있다면 그래도 괜찮은 인생 여정일 것이다.

 저 나무 아래, 귀머거리 기계 같은 세상, 머리도 가슴도 없는 세상에 지친 소녀가 서 있다. 어쩌면 우리들의 모습이다. 그래도 다행히 저녁이다. 아직은 밤이 오지 않았다.

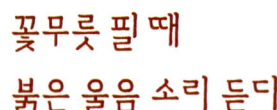
꽃무릇 필 때
붉은 울음 소리 듣다

꽃잎에서 슬픔의 수액이 돋는다.
…

누가 열렬한 슬픔의 눈을 뜨고
꽃의 중심에서 울고 있나
하나씩 꿈을 떠나보내며
누가 빈 몸으로 울고 있나

— 최승자 〈비, 꽃, 상처〉 부분

지천에 꽃무릇 만발할 때 서정주 시집 『질마재 신화』에 수록된 〈신부新婦〉를 떠올린다.

'첫날밤 문 돌쩌귀에 옷자락이 걸린 것을 신부의 음탕함으로 착각한 신랑은 뒤도 안 돌아보고 나와 버렸는데 4,50년이 지난 뒤 우연히 신부네 집 옆을 지나다 문을 열어보니 신부는 초록 저고리 다홍 치마, 겨우 귀밑머리만 풀린 첫날밤 모습 그대로 앉아 있었다. 안쓰러운 마음에 어깨를 어루만지니 그제야 초록 재와 다홍 재로 폭삭 내려앉아 버렸다'는 그 시가 떠오르는 것은 아마도 초록과 다홍의 강렬한 이미지 때문일 것이다. 다홍 저고리 초록 치마를 입은 것 같은 꽃무릇이 흐드러지게 피어있다. 어깨를 짚으면 후두둑 빨강 재로 쏟아질 것 같은 꽃무릇….

꽃무릇 같은 여인이 있었다. 어느 해 가을 약간씩 비가 내리던 날 용천사에 들렀다. 촉촉하게 젖은 돌담 아래 꽃무릇이 지천이었다. 초록색 가는 허리가 시리도록 눈에 박혔다. 빗줄기가 점점 굵어져 서둘러 내려가는 길, 세련된 아웃도어를 입은 중년 남녀가 올라오고 있었다. 풍채 좋은 남자를 대충 보고 그 옆의 여인을 본 순간, 모든 것이 정지되었다. 호리호리한 몸, 갸름한 얼굴, 모자를 썼지만 쏟아질 듯 커다란 두 눈이 들어왔다. 내 곁을 스쳐 지나갔다. 꽃향기가 풍겼다.

숙모는 나를 알아보지 못했을 것이다. 초등학생이던 나를 마지막으로 보았을 테니… 본래 성격이 그러했는지, 생계에는 무관심한 당숙 때문인지 알 수 없지만 조용하고 말이 없었다. 독백인지, 소곤거림인지 모를 소리를 조금씩 뱉어내곤 했었다.

예술의 거리에 있는 10평 남짓 작업실에서 당숙은 동양화를 그렸다. 전시회를 열어도 그림 한 점 팔리지 않는 무명화가인 당숙이 새하얀 종이 위에 정갈한 수묵화를 그리는 동안 숙모는 웃음을 팔았다. 수묵이 번지던 한지는 해쓱한 숙모의 얼굴색을 닮았다.

당숙은 가끔 큰집에 들를 때마다 갓 튀긴 튀김들을 사 오셨는데 물감 하나 사기에도 늘 쪼들렸을 그가 조카들을 위해 엄청난 양의 튀김을 사 온 것을 생각하면 지금도 마음이 아리다. 아마도 유독 그 당숙을 기억하는 것은 기름 묻은 갈색 봉투 안에 종류별로 담겨있던 튀김 때문이 아닐까?

눈이 움푹 꺼지고 몸은 꼬챙이처럼 마른, 얼굴은 흙빛에 가까운 모습으로 들르시곤 했는데 화실을 정리하고 항암치료 중이라는 소식을 들은 지 얼마 안 되어 세상을 떠났다. 숙모에게 남은 건 팔리지 않는 그림들, 수묵향이 밴 화실과 밀린 월세였다.

오랜 세월이 흐른 뒤 우연히 마주친 숙모는 훨씬 우아하고 행복해 보였다. 아내가 벌어온 돈으로 먹고 살았지만 예술에 대한 자존심 하나로 버텨온 당숙이 생각나서인지 코끝이 싸했다. 가난한 그가 종이봉지가 터지도록 가득 담아온 튀김 조각들이 떠올랐기 때문이었다. 갓 튀긴 튀김의 온기가, 바삭한 소리가, 고소한 냄새가 꽃무릇 흐드러진 절집에서 스멀스멀 피어오르고 있었다. 유년의 뜰, 지난날의 온갖 소리와 냄새들이 넘치도록 달려오고 있었다.

아쉬운 마음에 자꾸 뒤돌아보는데 풍채 좋은 남자와 숙모는 이미 시야에서 사라지고 없었다. 당숙의 수묵화가 망막에 번지고 있었다. 병들어가는 당숙의 눈에 입술을 붉게 칠하고 늦은 외출을 서두르던 숙모는 날마다 피어나는 꽃처럼 보였으리라. 수묵화가 밥이 될 수는 없지만 숙모의 웃음은 밥이 되었다. 그 밥을 먹어야 했기에 당숙은 결국 병에 걸린 것일까? 그 뒤로 여러 번 꽃무릇 필 무렵이면 용천사에 가보았지만 두 번 다시 그녀를 보지 못했다.

꽃무릇의 학명은 Lycoris radiata이고 별칭으로는 Red spider lily다. 꽃이 무리지어 핀다는 의미로 꽃무릇이라 부르며 초가을에 붉은 꽃이 먼저 피고 꽃이 진 뒤에 잎이 난다. 꽃과 잎이 한

빨간 꽃잎에서 슬픔의 수액이 돋는다

곳에서 볼 수 없어서 '이루어질 수 없는 사랑', '참사랑'이란 꽃말을 지닌다.

> 핏속에 거미들이 산다
> 핏속에서 일하고
> 핏속에서 잠들고
> 핏속에서 사랑하고
> 핏속에서 먹고
> 핏속에서 죽고
> 핏속에서 부활하는 거미들에게
>
> 피는 무궁무진한 슬픔의 창고
>
> 물과 피를 거미줄로 바꾸는
> 직조의 달인들은
> 어떤 혈관에든 숨어들어 실을 뽑고 천을 짠다
>
> — 나희덕 〈붉은 거미줄〉 부분

 붉은 거미줄의 시간에 꽃은 한 마리 붉은 거미가 된다. 붉은 피로 옷을 짓고, 붉은 피로 신발을 짓는다. 붉은 피로 입술을 칠하고 붉은 피로 머리를 감는다. 자기 안의 붉은 것들을 연결짓는다. 연결할 수 없는 것들은 붉음의 행간을 건너뛰지 못하고 붉음의 징검다리를 놓는다. 직조의 달인처럼 무궁무진한 슬픔의 창고인 피 속에 손을 내밀어 붉음을 꺼내와 다시 붉음을 짓는다. 붉은 거미들이 붉은 실을 뽑아낸다. 지천에 흐드러진다.

보금자리와 덫의 세상엔 피 흘리는 것들이 있다. 세상은 온통 붉은 것들의 세상. 눈가가 붉어지고 얼굴이 붉어지고 눈동자가 붉어지는 것, 돌아서는 등이 붉어진다. 붉음이 땅을 물들인다. 이미 내려앉은, 이미 가라앉은 붉음 속에 여전히 붉음에 취한 벌 한 마리 비틀거린다. 선홍빛이 짙은 갈색으로 변해갈 때까지 그 자리를 지키는 나는 붉은 거미. 붉음 몇 조각을 느릿느릿 꺼내온다.

검붉은 수수들이
쏴악쏴악 소리를 내고 있었다

단지 나 자신의 생각대로 살아왔습니다. 행복을 사랑했고, 힘을 사랑했고, 아름다움을 사랑했습니다.

— 모옌 『붉은 수수밭』 부분

빨강 수집가의 시간

8월 만추가 되면 끝도 없이 펼쳐진 수수의 붉은빛이 광활하게 일렁이는 피바다를 이루곤 했다. 수수로 덮힌 가오미 마을은 찬란하게 빛났다.

『붉은 수수밭』의 원 제목은 『붉은 수수 가족』이다. 모옌의 연작 붉은 수수, 고량주, 개의 길, 수수 장례, 기이한 죽음 중 첫 번째 작품 '붉은 수수'를 원작으로 한 영화가 베를린 영화제 황금곰상을 수상하면서 더 유명해진 소설이다. 『붉은 수수밭』은 할머니와 위 사령관 세대, 아버지와 나로 이어지는 삼대의 역사가 담겨있는데 화자인 내가 이름 없는 무덤과 몇 줄의 기록만으로 남겨진 집안의 역사를 이야기로 복원해가는 내용이다. '나'가 서술자인 동시에 '할머니 · 할아버지 · 아버지 · 어머니'가 수시로 화자로 등장하여 생동감을 준다.

1920년대 중반부터 1940년대 초반, 중국 산둥성 가오미 지방을 배경으로 하고 있다. 가오미 둥베이 지방은 붉은 수수가 검붉은 빛으로 일렁이고, 생명의 근원인 모수이강이 흐르는 곳이다. 피비린내와 수수 익어가는 냄새가 뒤섞인 곳, 사랑, 증오, 찬란함과 비장함, 잉태와 소멸, 환희와 절규가 공존하는 역설의 공간이다. 피로 물든 검은 수수밭과 모수이 강에서 사람들은 사랑을 나누고, 저항하고, 생에 맞서고 죽어간다. 붉은 수수는 거침없이 자라고 꺾이고 또다시 자란다.

짙은 안개 속에서 붉은 수수의 우울한 표정을 읽고 수수들의 신음 소리, 웃음과 울음 소리를 듣는다. 온갖 제도적 구속에서 벗어나 자신의 운명을 개척한 여자 추얼과 사회적 하층민이라는 한계를 극복하고 뛰어난 능력을 바탕으로 일제에 저항한 위

수수의 슬픔은 처연했고 수수의 사랑은 격렬했다

잔아오를 주축으로 전개된 과거와 화자인 내가 살아야 하는 현재 그리고 어떤 형식으로든 펼쳐질 미래가 수수밭 바람 소리에 섞여있다.

  죽음은 한 세대에서 다른 한 세대로 이어지면서 유한한 삶을 무한한 생명의 유전으로 바꿔놓는다. 붉은 수수 한 알이 신화 한 편이 되고 흑토 위에 뿌리 내리고 꽃을 피우고 다시 씁쓸한 열매를 맺으며 또 다음 세대로 이어지면서 마침내 삶을 완성한다.

  문둥병을 앓고 있는 양조장집 아들 산볜량에게 나귀 한 마리

값으로 팔려 시집가는 추얼이 꽃가마꾼 위잔아오와 사랑에 빠져 나의 아버지를 잉태하는 시점에서 소설은 시작된다.

　수수냄새가 가슴 깊숙이 파고 들어왔다. 할머니는 보드랍고 왕성하고 물기가 촉촉했다. 너덜너덜하게 낡은 꽃가마에는 때가 꼬질꼬질하게 묻어있었다. 그것은 관처럼, 결국은 시신이 될 운명에 놓인 신부들을 얼마나 많이 실어날랐는지 모른다. 수숫잎이 가마를 스치면서 츠츠 소리를 냈다.
　할머니의 통곡 소리가 수수밭 사이로 깊숙이 난 오솔길을 흔들어 놓았다. 처연한 곡조 속에서 죽음의 소리를 듣고 죽음의 냄새를 맡고 죽음의 신이 수수처럼 시뻘건 입술과 옥수수처럼 누런 얼굴을 하고 웃고 있는 것을 보았다.

수수밭 사이의 작은 길을 지날 때 대열은 이미 신랑을 맞으러 가는 게 아니라 장사를 지내러 가는 것 같았다. 마음에 불꽃이 활활 타오른 위잔아오는 수숫대를 붙잡고 서서 길모퉁이를 돌아가는 추얼을 눈빛으로 전송했다. 수수를 거칠게 밀치며 성스러운 자리로 돌아와 누웠다. 수수들이 쏴악쏴악 소리를 내고 있었다.
　위잔아오는 양조장집 산팅유, 산볜량 부자를 살해해 추얼이 양조장 안주인이 되도록 한 뒤 그녀의 남편이 되었다. 양조장은 맛과 향이 뛰어난 최고의 고량주를 빚어 번창하고, 민중들은 공동체의 결속을 다지며 일제에 맞서는데 착취는 점점 심해진다. 위잔아오는 수수밭에서 매복전을 벌여 승리를 거두지만 추얼이 일본군의 총에 맞아 숨진다.

인간 세상의 손잡이가 그녀의 손을 막 빠져나가려 하고 있었다. 이것이 바로 죽음인가? 하늘과 땅, 수수와 아들을, 사랑하는 사람을 다시는 볼 수 없게 되는 것인가? 하늘이시여, 당신은 내가 죄를 지었다고 생각하나요? 무엇이 정조고, 무엇이 정도正道입니까? 무엇이 선량한 것이고 무엇이 사악한 것입니까? 단지 나 자신의 생각대로 살아왔습니다. 행복을 사랑했고, 힘을 사랑했고, 아름다움을 사랑했습니다. 죄도 벌도 두렵지 않습니다. 하지만 죽고 싶지 않습니다. 살아야겠습니다. 살아서 이 세상을 더 보아야겠습니다.

둥근 달이 천천히 떠오르면 사방에 널린 수수들은 숙연하게 서 있었고 달빛에 젖은 수수 이삭들이 반짝거렸다. 위잔아오 사령관이 아버지를 데리고 수수밭으로 걸어 들어갔을 때 수수 밑둥의 검은 흙은 피로 진창이 되어 발걸음을 더디게 만들었다. 들척지근한 비린내가 강해졌다.

만국 27년 일본군은 군수물자 수송용 도로를 내기 위해 자오핑로를 닦는다. 자오핑로 공사가 가오미 마을까지 이르렀을 때 수수는 어른 허리만큼 자라있었다. 일본군은 총칼로 사람들을 겁박해 초록 파도처럼 펼쳐진 수수밭을 초토화한다. 우두둑 우두둑 밟히고 쓰러지는 수수의 거친 몸뚱이, 검붉은 얼굴의 절규, 사람과 수수가 학살당한다.

오랜 시간이 흘러 가오미 마을의 작은 할머니 무덤 앞에 선 나는 조상들의 익숙하면서도 낯선 목소리를 듣는다. 쓸쓸한 소리가 망망한 대지 깊은 곳에서 전해온다.

　　가련하고 나약하고 시기심 많고 편벽되고 독주에 영혼이 미혹당한 아이야, 모수이 강으로 가서 사흘낮 사흘밤동안 몸을 담가라. 기억해라, 하루도 더 많아서도 더 적어서도 안된다. 몸과 영혼을 깨끗이 씻은 뒤 너의 세계로 돌아가라. 바이마 산의 양기, 모수이 강의 음기, 순종의 붉은 수수 한 자루, 온갖 노력을 다해 그것을 찾아야 한다. 너는 그것을 높이 들고 가시가 무성하고 호랑이와 이리가 마음대로 돌아다니는 세상을 두루 다니며 경험해라. 그때 그것은 너의 호신부가 되고 또 우리 가족의 영광스러운 토템이 되고, 가오미 둥베이 지방의 전통적인 정신의 상징이 될 것이다.

피바다 같은 붉은 수수는 이미 혁명의 거센 물살 속에서 씻은 듯이 사라져버렸고 찬란한 붉은 색도, 영혼도 풍모도 없는 침침하고 어정쩡하게 좁고 긴 얼굴의 잡종 수수가 덜 익은 녹회색 눈으로 순수하고 맑은 공기를 더럽히고 있다.
　잡종 수수로 가득찬 들판에서 다시는 존재하지 않게 된 진기한 광경을 떠올린다. 8월 만추 온 들판의 수수들이 붉은 색으로 피바다를 이룬 광경을, 가을 물이 범람해서 수수밭이 온통 바다가 되면 검붉은 수수들은 머리를 키켜들고 푸른 하늘을 향해 완강하게 호소하던 광경을, 이것이 바로 내가 그리워하는 그리고 영원히 그리워할, 인간이 도달할 수 있는 최상의 경지, 아름다움의 경지다.

『붉은 수수밭』에 등장하는 인물들 추얼, 위잔아오, 뤄한, 작은 할머니, 아버지 등은 모두 격정적인 삶을 살았다. 시대가 그러하였고 삶이 그러하였다. 길들지 않은 들판의 검붉은 수수처럼, 붉은 수수들의 울부짖음처럼, 수많은 민초의 저항이 역사를 만들어 왔다. 붉은 울음, 붉은 피를 먹고 자란 붉은 수수로 술을 빚고 밥을 짓는 사람들은 오래전 누군가의 붉음을 먹고 마시고 그 붉음 덕분에 오늘을 사는 것이리라. 누대로부터 이어온 붉은 알알이 몸 속 어딘가에 분명 살아있는 것이기에… 모수이 강이 흐르는 가오미 둥베이 지방, 검붉은 수수는 사라지고 없어도 질척한 땅 어딘가에 츠츠츠, 쇠악쇠악 소리들은 여전히 남아 사람들의 가슴을 뒤흔들고 있을 것이다.

나무에 불 밝힌 꽃송이들은
새로 거듭난 것이다

나의 뿌리, 죽음으로부터 올라온
관능의 수액으로 너를 감싸 적시며
나 일어나
네게 가르쳐 줄게.

― 최승자 『누군지 모를 너를 위하여』 부분

명옥헌鳴玉軒 배롱나무 꽃이 진다. 명옥헌 원림은 조선 중기 오희도가 '세속을 잊고 사는 집'이란 뜻의 망재忘齋에서 기원한 대표적 민간 정원이다. 명옥헌은 계곡물이 흘러 하나의 못을 채우고 다시 그 물이 아래 연못으로 흘러가는 과정에서 물 흐르는 소리가 옥구슬 구르는 소리와 같다고 하여 붙여진 이름이라 한다. 정자 주변에 흐드러진 붉은 자미(紫薇, 배롱나무)가 인상적이다.

　사람도 해마다 꽃처럼 돌아온다면, 해마다 피어난다면 얼마나 좋을까? 모든 것은 흐르고 다시 오지 않음을 안다. 나무에 불 밝힌 저 붉은 꽃송이들은 무엇을 기억하고 있을까? 세속을 잊고 오로지 거듭나는 붉은 꽃처럼 살고자 했던 그들의 마음을 헤아려본다. 배롱나무 꽃을 자미화紫薇花라 불렀고 배롱나무 꽃

세상의 절망을 다 덮으려면 얼마나 많은 배롱나무 붉은 꽃이 필요할까.

아무도 모르게 거듭나고 있는 것이다.

이 핀 정자원림이 모여 있는 여울을 자미탄紫薇灘이라 불렀다고 한다. 붉은 꽃송이들이 여울에 떠 흘러내려가는 모습을 상상해 본다. 여울을 붉게 물들이고 바라보는 이의 마음을 물들이고 세상을 아름다움으로 물들인다.

> 한 꽃이 백 일을 아름답게 피어있는 게 아니다.
> 수없는 꽃이 지면서 다시 피고
> 떨어지면서 또 새 꽃봉오릴 피워 올려
> 목백일홍 나무는 환한 것이다
> …
> 아무도 모르게 거듭나고 거듭나는 것이다
> ― 도종환 〈목백일홍〉 부분

오래전 자미화 만발하던 계절, 어스름이 깔리기 시작할 무렵

붉은 꽃송이들이 향기와 빛깔로 여울을 물들인다.

이었다. 어둠 속 배롱나무의 새하얀 몸통이 타오르는 붉은 꽃과 유난히 대비되어 보이는 시간. 낮에는 붉은 꽃에 가려 잘 보이지 않던 늙은 나무의 여윈 몸이 보였다. 꽃 피우기 위해 해쓱해진 몸. 무용수처럼 우아한 수형이 도리어 슬퍼 보였다. 언젠가 반드시 떨어질 것을 알면서도 끝없이 제 안의 붉음을 끌어모아 피워내는 붉은 눈물, 꽃은 나무의 눈물이다. 고통이 만들어낸 돌림노래처럼 피고 지고 다시 피어난다. 한 송이 꽃이 백 일 동안 피는 게 아니고 수없이 많은 꽃이 피고 져서 석 달 열흘을 붉게 물들인다.

무언가를 피워내는 삶이란 늘 버겁다. 반드시 언젠가는 소멸하는 것이 꽃뿐인가? 소멸의 명제에 저항하는 법을 배롱나무는 보여준다. 여린 분홍 꽃잎이 바람에 흩어진다. 떨어진 꽃잎을 주어보아도 나무에 있을 때만큼 아름답지 않다. 그런데도 그 붉음을 잊는 건 한참이다.

나뭇가지 끝에 몽글몽글 매달린 꽃, 물 속에 파란 하늘이 들어와 있고 그 하늘을 배경으로 꽃을 피운다. 흐드러진 배롱나무 아래에서 생각한다. 시간에 대해, 젊음에 대해, 그리고 아직 오지 않은 언제가에 대해 나누던 이야기들은 모두 어디로 갔을까?

한겨울 나목이 된 배롱나무, 연분홍 붉은 꽃도, 반들거리는 초록 잎사귀도 없이 마치 죽은 것처럼 보이는 나무는 아무 미동도 없이 속으로 깊어지고 있다. 나무 안의 붉음이 끝없이 나무를 살게 한다.

그 여름 나의 절망은 장난처럼 붉은 꽃들을 매달았지만 여러 차례 폭풍에도 쓰러지지 않았습니다.

넘어지면 매달리고 타올라 불을 뿜는 나무 백일홍 억센 꽃들이 두어 평 좁은 마당을 피로 덮을 때, 장난처럼 나의 절망은 끝났습니다

— 이성복 〈그 여름의 끝〉 부분

나무에 붉은 꽃들을 매달고 폭풍우에도 쓰러지지 않았던 절망이 목백일홍 연분홍 여린 꽃이 두어 평 좁은 마당을 뒤덮을 때 장난처럼 끝이 났다는 시인의 말처럼 좁은 마당을 배롱나무 붉은 꽃이 덮어서 절망이 끝날 수 있다면 세상의 모든 절망을 다 덮으려면 얼마나 많은 배롱나무 붉은 꽃이 필요할까? 배롱나무는 또 얼마나 많은 눈물을 흘려야 할까? 폭풍우 한가운데서 백일홍 억센 꽃들이 가슴을 물들일 때 나의 절망도 잦아들기를….

제 6 부

꽈리가 있는 자화상

잉카의 소녀 하나가
저녁 어스름 속에
꽃다발을 들고 서 있었습니다.
항상 씨앗의 숨소리가 들리는
어스름 속에
저 견딜 수 없는 박명 속에,
꽃다발을 들고, 붙박인 듯이

— 정현종 〈그 꽃다발〉 부분

빨강 수집가의 시간

> 예술가를 제한하는 것은 범죄다.
> 그것은 태어나는 생명을 죽이는 것이다.
>
> — 에곤 실레(Egon Schiele)

 클림트와 함께 20세기 오스트리아의 대표적 화가라 불리는 에곤 실레. 작품 활동 초기에는 클림트의 영향을 많이 받았으나 점점 개성적인 작품 세계를 구축했다. 독특한 구도와 색채로 인체를 왜곡하여 표현한 초상화와 자화상, 수직 시점과 뚜렷한 윤곽선, 강렬한 색감이 돋보이는 표현주의적 풍경화가 특징이다. 스물여덟의 나이, 무려 3000여 점의 작품을 남기고 갑자기 떠난 그는 짧은 생을 예감이라도 한 것처럼 반항적이고 강렬한 눈빛으로 우리를 사로잡는다.

 소녀를 누드 모델로 쓴다는 이유로 미성년자 유혹 및 학대 혐의로 체포되기도 했고 작품이 포르노로 취급되어 압수당하는 수모를 겪었다. 에디스 함스와 결혼함으로써 마침내 가족이라는 유대를 모티브로 안정적인 작품 활동을 시작하지만, 임신 6개월의 아내가 스페인독감으로 사망하자 3일 후 실레도 아내 곁으로 떠난다. 독특한 작품들로 세상을 뒤흔들어놓고, 강렬한 불꽃으로 세상을 태우기도 전에 혼자서 타버렸다.

 감추지 않고 거침없이 드러내는 날 것의 느낌. 은폐하고 싶은 것이 모두 까발려진 듯한 민망함 때문에 에곤 실레의 작품은 마음을 불편하게 한다. 작품은 바라보는 이의 마음이 투영된 것이라고, 작품을 관능적이고 불손하고, 퇴폐적 에로티시즘

에곤 실레(Egon Schiele), **꽈리가 있는 자화상**, 나무에 유화와 페인트, 32.2×39.8cm, 1912년
(Self portrait with Chinese -Lantern Plant)

으로 본다면 바라보는 이의 시선이 그러하기 때문이라고 에곤 실레는 거침없이 말한다. 사실 예의라는 말로 교묘하게 감추고 있는 것들이 세상에는 얼마나 많은가.

삐딱한 시선으로 누군가를 향하는 에곤 실레의 자화상
"볼 테면 실컷 봐, 하고 싶은 말이 대체 뭐야?"

냉소적인 목소리가 들린다.

빨간 꽈리가 검은 옷과 대비되는 작품 〈꽈리가 있는 자화상〉은 한때 다자이 오자무의 작품 『인간 실격』의 표지 그림으로 쓰이기도 했다. 인간으로서 실격을 당한 이의 표정이 저러할까?

누군가 말했다. 다시 스물로 돌아가고 싶지 않다고. 그때 겪었던 혼란을 다시 되풀이해야한다면 정말 견딜 수 없을 것이라고… 그리 생각하면 우리의 인생이 일방통행인 것은 축복이라 할 수 있을까? 유턴 불가능한, 한 번 가면 다시 오지 않는다는 사실을 에곤 실레는 스물여덟 생애 동안 이미 알아버린 것이다.

> 우리가 떠나온 세계들은 멈추지 않고 계속 돌아간다. 여러 세계를 접하는 경우, 그 세계들은 서로에게 고통이 된다. 몇 광년이 걸리는 여행에서는 우리가 떠나온 세계가 우리보다 빨리 늙어버리기 때문에 그 세계를 다시 찾을 수 없는 것과 같다… 다시 못 볼지도 모른다는 사실을 우리는 이미 알고 있었다.
>
> — 앙토넹 포토스키 『청춘. 길』 부분

한 세계로부터 떠나왔다. 떠나온 세계를 돌아보면 안타까움과 회한이 느껴진다. 다시 한 세계를 살아가면서 어리석게도 또 그런 회한을 반복하고 있다. 떠나온 세계는 이미 나보다 더 빠른 속도로 사라져버렸다. 몇 장의 사진, 몇 줄의 기록으로 조각 퍼즐을 맞추는 기억이 온전할 리 없다. 자화상 속 에곤 실레의 당돌한 삐딱함은 그런 나를 은연중 비웃고 있는지도 모른다.

가지과의 여러해살이풀인 꽈리는 붉은 주홍빛 주머니 모양이 아름다워 관상으로 쓰이지만 잎과 뿌리, 열매 모두 약용으로 기침, 가래, 해열, 수족 냉증에 효과가 있다고 한다. 과일로서의 꽈리는 달고 새콤하고 씁쓸한 맛이 있는데 어딘지 모르게 고독이 스며있을 것 같다. 꽈리 열매는 놀잇감이 부족하던 시절 악기로 사용되기도 했는데 일본 에도시대에는 뿌리에 있는 성분때문에 낙태제로 사용되었다는 기록도 있다. 유희와 사산의 양면성을 지닌 붉은 꽈리, 에도시대에 죽지 않고 태어난 아기는 꽈리 열매를 피리처럼 불면서 자랐을 지도 모른다.

붉은 등 모양을 하고 있어 '등롱초'Chinese lantern라 불리는 꽈리는 장이모 감독의 영화 〈홍등〉을 생각나게 한다. 중국에서 빨강은 대표적인 혼례복 색이며, 길운을 가져다주는 색이다. 온통 잘 익은 꽈리 같은 붉은 등이 걸린 진대인의 집, 네모난 격자의 방, 방문에 걸린 홍등, 빨간 비단 침대, 빨간 카펫… 빨강을 가둔 방에서 넷째 부인 송련의 빨간 시간이 시작된다.

주인에게 간택 받은 첩의 방에 걸리는 홍등. 방문 앞에 걸린 홍등은 주인의 사랑과 신임, 권력의 상징이다. 홍등이 걸린 여인의 방에서 들리는 경쾌한 나무 망치 소리는 선택받지 못한 여인들의 청각기관에 무자비하게 파고들어 질투심을 자극한다. 여인들은 온통 빨강으로 치장하고 빨강으로 유혹하고 자기만의 방에 홍등이 켜지기를 갈망하지만 홍등을 허락하는 이는 진대인이다.

주인의 사랑을 받지 못한 여자의 방문에는 검은 천을 씌운 등이 걸린다. 송련도 결국 버려지고 그녀의 방은 암흑 세계가 된

다. 진대인은 태연하게 다섯째 부인을 새로 맞이하고 다섯째 부인의 방에 홍등이 환하게 켜진다. 네모난 방에 감금된 여인들 스스로 홍등을 켜는 시간은 꽈리가 붉게 물드는 계절이 아닐까.

중국에서는 새빨간 꽈리 닮은 홍등 아래 사랑을 나누고, 일본 에도시대에는 꽈리 뿌리를 달여 마시며 뱃속의 생명을 지운다. 유혹적이면서 치명적인 슬픔이라고 해야 할까? 여인들의 삶이 어떠하건 꽈리는 선명한 붉은 빛으로 물든다. 금세 부서질 정도로 여린 꽈리는 사랑, 젊음, 뜨거움, 갈망, 이글거리는 모든 것들을 봉인하고 끝없이 타오르고 있다. 어느 산하에서는 벌판을 가득 태우며 또 어딘가에서는 누군가의 마음을 태우며….

빨간 눈동자의 세네치오

얼굴들,
세상의 표면을 뒤덮고 있는 수억만 개의 얼굴들
아마도 제각기 천차만별이겠지,
이미 존재했던 것들, 그리고 앞으로 존재할 것들도.
하지만 자연은-자연을 제대로 이해하는 사람이 누가 있으랴만-
끊임없는 노역에 지친 나머지
해묵은 자신의 아이디어를 재활용해서
과거에 이미 사용했던 얼굴들을
우리에게 다시 덮어씌웠을지도 모른다.

— 비스와바 쉼보르스카 〈부산한 거리에서 나를 엄습한 생각〉 부분

나는 이 세상의 언어만으로 이해되지 않을 것이다. 나는 죽은 자와도 아직 태어나지 않은 자와도 행복하게 살 수 있기 때문이다.

〈세네치오〉는 클레가 바이마르의 바우하우스 교수로 초빙되어 학생을 가르칠 때인 1922년, 43세 때 그린 작품인데 동그라미와 삼각형, 사각형으로 이루어진 자화상이다. 음악 교사 아버지와 성악가 어머니의 영향으로 클레의 작품에는 음악적 영감이 반영되어있는데 선을 자유자재로 사용하면서 감정과 느낌을 추상적으로 표현하였다. 활동적이고 능동적인 선, 수동적인 선, 중립적인 선이 〈세네치오〉에도 공존한다.

대부분 얼굴의 대략적인 윤곽을 먼저 그리고 비례에 맞게 눈과 코, 입의 적당한 위치를 정하는데 〈세네치오〉라는 작품을 그릴 때 클레는 제일 작은 부분 즉, 이 그림에선 두 개의 작은 사각형이 연결된 듯한 입부터 시작하여 점점 확장해나가는 방식으로 그렸다고 한다. 빨간 눈동자를 지닌 눈은 하나는 위에, 다른 하나는 조금 아래에 있다. 동일한 눈높이가 아닌 다른 높이의 눈, 두 눈동자가 바라보는 것의 접점을 찾으려는 의도일까. 빨간 눈동자로 응시하고 있는 것이 무엇일까?

호기심 가득한 눈, 서로 다른 것을 응시하는 눈동자의 움직임, 무언가 말하고 싶은 것을 참고 있는 듯한 소심한 입, 기하학적 자화상에서 우리는 무엇을 읽어낼 수 있을까? 노랑과 핑크, 흰색 등으로 분할하여 퍼즐처럼 표현된 얼굴은 사람의 다양한 표정을 보여주는 것처럼 보인다. 따뜻하고 희망적이며, 경쾌한

파울 클레(Paul Klee), **세네치오**(Senecio), 40.3×37.4㎝, 1922년, 스위스 바젤미술관

유희로 가득찬 세네치오가 우릴 바라본다.

   Senecio vulgaris는 노란 꽃망울을 틔우고 열매에 하얀색 털이 자라는 식물의 이름이다. 국화과에 속하는 약용식물로 '개쑥갓'이라고 불린다. 흰색 털을 지니고 일찍 시들기 때문에 '나이 든 사람'이라는 뜻의 라틴어 학명 '세네치오'가 식물 이름에 붙여졌다.

   클레는 세네치오라는 작품명 옆에 'Baldgreis(곧 노년이다)'라는 말을 덧붙여놓았다. 이 작품을 그릴 당시 클레는 중년의 절정에 있었는데 '곧 노년이다'라는 말을 적은 이유가 궁금하다.

장난기 어린 소년의 얼굴 같은 세네치오가 '곧 노년이다'라고 외치는 것이 어색하지만 주희의 〈권학문〉에 나오는 '소년이로'라는 표현과도 비슷하다. '소년이로학난성少年易老學難成'은 소년은 늙기 쉬우나 학문은 이루기가 어렵다는 의미로 배움에도 때가 있음을 보여준다.

> 사랑이나 이별의 깨끗한 얼굴을 내밀기 좋아한다
> 그러나 사랑의 신은 공중화장실 비누같이 닳은 얼굴을 하고서 내게 온다
> 두 손을 문지르며 사라질 때까지 경배하지만
> 찝찝한 기분은 지워지지 않는다
> ……
> 슬픔으로 얼룩진 내 얼굴과의 경쟁에선 번번이 패배했다.
>
> 그때마다 나는 세네치오를 불렀고
> 부화하기 전의 노른자처럼 충혈된 그가 왔다.
> ― 진은영 〈파울 클레의 관찰 일기〉 부분

어떤 슬픔이 찾아올 때 마법의 주문처럼 세.네.치.오를 외치면 부화하기 전의 노른자처럼 충혈된 눈동자의 그가 찾아올까? '곧 노년이다'는 말을 내 귀에 속삭여주며 삶의 황혼이 다가오고 있다고 이야기해 줄…

파울 클레의 또 다른 작품 〈죽음과 불〉은 나치의 압박으로 바

파울 클레(Paul Klee), **세네치오**(Senecio), 40,5×38㎝, 1922년

파울 클레(Paul Klee), **죽음과 불**(Tod und Feuer), 캔버스에 유채, 47×45㎝, 1940년

우하우스 교수직을 박탈당하고, 102점의 그림도 퇴폐미술로 낙인찍혀 몰수당한 뒤 스위스의 베른으로 돌아와서 그린 그림이다. 피부 경화증으로 그림을 그리기조차 어려운 상황에서 그린 〈죽음과 불〉은 1940년 그가 죽던 해에 완성한 작품이다.

검고 굵은 선으로 형체가 부각된 작품 정 중앙에 있는 새하얀 타원형은 해골을 연상시킨다. 죽음을 뜻하는 'TOD'라는 알파벳으로 구성되어 있다고 하는데, 입은 'T'를 눕혀 놓은 것이고 눈은 'O'이며 얼굴 모양은 'D'라고 해석하기도 한다. 이 작품의 붉은색 바탕은 화장터의 불을 상징한다고 말하는 이들도 있다.

죽음과 불, 식어가는 것과 타오르는 것. 우리 안의 뜨거운 것이 소멸하면 우리 밖의 뜨거운 것이 우리를 삼킨다. 호기심 가득한 빨간 눈동자로 무언가를 응시하는 세네치오의 표정과 해골을 연상시키는 타원형 얼굴은 상반된 느낌을 준다. 밝고 따뜻한 오렌지색 배경의 〈세네치오〉와 붉은 배경 속 기하학적 느낌을 주는 〈죽음과 불〉은 세상의 언어만으로는 이해할 수 없는 작품이 분명하다.

우리는 날마다 빨간 눈동자를 뒤룩뒤룩 굴리며 경쾌하게 웃고 있지만 곧 늙게 마련이고 그 웃음 뒤, 어딘가에는 서늘한 죽음이 묻어있다.

세 여인의 눈빛이 말하다

부패한 어둠이 저마다의 온도로 발열하고 있다
나는 보이지 않는 것을 본다
균형 없이 균형을 잡는다
…
누군가 밖에서 나를 흔들고 있다
누군가 밖에서 나를 흔들고 있다

나는 할퀴면서 자라나는 나무이고 싶다
— 박희수 〈지하실의 종교〉 부분

자기 앞의 생을 바라본다

시크교도 학자인 아버지, 교양있는 헝가리 출신 어머니를 둔 쉐어 길은 16세때 예술가가 되기 위해 인도에서 파리로 이민을 간다. 파리 국립고등미술학교에 입학하여 고전적 사실주의 전통에서 이탈한 작품들을 그리다가 1933년 그랑 살롱에서 금메달을 수상하며 존재감을 드러낸다.

파리 예술계에서 5년 동안 유럽 아방가르드 미술과 보헤미안 문화에도 익숙해지고 인상파와 후기 인상파의 영향을 받으며 선구적인 방법으로 작품 활동을 하지만 인도로 돌아온다.

> 인도로 되돌아가고 싶다는 강렬한 열망과 함께 인도에 화가로서의 내 운명이 있다는 낯설고 설명할 수 없는 기분을 느꼈다. 나는 모든 사람이 자신의 내면에 거역할 수 없는 사명을 품고 다닌다는 사실을 점차 깨닫게 되었다.

인도 라호르로 돌아와 그린 첫 작품 〈세 여인〉은 봄베이 예술협회로부터 금메달을 수상한 작품으로 현재 인도국립미술관에 소장되어있다.

강인한 성격과 열정, 독립성을 지닌 쉐어 길은 '인도의 프리다 칼로'로 불릴 정도로 현대 인도 예술의 상징적 인물이다. 라호르에서 열릴 첫 번째 전시회를 앞두고 28세의 나이로 갑작스럽게 세상을 떠난다. 유작 143점이 그녀가 남긴 예술의 전부였지만 죽은 지 수십 년이 지나서 국제적으로 큰 관심을 불러일으켰다.

　어두운 흙빛 배경을 중심으로 밝은 초록색, 오렌지색, 붉은색 전통 복장의 세 여인이 앉아있다. 세 여인은 생각에 잠겨있고, 배경에 드리워진 그림자는 어딘지 모르게 불안감을 조성한다. 초연한 듯하면서도 슬픈 눈빛, 그러나 의지가 느껴지는 눈빛이다.

　쉐어 길은 두 아내가 있는 35세 남성과 결혼하는 12세 신부의 결혼식에 참석 후 어린 신부를 '무기력한 장난감'이라고 표현할 정도로 인도 여성들의 순종적인 삶에 비판적 시선을 갖고 있었다. 아마도 이 작품 또한 무기력한 장난감이 될지도 모를 여인들의 미래를 암시적으로 표현한 것인지도 모른다. 세 여인은 무엇을 보고 있는가? 그녀들이 직시하고 있는 것은 인도의 현실이고, 인도에서 여성으로 살아가는 것, 그 속에서 펼쳐지는 자신들의 삶이리라.

　흙빛 배경에 드리워진 음영은 세 여인의 삶에 드리운 어둠을 암시하는 것인가? 그림을 바라보는 우리의 시선은 초록에서 오렌지로, 오렌지에서 빨강으로 자연스럽게 이동한다. 앉아있는 높낮이가 있는 구도 속, 빨강 옷 여인의 표정은 담담한 확신에 차있다. 저벅저벅 소리를 내며 다가오는 자기 앞의 생을 바라본다. 핏빛 사리 같은 생을 기꺼이 받아들여야 할지, 맞서야 할지 고민은 깊어진다. 보이지 않는 것을 본다. 누군가 끝없이 자신을 흔들어대는 것을 느낀다. 초록, 오렌지, 빨강의 내부로 불꽃이 점화된다.

암리타 쉐어 길(Amrita Sher Gil), 1913~1941년, **세 여인** group of three girls, 1935년
자신의 내면에 거역할 수 없는 사명을 품고 다니는 여인들이 있다.

바람이 분다. 살아야겠다.

서로 다른 자세와 서로 다른 분위기를 지닌 세 여인이 있다. 두 사람은 우아함과 도도함, 적당한 권태가 뒤섞인 표정으로 정면을 응시하고 있고 초록 옷의 여인은 책을 읽고 있다. 이 작품의 원 제목은 '낭독'이었는데 '세 자매'로 바뀌었다.

암리타 쉐어 길의 작품 속 정면을 향하지 않고 비스듬한 세 여인의 눈빛에선 초조함, 약간의 걱정과 두려움이 느껴지는데 반해 앙리 마티스 작품 속 세 자매는 여유로움과 당당함, 생의 나른함마저 느껴진다.

생물학적으로 여자라 불리우는 사람들, 잉태의 가능성을 품고, 아름다움을 소망하고, 소소한 행복을 꿈꾸는 사람들이 있다. 원하든 원하지 않든 사는 곳에 따라 삶의 결이 달라진다. 삶이란 무조건적 받아들임과 끝없는 투쟁 사이의 어떤 것이 아닐까? 정면을 바라보든, 비스듬히 바라보든, 사리를 두른 여인이건 두르지 않은 여인이건 저마다의 속도와 리듬으로 다가올 생을 살아가야 하고, 살아내야 한다. 인생 여행의 끝에 이를 때까지….

> 바람이 분다…… 살아야겠다!
> 거대한 대기는 내 책을 펼쳤다 또 다시 닫는다.
> 가루가 된 파도는 바위로부터 굳세게 뛰쳐나온다.
> 날아가라, 온통 눈부신 책장들이여!

앙리 마티스(Henri Matisse), **세 자매**(les Trois Soeurs), 1961~1917, 프랑스 오랑제리박물관

부숴라, 파도여! 뛰노는 물살로 부숴 버려라
돛단배들이 먹이를 찾아다니는 이 잠잠한 지붕을!

— 폴 발레리 〈해변의 묘지 Le Cimetière marin〉부분

폴 발레리의 시 〈해변의 묘지〉에서 '바람이 분다… 살아야겠다'는 싯구는 말라르메의 '바람이 불지 않는다. 그래도 살아야겠다.'라는 싯구와 대비되어 우리에게 희망을 준다. 바람이 불든, 불어오지 않든 살아야 하는 것이 인생이라는 것을 매번 폴 발레리와 말라르메의 시에서 확인하고 위로를 얻곤한다.

쉐어 길의 작품과 마티스 작품에 등장하는 세 여인. 상상 속 인물이 아닌 한 삶의 한 페이지를 부단히 써 내려갔으리라. 인생의 바람은 수시로 불어온다. 그러므로 살아야 했고 그런데도 살아야 했을 그녀들을 생각한다.

날아가라, 온통 눈부신 책장들이여, 부숴라, 파도여! 끝없이 몰려드는 잡념들, 인생의 굴레와 족쇄를….

내가 원하는 대로가 아닌
내가 할 수 있는 대로

초조가 세상을 뒤엎고 있다
현대인들은 너나없이 자기 자신으로부터
달아나고 있기 때문이다

― 니체

얀 반 에이크는 15세기 초 플랑드르 지역에서 활동한 초기 르네상스 화가로 부르고뉴 공작 선량공 필립 Philip the Good, Phillippe le Bon궁정에서 궁정화가를 지냈다. 얀 반 에이크는 템페라로 그린 작품이 건조 과정에서 표면이 갈라지는 문제가 발생하자 투명한 유약을 얇게 발라 선명한 사실감과 깊이를 주는 방법을 고안하였다. 액자에 적힌 글씨를 토대로 붉은 터번을 두른 남자의 초상이 얀 반 에이크의 자화상일 것으로 추측하고 있다.

15세기 유럽에서는 화려하고 짙은 빨강색이 부유함의 상징이었다. 빨강색 염료는 케르메스나 코치닐 같은 이국적 재료에서 추출해야 했고, 색을 내기 위해 오랜 과정이 필요했기 때문에 염색업자들은 빨간색 혹은 빨강과 비슷한 색으로 옷을 물들이려면 반드시 길드와 법의 통제를 받아야 했다.

진홍색 모직 드레스를 입고 섬세한 빨간 장식용 천을 머리에 두르는 것이 당시 여성들의 패션 트랜드였다. 신랑이 약혼녀에게 주는 선물이기도 했고 세련된 머리 장식이었던 빨간색 샤프롱을 얀 반 에이크는 모자처럼 머리에 둘둘 감아올렸다. 버밀리온 계열의 색채를 바탕에 깔고 천연 액체 염료에서 유래한 레드 레이크를 얇게 발라 천의 주름과 구김이 자연스럽게 드러나게 하였다. 우리를 바라보는 눈동자, 완고하게 다문 입술, 섬세하게 표현된 얼굴은 실제 인물과 마주하는 듯한 느낌을 준다.

그림의 원본 액자에는 그리스어로 '내가 원하는 대로가 아닌 내가 할 수 있는 대로'라고 적혀있는데 얀 반 에이크의 좌우명일 수도 있다. 15세기 플랑드르 지방 최고의 궁정화가가 '원하

얀 반 에이크(Jan_van_Eyck), **붉은 터번을 두른 남자의 초상화**, 유화 19×26㎝, 1433년

는 대로'가 아닌 '할 수 있는 대로'라는 말을 액자에 적어둔 것을 보면 그 또한 원하는 것과 할 수 있는 것 사이에서 고민하였음을 추측할 수 있다.

> 나를 끌고 다녔던 몇 개의 길을 나는 영원히 추방한다. 내 생의 주도권은 이제 마음에서 육체로 넘어갔으니 지금부터 나는 길고도 오랜 여행을 떠날 것이다. 내가 지나치는 거리마다 낯선 기쁨과 전율은 가득 차리니 어떠한 권태도 더 이상 내 혀를 지배하면 안 된다.
>
> ― 기형도 〈그날〉 부분

내가 원하는 것과 내가 할 수 있는 것의 차이가 삶을 버겁게 한다. 원하는 것을 할 수 있는 능력이 충분하다면 원하는 것과 할 수 있는 것 사이의 괴리는 없을 것이다. 원하지만 할 수 없기에 항상 짓눌려 있고, 무언가에 끌려다니는 것 같다. 언젠가는 나를 끌고 다녔던 몇 개의 길을 영원히 추방하는 날이 올 것이다. 어떤 권태도 혀를 지배할 수 없는 날. 그날이 오기 전에 할 수 있는 일을 하고 살아야 한다.

빨간 립스틱을 바르는 여자

허무와 꿈 사이
부서진 기둥 밑에서
나의 불면의 시간들을 가로질러가는
너의 이름, 음절들

— 옥따비오 빠스 〈독백〉 부분

이탈리아 파도바대학교 소속 연구팀이 이란 남동부 케르만주의 한 고대 묘지에서 발굴한 원통형 용기에 담긴 내용물이 기원전 1936년~기원전 1687년 사이 제작된 것으로 밝혀냈다. 분말 형태의 물질에는 붉은색 산화철 광물인 적철석이 다량 함유되어있었고 립스틱을 만들 때 많이 쓰이는 식물성 기름과 왁스 성분도 발견됐다. 분말 형태로 발견되었지만 원래는 붉은색 액체로 붓을 이용해 입술에 발라서 사회적 지위를 표현했을 것으로 추정한다. 현재 이란에서는 일부 여성들의 경우 립스틱과 매니큐어 사용을 금지하고 있는데 현존하는 가장 오래된 립스틱이 이란에서 발견된 사실이 아이러니하다.

립스틱 색채는 여성들의 자아 표현, 사회적 지위, 자신감 등에 영향을 준다. 아주 오래전부터 인류는 마귀가 입이나 귀로 들어오지 못하도록 붉은색을 바르는 습관이 있었는데 빨간색은 힘과 생명력의 상징이었으며, 액막이 역할도 하였다.

기원전 3000년경 메소포타미아의 여성들이 보석을 갈아서 입술과 눈에 화장을 하였다는 기록도 있고, 고대 이집트에서는 립스틱이 주술적인 의미를 지니기도 한 것으로 보아 입술을 붉게 칠하는 것은 고대부터 현대에 이르기까지 공통적인 의식인지도 모른다. 문화, 시기, 사회적 환경, 유행에 따라 빨강 색조는 매우 다양했는데 동로마 제국에서는 보랏빛이 도는 거무스름하고 어두운 빨강, 중세 시대에는 소박하고 은은한 색조의 빨강, 18세기에는 강렬한 빨강이 주로 사용되었고 오늘날에는 다양한 색조의 빨강이 사용되고 있다.

르네상스 시대 유럽에서는 화려한 복식 문화가 확산되면서

고구려 고분벽화, 안악 3호분(357년)

립스틱 색도 선명해졌다. 영국의 엘리자베스 1세는 밀랍과 붉은 식물성 염료로 만든 빨간 립스틱을 즐겨 사용하였고 상류층 여성들을 중심으로 빨간 립스틱의 인기가 높았다.

고구려 고분 벽화에서도 얼굴에 짙은 화장을 한 모습을 찾아볼 수 있는데 357년에 조성된 안악 3호분의 여주인과 시녀 일부는 윗입술은 검정색, 아랫입술은 빨간색으로 칠해져있고 벽화에 등장하는 남성들도 하얀 분을 바르고 입술에 빨간 립스틱을 바른 것으로 밝혀졌다.

1933년 미국 루스벨트 대통령은 뉴딜정책의 일환으로 연방 예술 프로젝트(federal art project)를 실시하여 예술 분야에도 과감한 투자를 하였다. 헝가리 이민자 출신 릴리 푸레디도 지원을 받아 1930년대 뉴욕 지하철 풍경을 묘사한 〈지하철subway〉을 작품으로 남겼다. 지하철 안의 사람들, 신문을 보는 남자, 다리

사이에 악기를 놓고 고개를 숙인 나비 리본의 남자, 부족한 잠을 자고 있는 남자, 마주보고 대화를 나누는 두 여자, 립스틱을 바르는 여자와 그녀를 슬쩍 바라보는 중절모를 쓴 남자. 지하철 안 인물들의 모습이 1930년대나 지금이나 별 차이가 없다. 대부분 아래를 향하고 있는 시선에서 고독함이 묻어난다. 불황의 시대, 립스틱을 바르는 여자가 지하철 안의 풍경을 압도한다. 화장대 앞에서 꼼꼼히 정성들여 화장할 시간조차 없는 그녀는 늘 하던 대로 지하철 안에서 무표정하게 립스틱을 바른다. 립스틱을 바른다는 것은 출근 준비가 완료되었다는 선언일까? 강렬한 빨간 립스틱 하나면 이제 어떤 하루가 주어져도 견딜 수 있고, 이겨낼 수 있다는 확신 같은 것일까? 잘 살아가기를 바라는 주술 같은 것일까?

거울 앞에 있는 작은 선반에서 퓌순의 립스틱을 집어 냄새를 맡고는 주머니에 넣었다.

— 오르한 파묵 『순수박물관』 부분

퓌순을 만나 44일 동안 사랑하고 339일 동안 찾아 헤맸으며, 2864일 동안 바라본 남자 케말은 퓌순이 남긴 흔적을 수집하는 저속한 소일거리에 빠져든다. 퓌순이 살던 멜하메트 아파트로 가서 찻잔, 머리핀, 자, 빗, 볼펜, 목욕 타월, 망가진 귀고리 같은 것, 퓌순이 만지거나 사용했을 물건들을 수집하여 순수 박물관에 모으기 시작한다. 평생동안 병적으로 지속되는 첫사랑의 고통이 순수 박물관에 쌓여간다. 마음을 잡고 퓌순에게 청혼을 하러 가지만 퓌순은 결혼한 지 다섯 달이나 지나있었다. 거만한 표정의 남편 옆에 서 있는 퓌순에게 겨우 빨간 장미 한 송이를 내밀고, 케말이 할 수 있는 일은 화장실 거울 앞 선반에서 퓌순이 쓰던 립스틱을 훔쳐오는 것 뿐이었다. 그 립스틱 어딘가에 퓌순의 일부 혹은 전부가 묻어있으리라는 기대가 그의 유일한 위안이었다. 순수 박물관에 수집된 퓌순의 립스틱들은 제각각의 빛깔과 향기로 케말에게 끝없는 고통을 주겠지만 그래도 집착에 가까운 그의 사랑을 변치 않는 순수함으로 증명해주는 표식으로 남을 것이다.

한때 해외여행을 다녀오면 외제 립스틱을 선물하던 때가 있었다. 샤넬과 랑콤, 립스틱 케이스를 열면 단호하고 아름다운 색깔이 붉은 혀를 내밀고 있었다. 입술에서 은밀하고 우아한 향기가 풍겼다. 향수와 립스틱은 늘 같은 색, 같은 향기를 고집스럽게 애용했다. 애매한 색을 바르고 싶지 않았다. 예전에도, 지금도 강렬한 빨강을 덧칠하는 것으로 화장을 마무리 하곤 한다.

우울한 날, 지쳐버린 날, 릴리 푸레디의 작품속 그녀처럼 얼굴 위에 새빨간 불꽃을 점화시킨다. 그 불꽃이 도화선이 되어 다시 나를 일으켜 세운다. 매번 지치고, 넘어지고, 어리석음을 탓하는 내게 빨간 불꽃의 힘이 필요하다. 그 불꽃은 입술로 부터 시작하여 나를 다시 타오르게 한다.

지속되는 광란의 축제에 동참하기

현 존재를 견디는 유일한 방식은 영원히 지속되는 광란의 축제처럼 문학에 열광하는 것이다.
— 1858년 플로베르의 편지에서

책을 읽는 여자의 등은 아름답다

책을 읽는 자는 깊이 생각하게 되고
깊이 생각하는 자는 자신의 독자적 생각을 갖게 됩니다.
독자적 생각을 갖게 된 사람은 대열에서 벗어나고
대열에서 벗어나는 자는 적이 됩니다.

— 슈테판 볼만 『책 읽는 여자는 위험하다』 부분

종이책의 책장 넘기는 소리는 다음으로의 전진을 암시한다. 책 속의 언어들은 손끝을 통해 읽는 이의 뇌로 전이된다. 행간에 집요하게 웅크리고 있는 침묵을 깨트리고 끝없이 전진하는 검은 활자들의 발걸음 소리를 듣는다.

종이책과 관련된 흥미로운 일화로 마르쿠스 안토니우스가 클레오파트라의 마음을 얻기 위해 20만 권의 책을 선물했다는 이야기가 있다. 클레오파트라의 마음을 사로잡은 것이 귀금속이 아닌 책이었다는 사실을 통해 당시 알렉산드리아에서 책이 지성과 열정을 달구는 최적의 연료였음을 알 수 있다.

1990년대 전자책이 등장하자 종이책은 머지않아 사라질 것이라고 예견했지만 지금도 여전히 존재감을 지닌 채 서점 판매대에 진열되어 있다. 비슷한 예로 텔레비전이 처음 나왔을 때 라디오 시대의 종말을 예고했지만 라디오 방송은 중단되지 않고 텔레비전이 채우지 못하는 감성적 영역을 도맡아 하고 있다. 아무리 새로운 매체가 등장해도 다른 것들로 대체할 수 없는 고유한 매력을 지닌 것들은 절대 사라지지 않는다.

점토판에 기록을 남긴 수메르인들이나 파피루스라는 수생식물 위에 유의미한 정보를 기록한 이집트인들은 자신들의 기록이 훗날 어떤 의미를 갖게 되리라고는 예견하지 못했을 것이다. 점토, 파피루스, 가죽, 천, 나무 그 외 수많은 재료를 거쳐 전자책에 이르기까지 다양한 방식으로 진화한 책은 인류 역사상 망각과 소멸에 대한 저항의 역할을 담당해 왔다. 두터운 마니아층을 지닌 종이책은 박공널의 지붕 아래 단단한 정신의 기둥을 세우고 책 속으로 사람들을 초대한다. 끝없이 꿈꾸게 하고 상상하게 하고 과거와 현재 그리고 미래를 연결해 주며 사람과 사람 사이, 낯선 것과 익숙한 것을 이어주는 책은 가장 인간적인 사물의 얼굴을 하고 있다.

슈테판 볼만은 『책 읽는 여자는 위험하다』에서 '책을 읽는 자는 깊이 생각하게 되고, 깊이 생각하는 자는 자신의 독자적 생각을 갖게 된다. 독자적 생각을 갖게 된 사람은 대열에서 벗어나고 대열에서 벗어나는 자는 적이 된다.'라고 이야기했다. 대열에서 벗어난다는 것은 반사회적 인물이 된다는 것이 아니라 낯선 것을 끌어오는 혁명가가 된다는 의미일 것이다. 가슴의 언어가 누군가의 손끝을 통해 활자화되고 책이라고 부르는 매개물을 거쳐 또 다른 누군가의 심장에 가 닿는다.

읽는 자가 존재하기 위해서는 쓰는 자가 있어야 한다. 쓰는 이들은 활자에 어울리는 표정과 목소리를 새겨 넣고, 읽는 이들은 종이 위에 내려앉은 활자의 목소리, 행간의 침묵, 본래 나무였던 종이의 기억을 읽는다. 쉬지 않고 쓰는 이들과 줄기차게 읽는 이들이 존재하는 한 종이책은 끝없이 부활할 것이다. 결국 쓰는 자는 읽는 자의 생각에 불꽃을 점화시키는 자이므로 왜 쓰는가를 늘 고민해야 한다.

존재의 무게를 견디기 위해서 혹은 삶의 흔적을 남기기 위해서 어떤 목적으로든 우리는 끊임없이 쓴다. 쓰지 않고는 견딜 수 없는 것은 자신이 처한 현실을 어떤 형태로든 그려내고 싶은 열망이면서 가슴의 언어를 활자화하고 싶은 의지의 표현이다. 끝없이 무언가를 쓰는 이들의 손끝에서 활자화된 글은 오래도록 살아남아 세대를 이어가며 수천수만 권의 책으로 다시 태어

피터 얀센스 엘링가(Pieter Janssens Elinga), **책 읽는 여인**, 1668~1670년

날 것이다.

 '문학을 한다는 것은 우리가 세상을 떠난 후에도 영원히 지속되는 광란의 축제에 동참하는 것이다.'라고 플로베르는 말했다. 작가란 무언가를 짓는 사람이다. 보이지 않는 것들을 붙잡아 종이 위에 활자로 집을 짓는 일. 종이 가득한 새까만 기호에 문학이라는 소명을 부여하는 일은 쓰는 이들의 권리이자 의무다.

 유한한 존재인 인간은 사라지고 없어도, 소멸과 망각에 저항하는 종이책이 존재하는 한, 세상의 모든 쓰는 이들은 영원히 지속되는 광란의 축제에 동참하게 될 것이다. 그러므로 말과 말 사이, 글과 글 사이, 어제의 나와 오늘의 나 사이, 여는 괄호와 닫는 괄호 사이, 들숨과 날숨 사이, 희망과 절망 사이, 고통과 희열 사이에 실재하는 것들을 붙잡아 두는 일, 피 흘리는 심장의 언어를 받아 적는 일은 작가에게 더없이 거룩한 작업이다.

 책 읽는 여자는 위험하다. 책은 가슴에 장전된 불씨에 불을 지피는 수단이기에 책을 통해 세상의 질서를 전복시킬 위험이 있는데 그 위험한 물건 책이 여자의 손에 있을 때 세상의 질서는 위협을 받게 된다는 것이다. 고대로부터 오랫동안 여자의 역할은 가정의 질서 유지에 한정되어 있었기에 여자의 손에 뜨개질 도구나 호미가 아닌 책이 들려있다는 것은 위험을 불러오는 불경한 일로 여겨졌을 것이다.

 피터 얀센스 엘링가의 작품 〈책 읽는 여인〉은 16세기 네델란드 실내 모습을 보여준다. 창문으로 오후의 빛이 스며들 때, 붉은 옷의 여인은 책을 읽고 있다. 과일이 담긴 쟁반은 벽 쪽에 바짝 붙어 있는 의자의 불룩 솟은 부분에 아무렇게나 놓여 있어 언제라도 떨어질 것처럼 보인다. 주인의 것처럼 보이는 실내화는 정돈되지 않은 채 바닥에 뒹굴고 있다.

아마도 하녀로 추정되는 두건을 두른 여인은 주인이 집을 비운 사이 책을 손에 잡는다. 일거리를 잠시 미뤄두고 가능한 빨리 책을 읽으려는 것처럼 조급한 마음이 읽힌다. 대체 무엇이 그녀로 하여금 책 속의 세계로 빠져들게 하는 것일까?

당시 기득권 세력인 남자들이 여자가 책을 읽는 것을 위험한 것으로 보는 관점과 마찬가지로 안주인도 하녀가 책을 읽는 행위를 질서를 전복시킬 위험으로 간주했을 수도 있다. 그러하기에 주인의 외출 시간이 그녀에게는 최고의 독서 시간인 셈이다. 책을 통해서 진리를 마주하고 내밀한 즐거움 안으로 파고들며 내면의 자아가 흔들리는 순간, 내부의 강력한 불꽃이 책을 통해 점화되는 순간 여인은 변할 것이다. 하얀 두건과 손때 묻은 앞치마를 벗어두고 현관문을 활짝 열고 넓은 세상으로 달려갈 것이다. 그녀 안의 불꽃이 만들어낸 새로운 인생이 시작되리라.

저마다 다른 풍경을 바라본다

그 실을 붙잡고 있는 한 너는 길을 잃지 않는다.
비극은 일어나기 마련이고, 사람들은 상처 입거나 죽는다.
시간이 하는 일을 너는 어떻게도 막을 수 없다.
그래도 그 실을 절대로 놓지 말라.

— 윌리엄 스태포드 〈실〉 부분

오거스터스 에그(Augustus Egg), **여행의 동반자**, 1862년

빨강 수집가의 시간

인생 여행의 동반자

일등 칸막이 객실에서 마주보고 앉아있는 두 여인이 있다. 창밖 풍경은 프랑스 리비에라 해안 지방이라고 하는데 이 지역에는 기차가 운행되지 않았지만 심한 천식으로 고통받던 오거스트 에그는 자신이 요양하던 곳을 풍경으로 그려 넣었다고 한다.

빅토리아 시대 여성들에게는 거대하게 부풀린 원피스와 벨벳에 새 깃털을 꽂아 만든 포크파이 햇(Pork pie Hat)이 대유행이었다. 쌍둥이처럼 보이는 두 여인 중 한 여인은 등을 의자에 기대고 잠들어 있는데 깍지 낀 손에는 장갑이 보이지 않는다. 옆에 놓인 갈색 바구니에는 과일이 담겨있다. 손에 푸른 장갑을 끼고 붉은 표지의 책을 읽고 있는 맞은 편 여인 곁에는 꽃이 놓여있다.

달리는 기차 안에서 풍경보다 더 강조된 두 여인의 모습에서 우리는 무엇을 읽어낼 수 있을까? 과일은 현실적 욕망을, 꽃은 이상적 욕망을 상징하고, 푸른 장갑을 끼고 있는 것은 질서와 규율에 순종을, 벗어버리는 것은 구속에서 벗어나려는 갈망을, 잠든 여인과 책을 보는 여인의 대비는 정신의 각성, 깨어있음의 중요성을 보여주려는 것인가?

정의롭지 못한 시대일수록 정의에 목 마르고 물질 문명 사회일수록 정서적 궁핍을 성적 욕망으로 채우던 시기였기에 상류층은 더욱 정숙함을 강조할 필요가 있었을 것이다. 역사적으로 매춘이 활발했다는 빅토리아 시대에 정숙을 강조하기 위해서

화가는 좋은 신부감의 조건을 우회적으로 표현한 것인지도 모른다. 목까지 단추를 채운 회색 원피스를 입고 장갑을 끼고 책과 꽃을 옆에 둔 여인을 정숙함, 지성과 아름다움의 상징처럼 보이게 하려는 의도가 반영되어 있으리라.

책을 보는 여인이 거룩해보이지도 않으며 잠든 여인이 세속적 욕망을 추구하는 것으로도 보이지 않는다. 어쩌면 잠든 여인이 더 순수하고 붉은 표지의 책을 읽는 여인이 위험한 지도 모른다. 기존의 질서를 전복시킬 금서를 읽고 있다면 더 불온한 셈이니까.

기차는 달리고 있고 창밖의 풍경은 변하지만 1등 객실에 앉은 두 여인 모두 풍경에는 관심조차 없다. 지나가는 열차가 삶의 풍경을 보여주는 것이라면 두 여인은 현실 풍경을 외면하고 잠과 책으로의 도피 중이다. 마주 앉아있지만 마주보고 있지 않은 두 여인은 각자의 세계에 충실하다. 여행의 끝에 이르면 두 사람 앞에 어떤 인생이 펼쳐질까?

작품의 제목이 〈여행의 동반자〉라는 것에 주목하여 여행길에 무엇을 가지고 가는지를 생각해본다. 과일 바구니, 책과 장미, 내 인생 여행의 동반자는 무엇일까? 절대 유토피아가 될 수 없는 현실에서 현실을 유토피아처럼 착각하게 만들 수 있는 것이라면 무엇이든 여행의 동반자로 충분할 것이다.

빨간 강보에 싸인 아기를 안고 있는 첨리 자매

〈첨리 자매(The Cholmondeley Ladies)〉는 엘리자베스 1세가

좋아하는 화풍으로 그려진 그림인데 작자는 알려져있지 않다. 영국 체셔의 델라미어 지역 지주였던 첨리 경의 두 딸인 레티스 그로스베너와 메리 칼벨리로 추정하기도 하는 Cholmondeley라는 가문의 성은 촐몬델리라고 읽어야 할 것 같지만 첨리라고 읽는다고 한다. 그림의 왼쪽 아래에 적힌 '두 여인이 한 날 태어나고 한 날 결혼하고 한 날 아기를 출산했다.'는 글은 18세기에 가필된 것으로 밝혀졌다.

대충 보면 너무도 똑같아 보이는데 자세히 보면 두 여인과 여인이 안고 있는 아기의 모습이 약간씩 다르다는 것을 알 수 있다. 눈동자의 색, 옷에 달린 레이스와 깃의 디자인, 목걸이 등이 다르고 얼굴형, 표정도 미묘하게 다르다. 아기를 안고 있는 팔의 자세, 아기 옷, 강보의 문양도 다르다.

가문의 초상화를 그리는 화가 앞에 아기를 안고 비슷한 포즈로 앉아있는 여인들은 한 날 태어나고 한 날 결혼하여 한 날 아기를 출산하기를 바랐을까? 16세기 귀족 집안 여인들에게 있어 인생의 목표는 무엇이었을까? 건강한 아기를 낳아 가문의 대를 이어주는 것, 그리고 그 아기에게 자신의 미래가 달려있다는 것을 알고 있었을 것이다. 품위를 강조하느라 과장된 장식의 옷을 입고 경직되고 온기 없는 표정으로 정면을 바라보는 그녀들은 붉은 강보의 아기만은 힘을 주어 안고 있다. 품에 안은 아기로 인해 가문에서 자신들의 지위가 견고해졌다는 확신에 찬 몸짓이다.

〈여행의 동반자〉에 그려진 쌍둥이 자매든, 첨리 자매든 실존 인물이 아니라 화가의 상상이 만들어낸 인물일 확률이 크다. 오

첨리 자매 The Cholmondeley Ladies, 작자미상, 유화, 172x89㎝, 1600년대, 테이트미술관 런던

거스터스 에그의 작품 〈여행의 동반자〉나 작자 미상의 〈첨리 자매〉에서 포크파이 햇의 붉은 깃털과 붉은 표지의 책, 아기를 싸고 있는 붉은 강보 같은 붉은 것의 효과에 대해 생각한다. 함께 하는 두 여인이 무엇을 하고, 무엇을 보고, 무엇을 선택하느냐에 따라 앞으로 전개될 인생은 충분히 달라질 것이다.

　기차 밖 풍경처럼, 시시각각 변하는 인생 여정에서 책에 빠져들지도, 잠을 청하지도 말고 변해가는 풍경을 제대로 바라보는 눈이 필요하다. 시대가 변해도 품에 안고 절대 놓지 말아야 할 삶의 가치들, 소중한 것을 지키려는 몸짓을 기억해야 한다.

작은 어른들의 나라
―방글라데시 다카에서 마주한 빨강

싹이 나오고
꽃이 피었어요
나는 부풀고 부풀다가 그냥
태양에서 뛰어내렸습니다
뛰어내렸어요

― 정현종 〈태양에서 뛰어내렸습니다〉 부분

'아이들은 내일의 희망'이라는 말이 부끄러울 때가 있다. 작은 어른들의 나라 방글라데시에서는 아이들에게 희망이란 사치품 같은 것이다. 함부로 소유할 수 없는 것, 신기루 같은 것, 입 밖으로 뱉어내는 것조차 금지된 단어 같은 것이다.

세계에서 가장 인구 밀도가 높은 방글라데시의 수도 다카는 거주자의 50% 이상이 빈곤층이어서 다카의 아이들은 학교에 다니지 못하고, 저임금 노동으로 생계를 유지하는 경우가 많다. 아동 노동이 당연시되는 현실 속에 아동 인권 문제가 시급하고 심각한 문제로 부각되고 있다.

외부인들의 눈에 비친 방글라데시와 실제 그 나라 사람들이 생각하는 방글라데시는 다른 것일까? 방글라데시는 최빈국임에도 불구하고 한때 세계 행복지수 1위 국가로 알려지기도 했다. 그곳에 터를 잡고 살아가는 이들이 체감하는 행복이란 우리가 흔히 말하는 개념과 다른 것인지도 모른다. 행복에 대한 다른 정의가 적혀있는 마음 사전이 있어서 어쩌면 그들이 느끼는 행복이 행복의 본질에 더 가까운지도.

쇼펜하우어는 행복이란 '덜 불행한 삶'이라고 이야기했다. 불행하지 않은 삶이 아니라 덜 불행한 삶이 행복이라면 불행도 행복의 한 요인이 된다. 삶에는 불행이 존재하지 않는 것이 아니라 더 불행한 것과 덜 불행한 것으로 존재한다는 의미다. 덜 불행하기 위해서 우리는 얼마나 '지금'을 잘 그리고 오래 견뎌야 할까?

다카의 장갑 공장, 빨간 옷에 빨간 머플러를 한 소녀가 장갑 만드는 기계 앞에서 카메라를 바라본다. 수줍음이나 비굴함이 스민 표정이 아닌 작은 어른다움이 느껴지는 담담한 표정이다.

작은 어른이 된 그녀의 눈빛에는 체념도 절망도 담겨있지 않다. 그녀 뒤에 쌓여있는 하얀 장갑들은 수많은 삶의 현장으로 실려가 누군가의 손에 끼워질 것이다. 장갑 기계에서 쏟아져 나오는 오염 물질들, 아마도 탁한 공기로 가득 차 있을 어둡고 칙칙한 작업장을 그녀의 빨간 머플러가 정화시킨다. 주술을 품은 부적처럼 빨간 머플러가 꿈을 잃은 작은 어른들에게 꿈을 불러줄 것만 같다.

다카의 벽돌 공장, 네모난 벽돌이 층층이 쌓여있는 곳에 빨간 셔츠를 입은 작은 어른이 있다. 빨간 벽돌을 움켜 쥔 소년의 손, 햇살에 그을린 팔, 캡 모자 아래 이미 초월한 듯한 소년의 눈빛이 있다. 오히려 세상을 비웃는 듯한 엷은 미소까지도….

새장을 파는 소년이 골목 입구에 서 있다. 이 소년의 꿈은 새장에 갇혀 있지 않다. 나무로 된 붉은 줄이 있는 새장, 아직 팔아야 할 새장이 많다. 새장을 파는 소년의 손은 새장과 줄로 이어져 있다. 누가 새장 속에 숨은 소년의 꿈을, 가난을 사줄까? 저 새장 안에 살게될 새들은 또 얼마나 자주 붉은 울음을 터뜨리게 될까?

다카의 작은 어른들, 이미 어른의 눈빛을 지닌 아이들, 벽돌도 새장도 장갑도 그 작은 어른들에게는 화폐와 교환 가능한 생계유지 수단이다. 하루의 노동이 끝나면 다카의 작은 어른들은 다시 작은 어린아이로 돌아갈 수 있을까? 장갑 소녀의 빨간 스카프와 벽돌 소년의 땀에 절은 붉은 셔츠, 새장 파는 소년의 손과 연결된 붉은 새장, 그들에게 어떤 형태로든 존재하는 빨강의 기운이 힘을 줄 것이다. 새장 안에 붉은 새 한 마리 키워 꿈을 부화시킬 수도 있고 층층이 쌓여가는 벽돌처럼 꿈을 쌓을 수 있고, 다섯 손가락이 들어갈 공간에 꿈을 넣을 수 있다. 그러니 아직은 절망이 아니다.

빨간 머리를 빗다

위대한 길들은
손끝의 그늘에서 잠자고 있다

손은 고통스럽게 전진한다

― 르네 샤르 〈지평선을 보다〉 부분

세계 인구 비율의 2%만이 적갈색 머리를 가지는데 그중 빨간 머리 비중이 가장 높은 곳은 스코트랜드와 아일랜드다. 머리카락 색이 빨간 이유는 16번 염색체의 멜라노코르틴1 수용체에 돌연변이가 생겼기 때문인데 페오멜라닌 수치가 높으면 머리카락 색이 빨갛게 되고 피부색이 창백해진다. 클레오파트라, 엘리자베스 1세, 찰스 다윈, 마크 트웨인은 모두 빨간 머리였다고 한다.

역사적으로 로마시대에는 붉은색 머리카락을 지닌 여자는 품행이 좋지 못한 여자로 인식되었고 중세시대에는 빨간 머리를 초자연적 힘을 지닌 마녀로 낙인찍는 경우가 많았으며 스페인 종교재판에서는 붉은 머리를 가진 사람을 박해하기도 했다. 예수님을 팔아넘긴 배신자 유다의 머리카락은 빨간색으로 표현되는 경우가 많았고, 북유럽 스칸디나비아 신들인 토르와 오딘도 머리가 붉어서 이들을 숭배하기만 해도 이단으로 낙인찍혔다고 한다.

매춘부들은 일부러 머리를 빨간색으로 염색하는 경우가 많았는데 지금도 고집불통, 당근 머리라 부르는 등 빨간 머리에 대한 선입견이 존재한다. 과거에는 빨간 머리가 유전적 요인이었지만 지금은 개인의 취향이 머리 색을 결정한다.

19세기 후반은 여성이 공개적인 장소에서 묶었던 머리를 푸는 것조차 불미스러운 일로 인식되던 시기였다. 몸단장하는 여인들은 화가들의 단골 소재이기도 하였는데 1892~1896년 사이에 그려진 것으로 추정되는 에드가 드가의 작품 〈머리 빗기〉는 머리 빗는 여인의 아름다움보다는 머리를 빗기는 동작에 중점

에드가 드가(Edgar Dega), **머리 빗기** Combing the Hair, 1896년 작품, 147x114cm, 런던 내셔 널갤러리 National Gallery 소장

을 두고 있다.

　피어리 오렌지와 레드, 인디안 레드, 버밀리온이 뒤섞인 붉은 방에서 붉고 긴 머리를 풀어 헤치고 나른하고 여유로운 표정으로 의자에 몸을 기대고 있는 여인과 꼿꼿이 서서 노란 빗을 들고 안주인의 머리를 빗겨주고 있는 분홍 옷의 하녀가 대비된다. 하녀의 표정은 반복된 일에 무덤덤하지만 머리를 내맡긴 여성은 빗이 머리카락 사이로 파고들어 길을 내는 것을 즐기는 것처럼 보인다. 하녀의 머리 색도 갈색을 띤 붉은색, 여인의 머리 색도 붉은색이다.

안주인의 머리를 곱게 빗겨준 뒤 하녀는 테이블을 정리하고 빗을 챙겨들고 자신의 방으로 돌아올 것이다. 거울 앞에서 돌돌 말아 핀으로 고정한 붉은 머리를 풀고 굵은 빗으로 대충 몇 번 빗고는 곧바로 잠자리에 들 것이다. 안주인의 붉은 머리에 보드라운 결을 내던 머리 빗기를 자신의 머리에 또다시 반복하고 싶지는 않으리라. 그녀에게 있어 머리를 빗는 일은 노동의 연장일 테니까.

> 그러나 그녀의 손은 알고 있다
> ...
> 어떤 움직임이 문득 손끝에서 시작된다는 것을
> 동작은 그렇게 발견된다는 것을
> ...
> 동작은 동작을 낳고 동작은 절망을 낳고 절망은 춤을 낳고
> 춤은 허공을 낳고
> 그녀의 몸에서 흘러나온 길이 어디론가 사라지고
>
> 　　　　　　　　— 나희덕 〈동작의 발견〉 부분

　여주인의 빨간 머리를 빗겨주는 여인의 손은 알고 있다. 노란 빗이 만들어내는 촘촘하고 치밀한 길, 끝없이 이어지는 무의식적인 동작이 만들어낸 길. 잠 속에서도 자신의 빨간 머리는 내버려두고 허공을 향해 움직이고 있을 손가락…. 빨간 머리 사이로 수많은 길을 내고 있는 무심한 동작들, 동작의 발견이다.

언제부터였을까? 레드오렌지빛으로 염색을 하기 시작한 것이… 레드오렌지빛 머리는 실내에 있을 때보다 햇살 아래 있을 때 강렬해 보인다. 머리 위에 타오르기 시작하는 일출과 타들어가는 일몰을 얹어두기 시작한 것은 정도를 벗어나지 않는 바름이 족쇄처럼 여겨질 때부터 였을 것이다. 아무리 보아도 회색처럼 보이는 모습에 변화를 주고 싶었다. 레드와 오렌지가 뒤섞인 불을 머리에 켠 것은 도시의 색 회색, 질리기 쉬운 색이면서 그 질리기 쉬움에 쉽게 길들여지는 색으로부터의 도피가 아니었을까?

안주인의 머리에 길을 만드는 무표정한 붉은 머리 여인과 나른하게 몸을 기대고 노란 빗이 만들어내는 길을 따라가는 붉은 머리 여인은 당연하고 익숙한 반복 속에 있다.

거울 앞에서 레드와 오렌지가 뒤섞인 머리를 바라보다가 내 머리에 이토록 찬란한 색깔을 만들어내기 위한 그녀의 수고로움을 생각한다. 의자에 몸을 기대고 그녀 손에 머리를 맡길 때 분주히 움직이던 손가락의 질주를 떠올리고 무언가를 만들기 위해 손은 늘 고통스럽게 전진해왔다는 사실을 문득 깨닫는다.

트램 위의 정물이 된 여자

검은 옷의 사람들 밀려 나온다. 볼펜을 쥔 손으로
나는 무력하다. 순간들 박히는 이 거룩함. 점점 어두워지는
손끝으로 더듬는 글자들, 날아오르네. 어둠은 깊어가고
우리가 밤이라고 읽는 것들이 빛나갈 때, 어디로 갔는지.
그러므로 이제 누구도 믿지 않는다,

— 유희경 〈금요일〉 부분

빨강 수집가의 시간

단정한 네이비 원피스를 입은 여인이 빨간 꽃이 핀 화분과 핸드백, 포장에 싸인 선물을 들고 트램*을 타고 있다. 저 꽃은 제라늄이 아닐까? 남아프리카가 원산지인 빨간 제라늄의 꽃말은 '그대가 있어 사랑이 있네'라고 한다. 이슬람교 창시자 마호메트와 관련이 있어 '이슬람의 꽃'이라고도 불린다. 동그랗고 보드라우며 넓적한 연둣빛 잎, 빨간 꽃대, 제라늄 화분을 안고 있는 여인은 누구를 만나러 가는 중일까?

뮌터는 작품명을 〈트램 위의 여인〉도 〈트램 위의 인물〉도 아니고 〈트램 위의 정물〉로 지었다. 푸른 옷을 입은 사람마저도 정물의 일종으로 보고 있는 것이다. 뮌터의 눈에 여인도 꽃과 핸드백, 선물과 마찬가지로 정물로 비쳤을 것이다.

트램 안의 여자는 정물처럼 꼼짝하지 않고 빨간 제라늄 화분을 두 손 모아 안고 있다. 여인도 정물이기에 얼굴은 필요치 않다. 정물이 된 그녀와 무릎에 놓인 정물과 두 손으로 안고 있는 제라늄 화분.

때로 누군가에게 우리는 정물이 되기도 한다. 그 자리, 그 시간에 그대로 멈춰버려도 좋을 정물, 언제 보아도 질리지 않은 정물, 오래도록 좋은 정물로 남아있다면 아무리 오랜 시간이 흘러도 늘 같은 모습으로 떠올릴 것이다.

늦은 밤 거리에서 우연히 마주친 그녀, 진한 화장과 뇌쇄적 향수 냄새, 과하다 싶을 정도로 드러낸 몸, 그토록 오랜 시간이 흘러도 그녀를 기억할 수 있는 건 언제 어디서나 사람들의 시선

---

*트램: 도로에 깐 레일 위를 주행하는 노면전차

가브리엘레 뮌터(Gabriele Münter), **트램 위의 정물** Stillleben in der Straβenbahn, 1912년

빨강 수집가의 시간

을 붙잡던 서구적 외모 때문이었다. 학창시절 부러움과 놀림을 동시에 받던 그녀가 고개를 빳빳이 세우고 스쳐 지나간다. 세상을 다 안다는 표정, 인생 별것 아니라는 표정의 그녀는 수치도 성스러움도 아닌 저녁 출근 중이었다.

  움직이는 정물이라는 말은 존재하지 않는다. 그런데 그녀가 곁을 스치고 지나갈 때 그녀도 나도 움직이는 정물 같다는 생각이 들었다. 세월 속에 우리는 멈춰있지 않지만 오래전 같은 교실에서 함께였던 그녀와 나는 정물로 다시 만났다. 움직이는 정물이 되어 스치고 간 자리, 진한 향수 냄새만 남았다. 그 향기가 코끝을 자극할 때 문득 움직이는 정물이 아닌 멈춰서서 우는 정물이 되고 싶었다.

  다시 만나지 않았으면 영원히 아름다운 정물로 기억되었을 것을 우연히 마주치고서 슬픈 정물로 남고 말았다. 젊은 날 같은 사무실에 근무했던 이를 거리에서 마주치고는 서둘러 자리를 피해버린 적이 있었다. 내 모습이 어떻게 보일지 두려워서였고 또 한 편으로는 내가 알고 있던 그의 모습이 아니어서였다.

  거리에는 정물이 된 사람들이 걷고 있다. 살아가는 일은 정물이 되는 일이며 정물같은 일상을 반복하는 일이다. 저마다 자신을 닮은 화분 하나씩 들고 누군가에게 산뜻하고 푸르고 늘 아름다운 정물로 기억될 수 있기를.

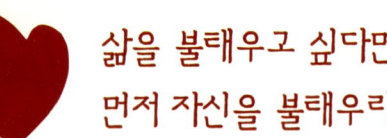

삶을 불태우고 싶다면
먼저 자신을 불태우라

멸종하고 있다는 것은
어떤 종의 울음소리가 사라져 간다는 것이다.
나는 멸종하지 않을 것이다.
— 김경주 〈우주로 날아가는 방 5〉 부분

빨강 수집가의 시간

끝과 시작의 경계에 서 있다. 한 해의 끝과 다른 한 해의 시작은 닮아있다. 모든 것이 잠든 새벽, 비가 내리고 있었다. 어딘가에선 대설주의보가 내렸고 또 어딘가에선 봄날이다. 한 해의 끝과 다른 한 해의 시작이 교차하는 지금, 누군가의 한 해는 대설주의보가 내렸고 폭풍이 몰아쳤으리라. 또 누군가의 한 해는 산뜻한 연둣빛이었을까? 또 누군가의 한 해는 매미의 여름 같았을까? 흩어지는 낙엽 같았을까? 안개 같았을까?

봄, 여름, 가을, 겨울… 천둥번개와 벼락, 소나기, 호우주의보, 대설 경보와 주의보, 계절만 그러한 것이 아니다. 우리의 하루에도 기상이변은 늘 존재한다. 지나가는 풍경일 뿐이라고 언젠가는 끝날 것이라고 고개를 끄덕이며 받아들이는 자는 인생의 내공이 뛰어난 자일 것이다. 대부분의 우리는 삶을 객관적으로 바라볼 혜안을 갖지 못한다. 변화무쌍한 삶의 일기 속에 바라는 것이 무엇이었는지 망각하고 수시로 길을 잃고 허우적거린다.

다시 한 해의 끝에서 '삶을 불태우고 싶다면 먼저 자신을 불태우라'는 말을 생각한다. 삶을 태우려다 어설프게 타다만 흔적들이 상처로 남아버린 것 같지만 다시 저 말이 주는 유혹에 나를 태우려 한다. 끝없이 삶에 질문을 던지고 싶은 나는 아직 용기가 남아있는 것이리라.

모든 이별에 앞서가라, 마치 이별이
네 뒤에 있는 것처럼, 막 지나가는 겨울처럼.
겨울 중 어떤 것은 끝없는 겨울이라서

겨울을 나며 네 마음은 그냥 견뎌야 하리니.
....
존재하라 그리고 동시에 비존재가 그 조건임을 알아라
너의 내밀한 진동의 무한한 근거를 알아라,
그리하여 네 진동을 이번 한번에 완수할 수 있도록.

— 라이너 마리아 릴케 〈모든 이별에 앞서가라〉 부분

라이너 마리아 릴케는 '모든 이별에 앞서가라.'고 이야기한다. 모든 이별에 앞서갈 의지를 지닌 자, 이별이 뒤에 있는 것처럼 여기는 자는 이별이 오기를 기다리지 않는다. 세상의 모든 이별에 앞서가는 그에게는 끝도, 절망도, 허무함도 없다. 그러하기에 그는 기꺼이 자신을 불태울 사람이다.

바람이 불고 있다. 앙상한 가지만 남은 장미가 심하게 흔들린다. 여위고 보잘 것 없는 가지 속에 빨간 장미가 될 가능성이 숨어있다는 사실이 믿어지지 않는다. 바람 속에도 고요가 있지만 장미의 마음에는 갈등이 피어오르고 있다. 차가운 바람을 맞으며 장미는 이별에 앞서갈 생각을 한다. 다시 시작하기 위해서.

D.H 로렌스는 문학의 가장 지고한 목표를 '떠나기, 도주하기, 지평선을 가로지르기, 다른 삶으로 스며들기'라고 이야기했다. 한 해의 끝과 시작에서 나는 다시 문학이라는 장치를 빌어, 사실은 쓴다는 지극히 사소한 행위를 통해 어딘가로 떠나고 어딘가로 도주한다. 지평선을 가로질러 한계를 넘어서고 다른 삶으로 스며들기를 바란다. 다른 삶이란 결국 '나와는 다른 삶'이 아니라 '지금과는 다른 삶'이다. 나는 나를 끝내 던져버릴 수

없다. 다만 지금과는 다른 나를 만나야 한다.

  볼품없는 것, 아무 것도 아닌 것처럼 보이는 것 그 어딘가에 숨어있는 가능성을 찾는 일, 바로 그것이 한 해의 끝에서 해야 할 일이 아닌가. 모든 이별에 앞서가기 위해서 날마다 다시 시작해야 한다. 끝은 언제나 새로운 시작이다.

에필로그

에필로그

나는 늘 내가 쓴 글이 출간될 때쯤이면
내가 이 세상에 존재하지 않을 것처럼 글을 쓰고 싶어 했다
나는 죽고 더 이상 심판할 사람이 없기라도 할 것처럼 글 쓰기,
진실이란 죽음과 연관되어서만 생겨난다고 믿는 것이 어쩌면 환상에 불과할지라도

— 아니 에르노 『집착』 부분

2022년 노벨문학상 수상 작가 아니 에르노는 자신의 글이 책으로 세상에 나올 때쯤이면 이 세상에 존재하지 않을 것처럼 글을 쓰고 싶다고 말합니다. 심판할 사람이 없기라도 할 것처럼 글을 쓴다는 말은 누군가의 심판을 뛰어넘을 정도의 완벽함을 이야기하려는 게 아닐까요.

이미 종이 위에 씌어진 숲을 가로질러
이미 종이 위에 씌어진 노루는 어디로 달려가고 있는가?
......
잉크 한 방울, 한 방울 속에는
꽤 많은 여분의 사냥꾼들이 눈을 가늘게 뜬 채 숨어있다.
그들은 언제라도 가파른 만년필을 따라 종이 위로 뛰어내려가
사슴을 포위하고, 방아쇠를 당길 만반의 준비가 되어있다.
......
만약 내가 명령만 내리면 이곳에선 영원히
아무 일도 일어나지 않으리라.
내 허락 없이는 나뭇잎 하나도 함부로 떨어지지 않을 테고,
말발굽 아래 풀잎이 짓이겨지는 일도 없으리라.

그렇다, 이곳은 바로 그런 세상.
내 자유 의지가 운명을 지배하는 곳.
......
쓰는 즐거움.
지속의 가능성.
하루하루 죽음을 향해 소멸해 가는 손의 또 다른 보복.

— 비스와바 쉼보르스카 〈쓰는 즐거움〉 부분

웅크린 글자들 사이 깜박이는 검은 눈이 있습니다. 내 안에 도사리고 있는 검열자의 눈으로 세상의 흔적을 바라봅니다. 화면에 나타나는 환영들은 옹달샘 물을 마시는 노루였다가, 사냥

꾼이었다가, 머리를 풀어 헤친 거대한 나무였다가, 허공에 길을 내는 붉은 가슴 새였다가, 꽃을 따는 여인이었다가, 끝없이 길을 걷는 방랑자가 되기도 합니다. 그러나 모든 것들의 운명은 자판을 두드리는 내 손가락에 있습니다. 그대로 둘 것인가 한참을 고민하다 DEL 키를 누르니 순식간에 활자들이 사라지고 빈 화면에 깜박이는 검은 점 하나 남습니다. 명령을 기다리는 충직한 혹은 다음 명령을 강요하는 냉정한 검은 점이 때로는 부담스럽고 때로는 부끄럽습니다.

새의 등이 날개 속에 유폐되어 있듯 인간의 영혼은 언어 속에 유폐되어 있다고 하는데 빈약한 언어로 세상의 아름다움과 세상의 표정을 제대로 표현할 수 있을까 두려워집니다. 다만 영혼을 어설픈 언어의 덫에 가두지 말아야 한다는 생각을 해봅니다.

2022년 첫 산문집 『사람학 개론을 읽는 시간』을 출간하였던 때의 설렘, 기대를 떠올려봅니다. 저자의 손을 떠난 한 권의 책이 당신의 책꽂이에 정박하여 축제처럼 아름답고 죽음처럼 불가능한 기억으로 오래도록 간직되기를 바랐던 시간…. 손가락 끝에서 출발하여 책이라는 몸을 얻고, 세상 어딘가에 무사히 정박하여 누군가의 가슴에 닻을 내려주었다면, 누군가의 어깨에 날개가 되어주었다면 그것으로 충분합니다.

『빨강 수집가의 시간』은 손을 움직이고, 단어를 고르고, 잠깐 멈춰 주저하게 한 내 안의 빨강들이 만들어낸 흔적입니다. 이 책이 누군가의 가슴에 성냥이 되어주기를, 끝없이 타오르는 불꽃이 되어주기를 희망합니다. 빨강이란 말, 빨강한다는 말, 빨강이 된다는 말 모두 아름다운 말입니다. 빨강이 입을 통해 발화될 때 세상도 나도 당신도 빨강의 힘으로 다시 일어설 수 있다면 좋겠습니다.

   끝없이 빨강을 수집하러 길을 나섭니다. 빨강 신호등 앞에서 멈추고 빨강 우체통 앞에서 머뭇거립니다. 빨강 머플러의 여인을 바라보고, 빨강 장미 넝쿨 아래에서 빨강의 향기를 마십니다. 마음이 온통 빨강으로 물들어 갑니다.

   당신의 빨강은 또 어디에 있을까요?

이천이십사번째 겨울
당신의 려원

빨강 수집가의 시간

인쇄 2024년 12월 10일
발행 2024년 12월 13일

지은이 려원
사진 김미애
발행인 서정환
펴낸곳 수필과비평사
주소 서울시 종로구 삼일대로 32길 36(익선동 30-6 운현신화타워) 305호
전화 (02) 3675-3885, (063) 275-4000・0484
팩스 (02) 3675-2985
이메일 sina321@hanmail.net   essay321@hanmail.net
출판등록 제300-2013-133호
인쇄・제본 신아출판사

저작권자 ⓒ 2024, 려원
이 책의 저작권은 저자에게 있습니다. 서면에 의한 저자의 허락없이 내용의 일부를
인용하거나 발췌하는 것을 금합니다.
COPYRIGHT ⓒ 2024, by Ryeo Won
All rights reserved including the rights of reproduction in whole or in part in any form.
저자와 협의, 인지는 생략합니다.
잘못된 책은 바꿔 드립니다.

ISBN   979-11-5933-564-8   03810

값 17,000원

이 도서는 광주광역시 GWANGJU CITY 광주문화재단 2024년도 전문예술인창작지원사업에 선정되어
발간한 작품집입니다.